工业和信息化精品系列教材
工业互联网

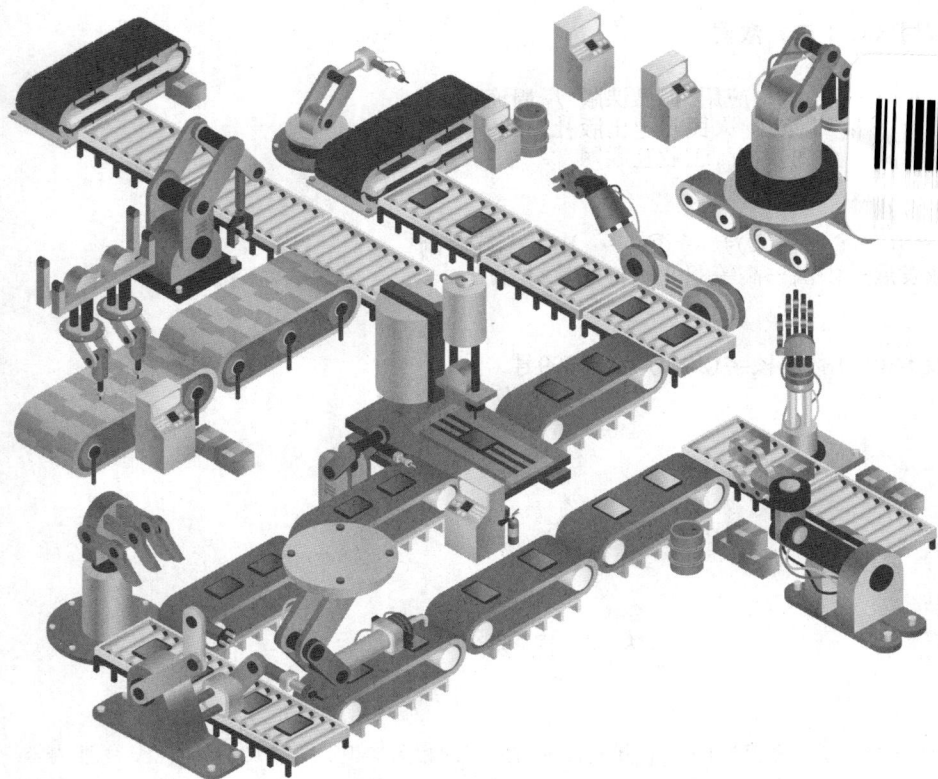

U0739119

工业互联网APP开发 技术与应用

微课版

周连兵 尹晓翠 王盟◎主编

王莲莲 陈福彩 赵林◎副主编

人民邮电出版社

北 京

图书在版编目（CIP）数据

工业互联网APP开发技术与应用 ：微课版 / 周连兵，
尹晓翠，王盟主编. -- 北京 ：人民邮电出版社，2024.4
工业和信息化精品系列教材. 工业互联网
ISBN 978-7-115-63791-8

Ⅰ．①工… Ⅱ．①周… ②尹… ③王… Ⅲ．①互联网
络－应用－工业发展－中国－高等职业教育－教材 Ⅳ.
①F424-39

中国国家版本馆CIP数据核字（2024）第039399号

内 容 提 要

本书较为全面地介绍了工业互联网 App 开发技术与应用的相关知识。全书共 5 个项目，主要内容包括工业互联网 App 的定义、特征、分类、体系架构、开发流程、开发所需技术、开发平台、开发平台实践，以及典型 App 的开发、前端技术、组件库、后端技术等。

本书可以作为职业院校计算机相关专业课程的教材，也可以作为工业互联网相关培训班的教材，并且适合工业互联网维护人员，工业互联网销售、技术支持人员和广大计算机爱好者自学使用。

◆ 主　　编　周连兵　尹晓翠　王　盟
　　副主编　王莲莲　陈福彩　赵　林
　　责任编辑　刘晓东
　　责任印制　王　郁　焦志炜
◆ 人民邮电出版社出版发行　　北京市丰台区成寿寺路 11 号
　　邮编　100164　　电子邮件　315@ptpress.com.cn
　　网址　https://www.ptpress.com.cn
　　山东百润本色印刷有限公司印刷
◆ 开本：787×1092　1/16
　　印张：12.25　　　　　　　　2024 年 4 月第 1 版
　　字数：310 千字　　　　　　 2024 年 4 月山东第 1 次印刷

定价：56.00 元
读者服务热线：(010)81055256　印装质量热线：(010)81055316
反盗版热线：(010)81055315
广告经营许可证：京东市监广登字 20170147 号

前　言

党的二十大报告提出："推进新型工业化，加快建设制造强国"和"推动制造业高端化、智能化、绿色化发展"。本书全面贯彻党的二十大报告精神，结合企业生产实践，科学选取典型案例题材和安排学习内容，以激发读者爱国热情、培养爱国情怀，树立绿色发展理念，培养和传承中国工匠精神，筑基中国梦。工业互联网 App 开发随着工业互联网平台的兴起而得到快速、蓬勃的发展。当前，工业互联网 App 开发平台融合应用向国民经济重点行业广泛拓展，形成平台化设计、智能化制造、网络化协同、个性化定制、服务化延伸、数字化管理六大新模式，赋能、赋智、赋值作用不断显现，有力地促进了实体经济提质、增效、降本、绿色安全发展。工业互联网 App 开发的高级人才需求迫切，本书应运而生。

本书是专门为有一定工业互联网 App 开发基础的读者量身定做的，是编者在现实场景应用过程中的体会和经验总结，涵盖了实际开发中的各种疑难点，内容详尽，代码可读性和可操作性强。本书对平台功能进行了详细介绍，并会带着读者一起学习几类典型 App 的开发；讲解 Vue 的进阶知识和 UI 组件库的使用方法，使读者在使用 Vue 开发前端项目时得心应手；介绍微服务以及它的一些治理方案，包括使用到的一些治理组件等。

本书共 5 个项目，各项目的内容安排如下。

1. 项目一为工业互联网 App 概述。

2. 项目二主要介绍工业互联网 App 开发平台的基础功能和使用技巧。

3. 项目三主要介绍使用工业互联网 App 开发平台开发 3 类典型 App。

4. 项目四重点讲解 Vue 的进阶知识和前端 UI 组件库的使用方法。

5. 项目五重点讲解微服务治理相关方案。

本书主要特点如下。

1. 实际项目开发与理论教学紧密结合。为了使读者能快速地掌握相关技术并按实际项目开发要求熟练运用相关技术，本书在每个任务后设计"拓展练习"来帮助读者进行独立的思考与训练。

2. 内容组织合理、有效。本书按照由浅入深的顺序，在逐渐丰富内容的同时，引入相关技术，实现技术讲解与训练合二为一，有助于"教、学、做一体化"的实施。

为方便读者使用，本书提供附赠资源，书中全部实例的源代码及电子教案等均免费赠送给读者，读者可登录人民邮电出版社教育社区（www.ryjiaoyu.com）下载。

由于编者水平有限，书中难免有不妥之处，恳请批评指正。

编　者
2023 年 12 月

目 录

【项目概述】

　　工业互联网 App 是把工业产品及相关技术过程中的知识、实践及技术诀窍封装成应用的工业软件。其本质是企业知识和技术诀窍的模型化、模块化、标准化和软件化，能够有效促进知识的显性化、公有化、组织化、系统化，极大地便利知识的应用和复用。本项目对工业互联网 App、工业互联网发展趋势、工业互联网 App 开发进行相关概述，可使读者对工业互联网 App 形成整体认识，为后期设计并实现满足具体需求的工业互联网 App 打下基础。

【项目目标】

【知识目标】

（1）了解工业互联网 App 定义、特征、分类、体系架构及开发所需技术。
（2）了解工业互联网国内外发展趋势及典型应用。
（3）掌握工业互联网 App 开发流程。

【能力目标】

（1）能够理解工业互联网 App 定义、特征、分类。
（2）能够将工业互联网 App 开发流程应用到实际场景中。

【素养目标】

（1）培养读者的社会责任感、使命感。

（2）培养读者为科学献身的精神。

【思维导图】

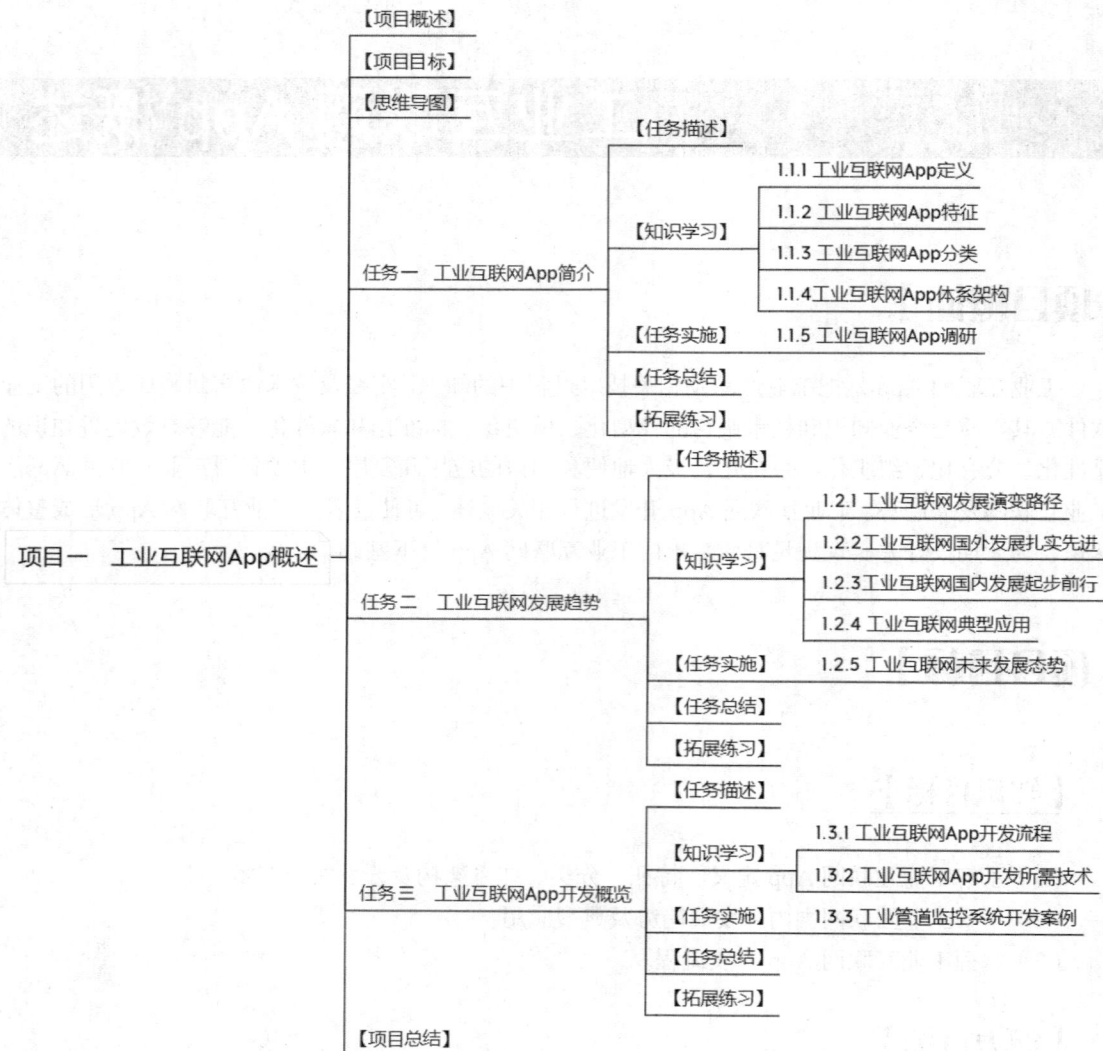

任务一　工业互联网 App 简介

【任务描述】

在当前世界走向开放、共享的时代，传统资源型企业将逐步没落或转型，科技型企业不断引领经济发展方向，知识经济成为时代特征。企业的"知识占有量"决定着企业的竞争力。企业可以依据工业互联网 App 构建自有技术体系，工业技术必须相互支撑、形成体系才能发挥强大作用。工业互联网 App 通过将行业工业技术结构化、数字化和模型化，可以建立各种工业技术之间的有序关联，形成覆盖工业产品研发、生产和运维全过程的知识图谱。工业互联网 App 成为支撑制造业数字化、网络化、智能化转型升级的一种新型工业软件。接下来介绍工业互联网 App 定义、工业互联网 App 特征、工业互联网 App 分类及工业互联网 App 体系架构。

【知识学习】

1.1.1　工业互联网 App 定义

工业互联网 App 简称工业 App，是基于工业互联网、承载工业知识和经验、满足特定需求的工业应用软件，是工业技术软件化的重要成果。面向工业产品全生命周期相关业务场景（设计、生产、服务、交易、使用、保障、实验等）的需求（见图 1-1），把工业产品及相关技术过程中的知识、实践及技术诀窍封装成应用软件，这样的软件就称为工业互联网 App。

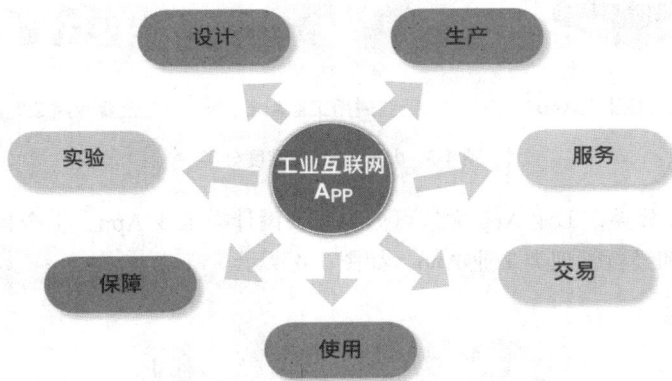

图 1-1　工业互联网 App 相关业务场景

1.1.2　工业互联网 App 特征

相对于传统工业软件，工业互联网 App 具有轻量、定制、专用、灵活和可复用的特点，如

图 1-2 所示。用户复用工业互联网 App 实现快速赋能；机器复用工业互联网 App 实现快速优化；工业企业复用工业互联网 App 实现对制造资源的优化配置，从而创造和保持竞争优势。

轻量　　　　定制　　　　专用　　　　灵活　　　　可复用

图 1-2　工业互联网 App 特征

1.1.3　工业互联网 App 分类

从适用范围维度分类，工业 App 可分为基础共性工业 App、行业通用工业 App、企业专用工业 App，如图 1-3 所示。其中，基础共性工业 App 关注结构、强度、动力、电磁、材料、流体、化学等基础通用学科领域的共性技术，在工业应用领域发挥着基础作用，适用范围广；行业通用工业 App 面向汽车、航空航天、石油化工、机械制造、轻工家电、信息电子等具体行业及其细分子行业的通用业务，适用于特定行业，在行业相关的领域和活动中发挥作用；企业专用工业 App 聚焦企业自身提质增效和转型升级过程中的个性化需求，通过个性化定制，并经过不断传承、积累和发展，提升企业核心竞争力。

基础共性工业App　　　行业通用工业App　　　企业专用工业App

图 1-3　从适用范围维度分类

从业务环节维度分类，工业 App 大致可分为研发设计类工业 App、生产制造类工业 App、运营维护类工业 App 和经营管理类工业 App，如图 1-4 所示。

研发设计类工业App　　生产制造类工业App　　运营维护类工业App　　经营管理类工业App

图 1-4　从业务环节维度分类

从知识来源维度分类，工业 App 可分为业务信息化类工业 App、数据分析类工业 App、知识建模类工业 App，如图 1-5 所示。其中，业务信息化类工业 App 面向企业实际业务场景，将业务管理规范、业务流程管控、业务信息流转等以信息化解决手段进行封装，实现各项业务的信息化管理；数据分析类工业 App 基于企业各业务环节中所产生数据的集成，将数据挖掘、数据分析、数据处理等方法进行封装，实现以数据支撑业务管理与决策优化；知识建模类工业 App 基于特定应用场景归纳提炼的工业经验或机理，通过建立问题求解模型，实现知识的复用和传承。

业务信息化类工业App　　　数据分析类工业App　　　知识建模类工业App

图 1-5　从知识来源维度分类

1.1.4　工业互联网 App 体系架构

工业互联网 App 体系架构是一个三维体系，包含工业、技术和软件 3 个维度。3 个维度彼此呼应，和谐地构成和体现了"工业—技术—软件（化）"的工作主旨，如图 1-6 所示。

（1）工业：一般工业产品及相关生产设施从提出需求到交付使用具有较为完整的工业生命周期。该维度涉及研发设计、生产制造、运维服务和经营管理四大类工业活动，每类工业活动都可以细分为若干小类的活动，都可以开发、应用不同技术层次的工业 App。

（2）技术：各类工业产品需要不同层次的工业技术。根据工业产品体系的层次关系，可映射形成工业 App 的三大层级结

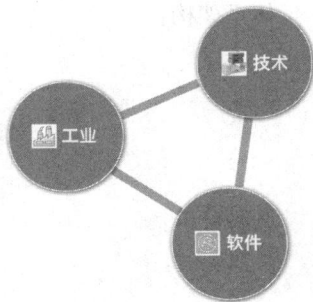

图 1-6　三维体系

构，即根据机械、电子、光学等原理性基础工业技术形成基础共性工业 App，根据航空、航天、汽车和家电等各行业的行业通用工业技术形成行业通用工业 App，根据企业和科研院所产品型号、具体产品等特有的工业技术形成企业专用工业 App。

（3）软件：按照工业技术转换为工业 App 的开发过程以及参考软件生命周期，该维度可分为体系规划、技术建模、开发测评和应用改进四大阶段，每个阶段的软件活动可以细分为更具体的软件活动。

【任务实施】

1.1.5　工业互联网 App 调研

罗列市场中的一些工业互联网 App，分析其特征等并加以归类，生成对应的调研报告。

工业互联网 App 市场调研报告

工业互联网 App：

特征：

类型：

体系架构：

调研分析：

【任务总结】

本任务介绍了工业互联网 App 定义、特征、分类、体系架构，让读者了解到底什么是工业互联网 App 并领会其特征；之后从不同的维度对工业互联网 App 进行分类，培养读者的发散性思维；最后从 3 个维度介绍了工业互联网 App 的体系架构。

【拓展练习】

1. 填空题

（1）工业互联网 App 简称＿＿＿＿，是基于工业互联网、承载工业＿＿＿＿和＿＿＿＿、满足

特定需求的工业应用软件，是工业技术软件化的重要成果。

（2）工业互联网 App 具有＿＿＿＿、＿＿＿＿、＿＿＿＿、＿＿＿＿和＿＿＿＿的特点。

（3）从适用范围维度分类，工业 App 可分为＿＿＿＿、＿＿＿＿、＿＿＿＿。

（4）从知识来源维度分类，工业 App 可分为＿＿＿＿、＿＿＿＿。

（5）从业务环节维度分类，工业 App 大致可分为＿＿＿＿、＿＿＿＿、＿＿＿＿和＿＿＿＿。

2. 判断题

（1）工业 App 是面向工业产品全生命周期相关业务场景（设计、生产、交易、服务等）的需求。（　　）

（2）行业通用工业 App 面向汽车、航空航天、石油化工、机械制造、轻工家电、信息电子等具体行业及其细分子行业的通用业务。（　　）

（3）数据分析类工业 App 基于企业各业务环节中所产生数据的集成，将数据挖掘、数据分析、数据处理等方法进行封装，实现以数据支撑业务管理与决策优化。（　　）

（4）各类工业产品需要不同层次的工业技术。根据工业产品体系的层次关系，可映射形成工业 App 的三大层级结构。（　　）

（5）软件维度可分为体系规划、技术建模、开发测评和应用改进四大阶段。（　　）

3. 简答题

（1）简述工业互联网 App 的定义。

（2）简述工业互联网 App 的特征。

（3）简述工业互联网 App 的分类。

（4）简述工业互联网 App 的体系架构。

任务二　工业互联网发展趋势

【任务描述】

了解工业互联网的演变过程，工业互联网国内外的发展现状，以及工业互联网在真实生产环境下的典型应用等。

【知识学习】

微课

工业互联网发展
演变路径

1.2.1　工业互联网发展演变路径

1. 工业互联网信息通信技术与工业经济的深度融合阶段

要讲工业互联网的起源，就不得不说美国通用电气公司（General Electric Company，GE）。作为全球影响力较大的多元化服务公司，GE 拥有完整的产品体系，涵盖飞机发动机、发电设备等高端设备以及照明设备、塑料用品等日用品。它拥有首屈一指的制造技术和丰富的工业互联网深耕经验。

早在 2012 年，GE 就提出了工业互联网的概念。这一集成技术起源于通用航空发动机可预测性维护的工业模式，在美国政府和企业的大力支持下，逐步产生了在航空、医疗、生物制药、半导体芯片、材料等行业的各种应用案例。

GE 在自产的每台航空发动机上都安装了大量的传感器，以不断地采集每次飞行的数据，并在飞行过程中将数据实时传回数据中心进行分析。因此，GE 的数据中心可以为飞机发动机提供预测性维护建议，以减少停机时间，更好地优化其经济性和安全性。

GE 认为，在波澜壮阔的市场前景下，不论是满足效率安全和实时可靠的工厂内网、工厂外网和标识解析等基础业态需求，还是满足工业运营产生的智能化生产、网络化协同、数据同步、人工智能改造等新型业态需求，工业互联网都是产业升级的核心手段。2014 年，GE 联合 AT&T、Cisco、IBM、Intel 等成立了工业互联网联盟（Industrial Internet Consortium，IIC），初步形成了行业生态。

2. 工业互联网与企业合作相互推动阶段

很多人了解的精益制造和工艺未必能体现出新工业化的决心。2016 年，日本提出了"互联产业"战略；2018 年，日本开始关注互联产业，其特点是通过利用数字技术实现网络空间与现实空间的高度融合，包括社会生产经营的方方面面。

中国产业信息网在《日本"工业互联"战略的启示》中写到，当企业还专注于内部互联时，日本另辟蹊径地提出了"工业价值链"战略，建立了统一生态系统，把握住了全球工厂自动化需求，完善了工业系统供应链。

当前，全球新一轮科技革命和产业变革深入推进，信息技术日新月异。5G 与工业互联网的融合将加速数字中国、智慧社会建设，加速中国新型工业化进程，为中国经济发展注入新动能，为世界经济创造新的发展机遇。

3. 5G 加速工业互联网的发展进程

从工业经济发展的角度来看，工业互联网给建设制造强国提供了重要的支持。首先是推动传统产业转型升级，通过跨设备、跨系统、跨工厂、跨区域的全面互联互通，实现各种生产和服务资源更大范围、更高效率及更精确的优化配置，实现高质量、降成本、增效率、绿色和安全的发展；推动制造业高端化、智能化、绿色化，大幅提升工业经济发展质量和效益。其次是加快培育壮大新兴产业，推动设计、生产、管理、服务等环节从单点数字化向全面融合演进，加速创新模式、生产模式、组织形式和商业范式的深刻变革，催生许多新模式、新平台设计、智能制造、网络化协同、个性化定制、服务延伸、数字化管理等业态和新兴产业。

从网络设施的发展来看，工业互联网也是网络强国建设的重要组成部分。首先是加快网络演进升级。工业互联网是推动人与物互联、物与物互联的公共互联网，可以扩大人、机、物、系统的全面互联，大大提升网络设施配套服务能力。其次是拓展数字经济空间。工业互联网具有很强的渗透性，可以和交通、物流、能源、医疗、农业等实体经济的各个领域进行深度的融合，实现上、下游产业和跨领域的广泛互联，同时促进科技的发展，网络应用从虚拟到实体、从生活到生产的飞跃，极大地拓展了网络经济的发展空间。

在我国，上海做出了首个工业互联网项目，牵头出台了相关政策和三年行动计划；率先成为全国互联网产业示范城市；获批首个互联网产业示范基地，开发汇众汽车配件、汽临港基地、诺玛高端智能液压、三菱电梯智能机器人仓库等系列相关场景；鼓励集成电路、生物医药、汽车、航空等 300 多家企业在工业互联网应用领域进行创新。工业互联网的应用让相关行业平均能够降低约 7.3% 的成本，而质量则能够提升约 6.1%，效率提升约 9.2%，带动了十万家中小型企业在云平台上大显身手。

上海拥有先进的制造体系和强大的资本布局。总体来看，2019 年上海工业投资增长约 11.3%，连续 21 个月保持两位数增长；上海制造业投资比上年增长约 21.1%。五大重点工业产业投资增长约 24.2%：生物制药业投资增长约 79.0%，汽车业投资增长约 48.5%，石油化工及精细化工业投资增长约 36.6%，电子信息业投资增长约 12.9%。

2022 年，上海互联网核心产业目标规模从 800 亿元增加到 1500 亿元。在强大的智能制造产业基础上，深圳适时出台了多项促进工业互联网环境形成的政策：成立"深圳工业互联网专家委员会"，推动成立华为、富士康及腾讯等深圳工业互联网联盟；开办"工业互联网大会"和"工业互联网大讲堂之旅"；开始打造"总部（深圳）+工厂（珠三角）"的区域化生产制造新模式。

工业互联网背后的产业结构转型升级迫在眉睫，出现了制造业增速明显回落、产能过剩、供需失衡、新旧动能转换缓慢等一系列矛盾，难以对原来以数量、规模和速度为基础的增长模式进行适应、把握，导致经济发展出现新常态的需求。纵观我国的工业发展历史，从工业化体系到人工智能，从传统制造业到万物互联，我国一步步进行产业升级，走向世界前列。

1.2.2　工业互联网国外发展扎实先进

全球多个国家都从国家战略的高度开展工业互联网领域布局。美国政府立足工业、信息通信业的全面优势，先后提出"先进制造伙伴计划"和"国家制造创新网络计划"；德国政府立足机械、电子、自动控制、工业管理软件等方面的优势，推出"工业 4.0"国家计划；法国政府先后推出"新工业法国"和"新工业法国Ⅱ"，总体上布局数字制造、智能制造以及依靠生产工具转型带动商业模式变革。

国外制造业传统巨头立足传统优势，一方面注重生产与制造过程的自动化、数字化和智能化改造，另一方面重点布局开放工业平台和工业生态体系。GE 于 2012 年提出了工业互联网的概念，强调打通工业领域硬件层、信息层，打造"工业设备+工业平台+工业 App"的生态体系。2015 年，GE 基于其在航空、轨道交通、能源、医疗等领域设备市场的优势推出 Predix 工业互联网平台，该平台连接工业设备采集和分析工业数据，从而实现基于数据分析的设备管理、设备预测性维护等功能。Predix 平台除接入 GE 自有设备之外，还广泛支持第三方设备和开发者的接入。截至 2016 年，该平台提供的应用软件有 250 多个，合作伙伴有 400 多位，软件开发者达到 2.2 万名。西门子早期致力于工厂内部的数字化工厂改造，其在德国建造的安倍格工厂实现了物流、产线、环境和人员的全面联网，约 75% 的工序是自动化完成的，是智能工厂的经典案例。此外，西门子还立足于自身在工业设备和工业软件领域的优势，对外输出智能工厂改造、规划方案。最近几年，西门子逐渐认识到开放工业平台的重要性，推出了工业平台 Mind Sphere，并于 2017 年 4 月开始提供开放 API（Application Program Interface，应用程序接口），接入第三方开发者。

近年来工业互联网的发展进入快速增长阶段。大数据、云计算和人工智能等新技术的出现为工业互联网带来了更多的可能性。工业企业通过数据驱动的决策、智能设备和预测性维护等功能，提高了生产效率和竞争力。跨行业合作和生态系统建设成为趋势，企业间共享数据和资源推动了创新和协同发展。同时，数据安全和隐私保护成为关注的焦点，相关法规和标准得到制定和进一步规范。

总体来看，全球工业互联网产业和市场的发展正处于探索阶段。虽然 GE 是最早提出工业互

联网概念的企业，但其负责工业互联网的 GE Digital 部门目前仍面临一些挑战；而西门子的 Mind Sphere 平台在未来 3 年内也将持续进行战略投资和探索，以进一步巩固其在工业互联网领域的先进地位。

1.2.3　工业互联网国内发展起步前行

我国的工业互联网仍处于起步与探索的阶段，尚未形成完整的模式和体系。但我国工业互联网的市场态势良好，其发展具有重要意义。

目前我国工业互联网的发展不平衡，企业集成水平不高，上、下游协同较差。从"工业互联网化指数"的数据可以看出，当前工业生产设备数字化率是 45.1%，数字化生产设备联网率为 39.0%，工业电子商务应用普及率为 49.6%，企业网上采购率为 25.4%，网上销售率为 30.1%。一些企业的数据平台尚未打通，且制造、物流、商务、用户等环节未实现很好地连接，加强企业互联和网络协同是工业互联网化的必然途径。

随着我国的制造业从数字化向网络化的迈进，工业互联网迅速兴起，尤其是国务院常务会议审核并通过了《关于深化"互联网+先进制造业"发展工业互联网的指导意见》，该意见对我国工业互联网的发展具有重要意义。可从以下两个方面对我国工业互联网的现状进行分析。

（1）工业互联网发展的机遇与挑战并存。我国的工业互联网进程分成"三步走"，以逐步建成与我国经济发展相适应的工业互联网体系。全球的 ICT（Information and Communication Technology，信息与通信技术）企业、制造企业、互联网企业具有各自不同的优势，可从各自的角度搭建与之适应的工业互联网平台。我国的工业互联网平台虽然成立时间短，但发展迅速，正朝着技术化、管理化、商业化等模式的方向发展，并取得了显著的进展。工业互联网的发展对我国的制造业转型升级、工业提升经济实力具有重要推动作用，其本身蕴含着巨大的商机，预计到"十四五"末，工业互联网的市场规模将突破万亿（元）大关。可见发展工业互联网的机遇是可遇而不可求的，其能够实现服务型制造企业的更多连接，提高工业企业的附加价值，并实现服务的延伸。

（2）行业发展存在不足。我国的工业互联网与发达国家相比，存在着很大差距，主要表现在我国的工业互联网产业支撑不足，核心技术、综合能力不强，体系尚不完善，数字化和网络化水平低，人才支撑和安全保障不足，缺乏龙头企业的引领等。这些问题的存在使得现有的网络不能满足工业发展的需要，导致工业互联网产业缺乏统一的接口，互通性差。

1.2.4　工业互联网典型应用

当前，工业互联网融合应用向国民经济重点行业广泛拓展，形成平台化设计、智能化制造、网络化协同、个性化定制、服务化延伸、数字化管理六大新模式，赋能、赋智、赋值作用不断显现，有力地促进了实体经济提质、增效、降本、绿色安全发展。

工业互联网目前已延伸至 40 多个国民经济大类，涉及原材料、装备、消费品、电子等制造业各大领域，以及采矿、电力、建筑等实体经济重点产业，实现更大范围、更高水平、更深程度的发展，形成了千姿百态的融合应用实践。

（1）钢铁行业是国民经济支柱行业，制造流程长、工序多，生产分段连续，主要面临生产运

营增效难、产能过剩严重、节能绿色低碳压力大、本质安全水平较低等痛点。中国宝武、鞍山钢铁、马钢集团等企业应用工业互联网积极探索生产工艺优化、多工序协同优化、多基地协同、产融结合等典型应用场景，一方面通过数据深度分析带动生产效率、质量和效益提升，另一方面实现多区域、多环节、多业务系统的协同响应与综合决策，通过模式创新实现新价值创造和新动能培育。

（2）工程机械行业作为国民经济的重要行业，为建筑、制造、采矿等行业提供生产必需的机械装备和基础工具，具有产品复杂多样、生产过程离散、供应链复杂等特征，同时也面临着生产效率不高、产品运维能力较弱和行业同质化竞争严重等痛点。三一重工、徐工集团和中联重科等工程机械龙头企业积极应用工业互联网加快企业数字化步伐，通过工业互联网进行设备预测性维护、远程可视化管理，不仅降低了设备运维成本、提高了生产资源的动态配置效率，还在此基础上延伸出供应链金融、融资租赁等服务模式，实现"制造+服务"，为国民经济带来新的增长空间。

（3）家电行业具有技术更新速度快、产品研发周期短、产品同质化程度高等特点，当前主要面临个性化需求难满足、生产精度效率要求高、订单交付周期长、质量管控力度不足、库存周转压力大等核心需求痛点。格力、海尔、美的、TCL 等轻工家电企业依托工业互联网开展规模化定制、产品设计优化、质量管理、生产监控分析及设备管理等应用探索，提升用户交互体验、产品一次合格率与生产效率，节省设备运维成本，满足客户个性化需求。

（4）电子信息行业属于知识、技术密集型行业，产品细分种类多、生产周期短、迭代速度快，对品质管控、标准化操作与规范化管理、市场敏捷化响应等要求较高。中国电子、华为、中兴等通过工业互联网开展设备可视化管理、产品良率提升、库存管理优化、全流程调度优化和多工厂协同等典型应用探索，一方面通过机器视觉、大数据分析等新技术提升质量管理、设备故障诊断、产品库存管理等环节的效率，另一方面通过建设互联工厂实现企业级决策优化和需求敏捷响应。

（5）采矿行业是采掘、开发自然界能源或将自然资源加工转换为燃料、动力的行业，当前主要面临资源紧缺，安全监管与环保压力大，设备实时监管、精细化管理要求高等痛点。山西潞安新元煤矿、陕煤集团小保当煤矿、山东黄金三山岛金矿、内蒙古白云鄂博稀土矿等采矿企业利用"5G+工业互联网"开展智能采掘与生产控制、环境监测与安全防护、井下巡检等，把人从危险、繁重的工作中解放出来，促进了采矿行业绿色、安全生产。

（6）电力行业利用"5G+工业互联网"与发电、输电、变电、配电、用电全环节融合，形成新型控制监测网络，优化流程工艺，大幅减少碳排放，降低了清洁能源并网的不确定性，同时提升电动汽车和微电网等主体的接入能力，降低了上、下游企业和用能客户的成本。中国华能、南方电网、国家电网、正泰集团、特变电工等发电侧、电网侧和用电侧企业及机构纷纷开展探索，形成发电侧设备预警与节能增效、电网侧调度优化与全流程集成管控、用电侧服务提质与用电策略优化等典型应用模式，分别实现设备故障提前预测和主动维修、电能量数据可测和用电成本降低。

（7）建筑行业具有项目建设周期长、资金投入大、项目关联方管理复杂、人员流动性强等特点，未来将走向以工业互联网、BIM（Building Information Model，建筑信息模型）等技术综合应用支撑下的工业化、智能化、绿色化。中建科工、广联达、三一筑工、北京建谊等企业利用工业互联网，探索数字化协同设计与集成交付、虚实融合的施工协同管理、装配式建筑智能制造等应用，实现建设项目全过程的虚拟执行和优化调整，大幅提升设计效率、施工质量、成本进度控制和安全施工水平。面向建筑本身能耗优化、安全应急和访问控制等需求，部分领先建筑企业通过工业互联网开展能耗管理、资产监测运维、虚拟演练等应用探索，实现智能化、安全化运行。

【任务实施】

1.2.5　工业互联网未来发展态势

分析工业互联网发展演变路径、工业互联网国内外发展现状，随着时间的推移和相关政策的出台与扶持，工业互联网在国内的发展未来将会是什么样的新态势？请发表自己的感想。模板如下所示。

工业互联网未来发展态势

现状分析：

未来发展：

【任务总结】

本任务从工业互联网发展演变路径讲起，使读者能够从宏观、大趋势上了解工业互联网的发展历程；其次讲解工业互联网国内外的发展现状，让读者知道工业互联网在国内的发展情况；最后介绍工业互联网深入各行各业，并衍生出了一些具有代表性的应用。

【拓展练习】

1．填空题

（1）互联产业的特点是通过利用＿＿＿＿＿实现＿＿＿＿＿与＿＿＿＿＿的高度融合，包括社会生产经营的方方面面。

（2）工业互联网具有很强的渗透性，可以和＿＿＿＿＿、物流、＿＿＿＿＿、医疗、＿＿＿＿＿等实体经济的各个领域进行深度的融合。

（3）工业互联网背后的产业结构转型升级迫在眉睫，出现了制造业增速明显回落、＿＿＿＿＿、供需失衡、_____转换缓慢等一系列矛盾。

（4）从_____到_____，从_____到_____，我国一步步进行产业升级。

（5）我国的工业互联网仍处于_____的阶段，尚未形成完整的模式和体系。

2. 判断题

（1）工业互联网发展演变路径分为工业互联网信息通信技术与工业经济的深度融合阶段、工业互联网与企业合作相互推动阶段。（　　）

（2）我国的工业互联网仍处于起步与探索的阶段，尚未形成完整的模式和体系。但我国工业互联网的市场态势良好，其发展具有重要意义。（　　）

（3）工业互联网融合应用向国民经济重点行业广泛拓展，形成平台化设计、智能化制造、网络化协同、个性化定制、服务化延伸、数字化管理六大新模式。（　　）

（4）近年来工业互联网的发展进入缓慢增长阶段。大数据、云计算和人工智能等新技术的出现为工业互联网带来了更多的可能性。（　　）

（5）电子信息行业属于知识、技术密集型行业，产品细分种类多、生产周期短、迭代速度快，对品质管控、标准化操作与规范化管理、市场敏捷化响应等要求较高。（　　）

3. 简答题

（1）简述工业互联网发展演变路径。

（2）简述工业互联网国内外的发展状况。

（3）请列举一些工业互联网典型应用。

任务三　工业互联网 App 开发概览

【任务描述】

了解工业互联网 App 开发的整个流程，以及开发工业互联网 App 所需的关键技术，通过工业互联网平台体验多类不同工业互联网 App 的魅力。

微课

工业互联网 App 开发概览-知识学习

【知识学习】

1.3.1　工业互联网 App 开发流程

在工业 App 的开发过程中，工业 App 开发人员简单地逐一敲代码只是其中的一部分。实际上，在进入工业 App 研发阶段之前，还需要经历多个关键步骤。首先，进行市场调研和需求分析，以深入了解目标用户的需求和行业背景；其次，进行原型设计和 UI 设计，确保 App 页面和用户体验的质量；最后，需要进行前端开发，以确保 App 在不同平台上的兼容性和稳定性。

一旦工业 App 的功能开发完成（后端开发也就是功能开发），接下来就是进行软件测试。这

个阶段至关重要，通过测试，可以发现并修复潜在的问题，确保 App 的功能运行正常。然后，将 App 上架到应用市场，这是让更多用户了解和使用 App 的途径；而后，需要进行后期的日常维护工作，保障 App 的稳定性和安全性；同时，为了推广和营销工业 App，还需要展开相应的推广运营活动。工业 App 开发流程如图 1-7 所示。

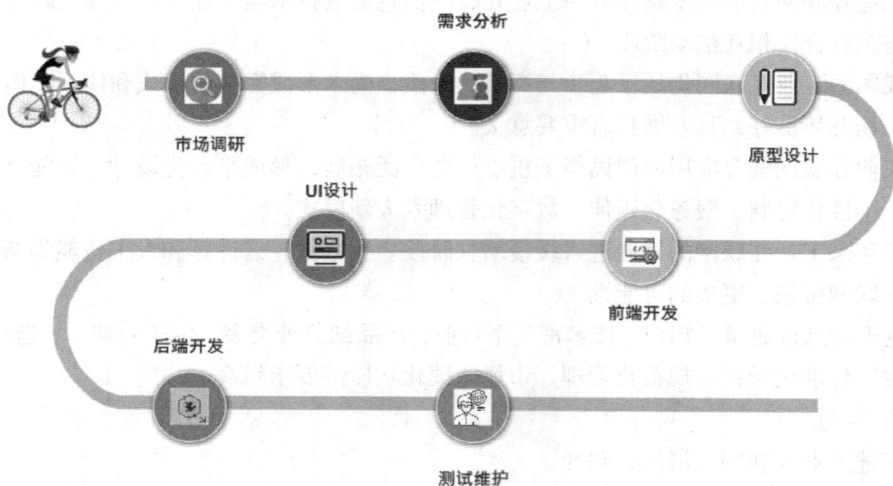

图 1-7　工业 App 开发流程

　　整个工业 App 开发流程涉及不同岗位职能的人员，他们的合作至关重要。因此，必须确保工业 App 开发流程规范和周期得到恰当的评估，以保证项目的顺利进行和高质量的交付。

　　对于没有条件组建开发团队的企业或个人，也可以选择通过在线制作平台进行开发，如徐工汉云工业互联网平台。该平台采用功能控件共享化的开发模式，即所有的功能组件已经事先开发好；同时提供了上百款涵盖各行各业的 App 模板，只需一键套用，即可把所需的 App 功能模块进行自由组合搭配。使用该平台，不到一周的时间，就可以完成一款工业 App 的开发与上线，无论是时间成本、人力成本还是资金成本，都比传统的工业 App 开发团队和外包公司的低。这种"SaaS（Software as a Service，软件即服务）一站式平台开发"的模式已经被众多企业运用。

1.3.2　工业互联网 App 开发所需技术

　　开发工业 App 需要解决多类工业设备接入、多源工业数据集成、海量数据管理与处理、工业数据建模分析、工业应用创新与集成、工业知识积累与迭代等一系列问题，涉及七大类关键技术，分别为数据集成和边缘处理技术、IaaS（Infrastructare as a Service，基础设施即服务）技术、平台使能技术、数据管理技术、应用开发和微服务技术、安全技术、工业数据建模与分析技术，如图 1-8 所示。

1.　数据集成和边缘处理技术

　　（1）设备接入：通过工业以太网、工业总线等工业通信协议，以太网、光纤等通用协议，3G/4G/5G、NB-IoT 等无线协议将工业现场设备接入平台边缘层。

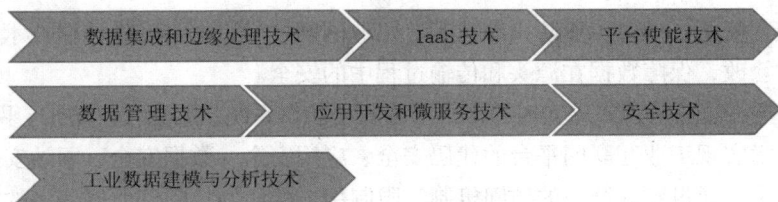

图 1-8　七大类关键技术

（2）协议转换：一方面运用协议解析、中间件等技术兼容 Modbus、OPC、CAN、Profibus 等各类工业通信协议和软件通信接口，实现数据格式的转换和统一；另一方面利用 HTTP（HyperText Transfer Protocol，超文本传送协议）、MQTT（Message Queuing Telemetry Transport，消息队列遥测传输协议）等方式从边缘侧将采集到的数据传输到云端，实现数据的远程接入。

（3）边缘数据处理：基于高性能计算芯片、实时操作系统、边缘分析算法等技术，在靠近设备或数据源头的网络边缘侧进行数据预处理、存储及智能分析应用，提升操作响应灵敏度、消除网络堵塞，并与云端分析进行协同。

2. IaaS 技术

基于虚拟化、分布式存储、并行计算、负载调度等技术，实现对网络、计算、存储等计算机资源的池化管理，根据需求进行弹性分配，并确保资源的使用安全，为用户提供完善的云基础设施服务。

3. 平台使能技术

（1）资源调度：通过实时监控云端应用的业务量动态变化，结合相应的调度算法为应用程序分配相应的底层资源，从而使云端应用可以自动适应业务量的变化。

（2）多租户管理：通过虚拟化、数据库隔离、容器等技术实现对不同租户应用和服务的隔离，保护其隐私与安全。

4. 数据管理技术

（1）数据处理框架：借助 Hadoop、Spark、Storm 等分布式处理架构，满足海量数据的批处理和流处理计算需求。

（2）数据预处理：运用数据冗余剔除、异常检测、归一化等方法对原始数据进行清洗，为后续存储、管理与分析提供高质量的数据来源。

（3）数据存储与管理：通过分布式文件系统、NoSQL 数据库、关系数据库、时序数据库等不同的数据管理引擎实现对海量工业数据的分区选择、存储、编目与索引等。

5. 应用开发和微服务技术

（1）多语言与工具支持：支持 Java、Ruby 和 PHP 等多种语言编译环境，并提供 Eclipse Integration、JBoss Developer Studio、Git 和 Jenkins 等各类开发工具，构建高效、便捷的集成开发环境。

（2）微服务架构：提供涵盖服务注册、发现、通信、调用的管理机制和运行环境，支撑基于微型服务单元集成的"松耦合"应用开发和部署。

（3）图形化编程：通过类似 LabVIEW 的图形化编程工具，简化开发流程，支持用户采用拖曳方式进行应用创建、测试、扩展等。

6．安全技术

（1）数据接入安全：通过工业防火墙技术、工业网闸技术、加密隧道传输技术，防止数据泄露、被侦听或被篡改，保障数据在源头和传输过程中的安全。

（2）平台安全：通过平台入侵实时检测、网络安全防御系统、恶意代码防护、网站威胁防护、网页防篡改等技术实现工业互联网平台的代码安全、应用安全、数据安全、网站安全。

（3）访问安全：通过建立统一的访问机制，限制用户的访问权限和所能使用的计算资源与网络资源，实现对云平台重要资源的访问控制和管理，防止非法访问。

7．工业数据建模与分析技术

（1）数据分析算法：运用数学统计、机器学习及最新的人工智能算法实现面向历史数据、实时数据、时序数据的聚类、关联和预测分析。

（2）机理建模：利用机械、电子、物理、化学等领域的专业知识，结合工业生产实践经验，基于已知工业机理构建各类模型，实现分析与应用。

在上述七大类技术中，平台使能技术、工业数据建模与分析技术、数据集成和边缘处理技术、应用开发和微服务技术正快速发展，对工业互联网平台的构建和发展有着深远影响。在平台层，PaaS（Platform as a Service，平台即服务）技术、新型集成技术和容器技术正加速改变信息系统的构建和组织方式。在边缘层，边缘计算技术极大地拓展了平台收集和管理数据的范围和能力。在应用层，微服务等新型开发框架驱动工业软件开发方式不断变革，而工业机理与数据科学深度融合则正在引发工业应用的创新浪潮。

【任务实施】

1.3.3　工业管道监控系统开发案例

微课

工业互联网 App 开发概览-任务实施

这里以工业管道监控系统的管道信息实时监控功能的开发为例，根据工业 App 开发流程一一进行介绍。

1．市场调研

在企业实际运作中，管道的长距离铺设和运输缺少实时的监控与监管。管道的维护工人只能够通过日常的巡检对膨胀节的外观进行查验，以确认膨胀节是否处于良好的工作状态。整个过程由人工完成，电子化和信息化程度极低，严重影响了工作效率。同时，人工检查的方式难免会出现疏忽。

本任务综合考虑公司主要产品、项目需求，实现多种类产品数字化接入、智能分析、展示等功能，并以压力管道系统安全监控技术研究、公司膨胀节产品及化工机械长输管线项目等为初步实施对象进行建设。

2．需求分析

这里选取实时监控功能来进行需求分析。实时监测信息页面呈现当前租户下的所有管道信息（以列表的形式展示），用户可以单击某个管道的缩略图，单击后会弹出管道的实时详细信息对话框，展示管道的基本信息，包括实时信息、历史信息、指标分析、历史报警、操作日志、设备文档。实时信息展示当前管道绑定的传感器实时数据，历史信息展示当前管道一周内的数据信息，指标分析根据当前数据和历史数据分析管道的实际情况，历史报警记录当前管道的报警信息和历史报警信息，操作日志记录当前管道发生报警的处理情况，设备文档记录管道和绑定传感器的使用手册和说明书。还需展示一些设备的其他参数，如在线时长、运行时长、设备名称等。不仅允许租户根据管道编码对管道进行查找，还允许租户按照管道类型进行分类查找。

3. 原型设计

根据需求分析，以列表的形式展示当前租户下的所有管道，如图 1-9 所示。

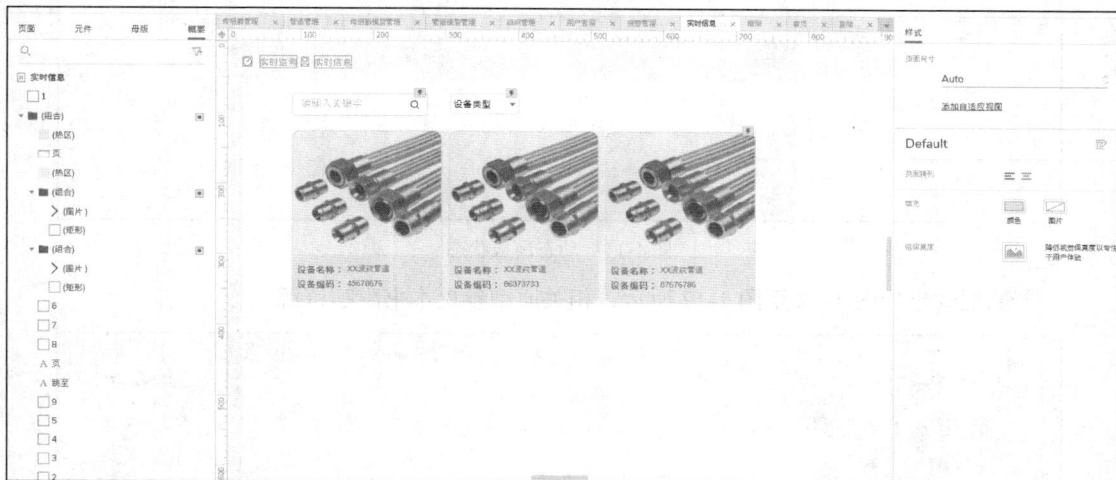

图 1-9　管道列表

当用户单击某个管道的缩略图时，会弹出详细信息对话框，如图 1-10 所示，展示基本信息。原型页面由动态面板和图表元件实现。

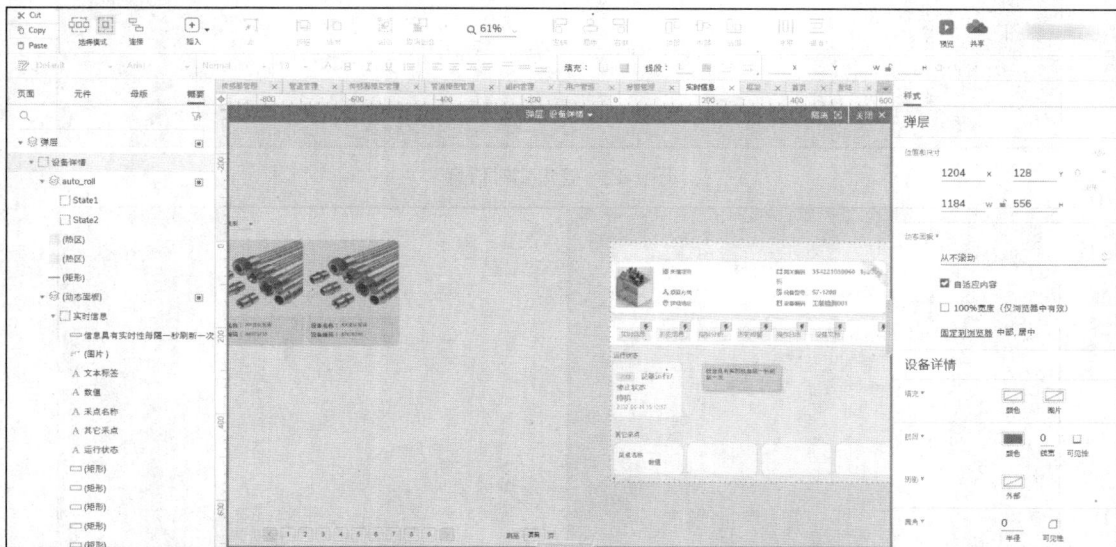

图 1-10　详细信息对话框

使用动态面板的多个状态实现管道信息展示页面的切换，如图 1-11 所示。

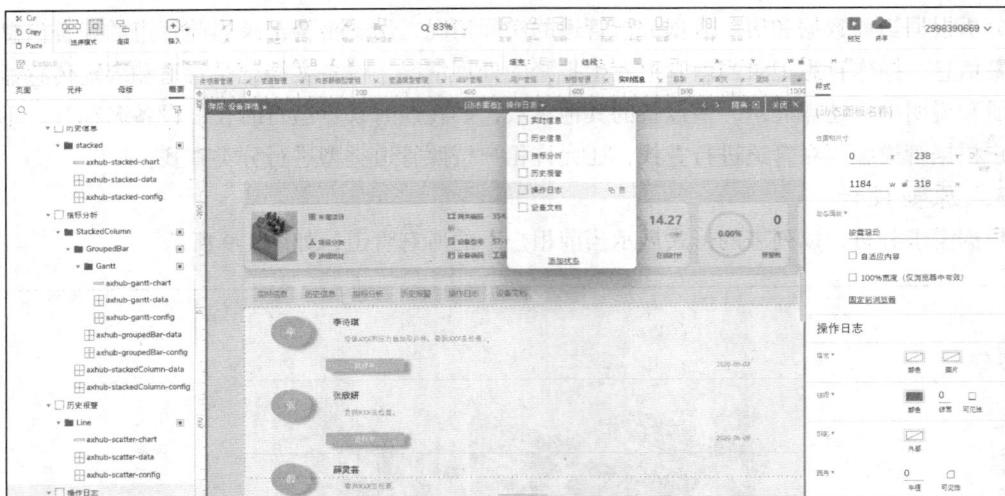

图 1-11　动态面板状态

原型效果如图 1-12 至图 1-17 所示，相关原型参见本书附赠资源。

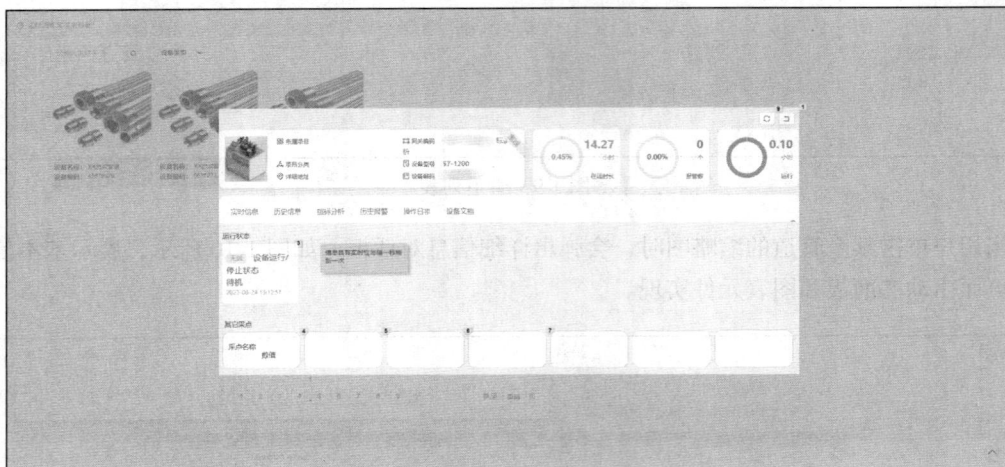

图 1-12　管道实时信息

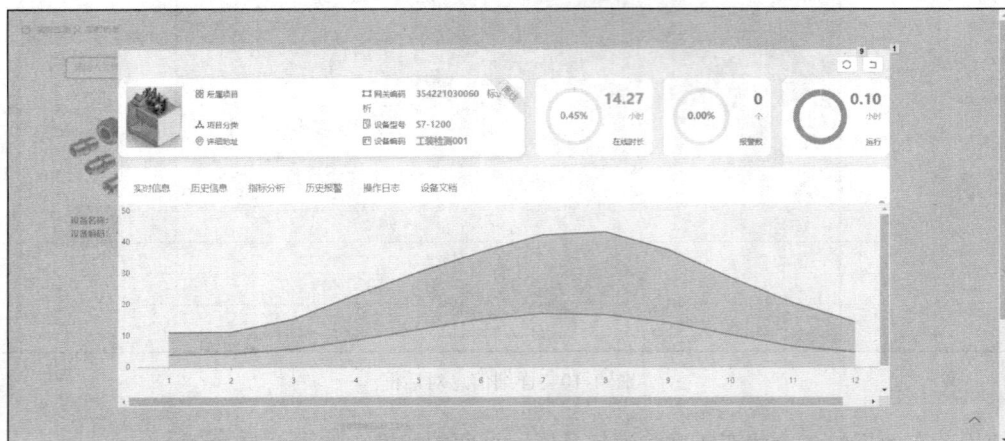

图 1-13　管道历史信息

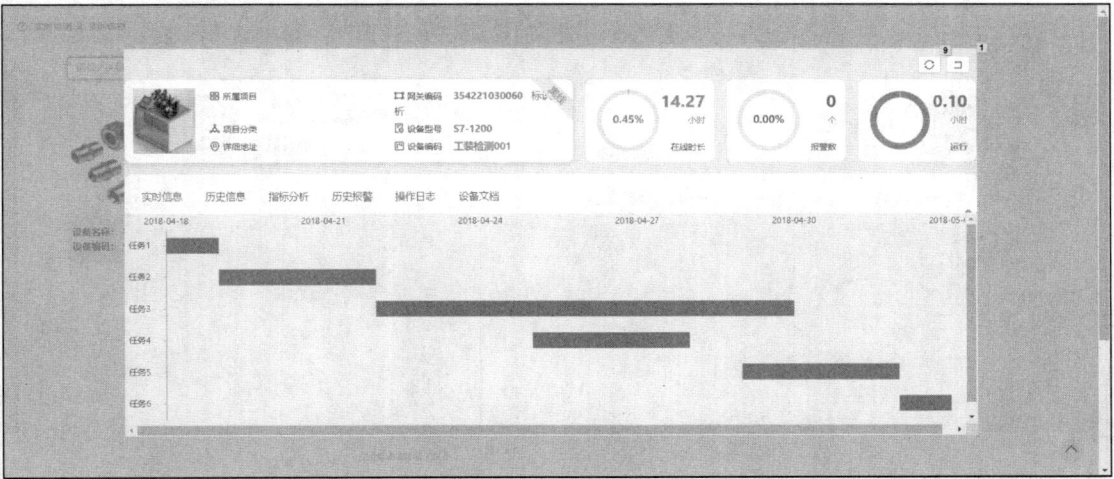

图 1-14　管道指标分析

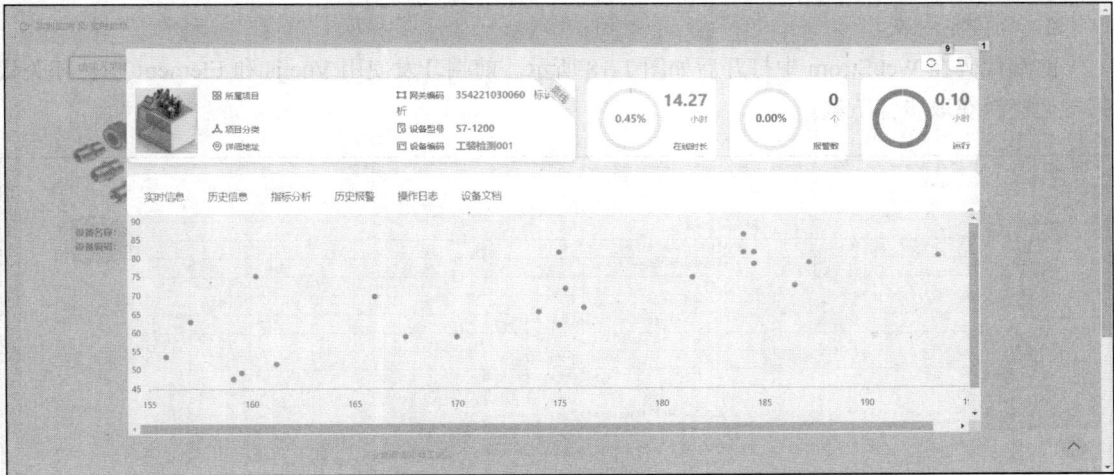

图 1-15　管道历史报警

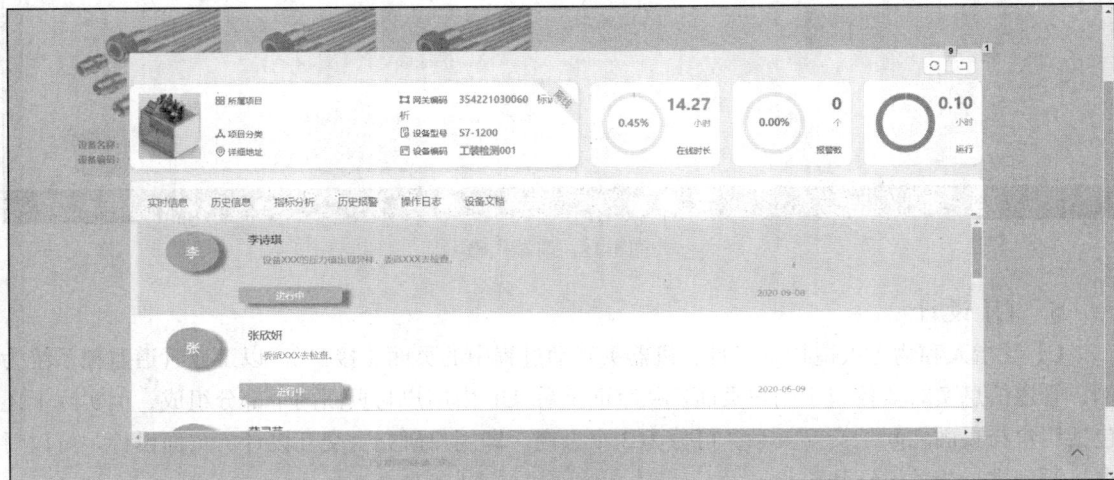

图 1-16　管道操作日志

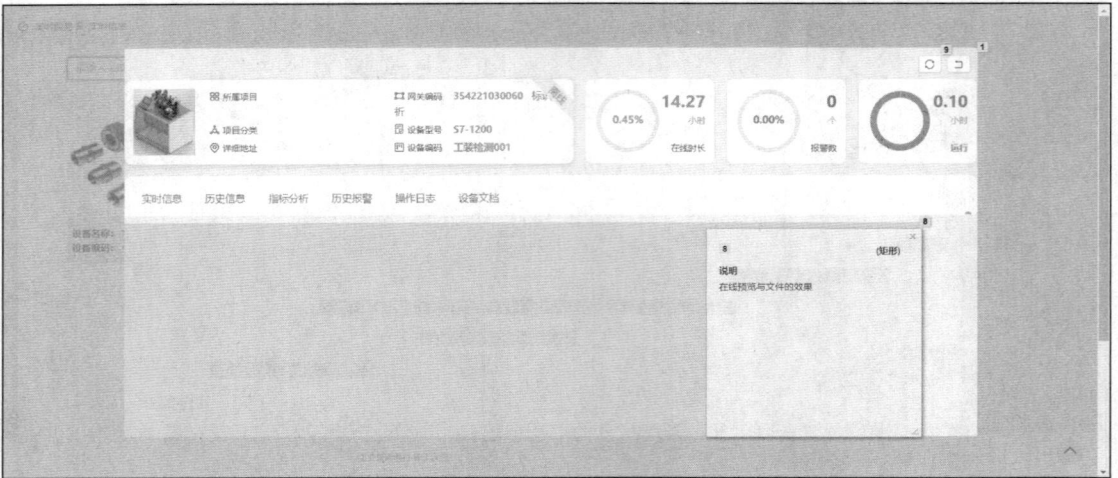

图 1-17 管道设备文档

4. 前端开发

前端代码在 WebStrom 中打开后如图 1-18 所示。前端开发使用 Vue.js 和 Element UI，相关代码参见资料获取步骤下载。

图 1-18 前端代码

5. UI 设计

UI 泛指人和物（人造物、工具、机器）互动过程中的页面（接口）。以工业管道监控系统为例，管道信息实时监控属于用户页面。从字面上看 UI 由用户与页面两个部分组成，但实际上还包括用户与页面之间的交互关系，可分为 3 个方向，即用户研究、交互设计、页面设计。可以对项目原型进行相关设计和美化。

6．后端开发

后端代码在 IDEA 中打开后如图 1-19 所示。后端开发使用 Spring Cloud 进行构建，实时监控模块使用 WebSocket 与前台交互，使用 Kafka 作为消息服务器，相关资料参见资料获取步骤下载。

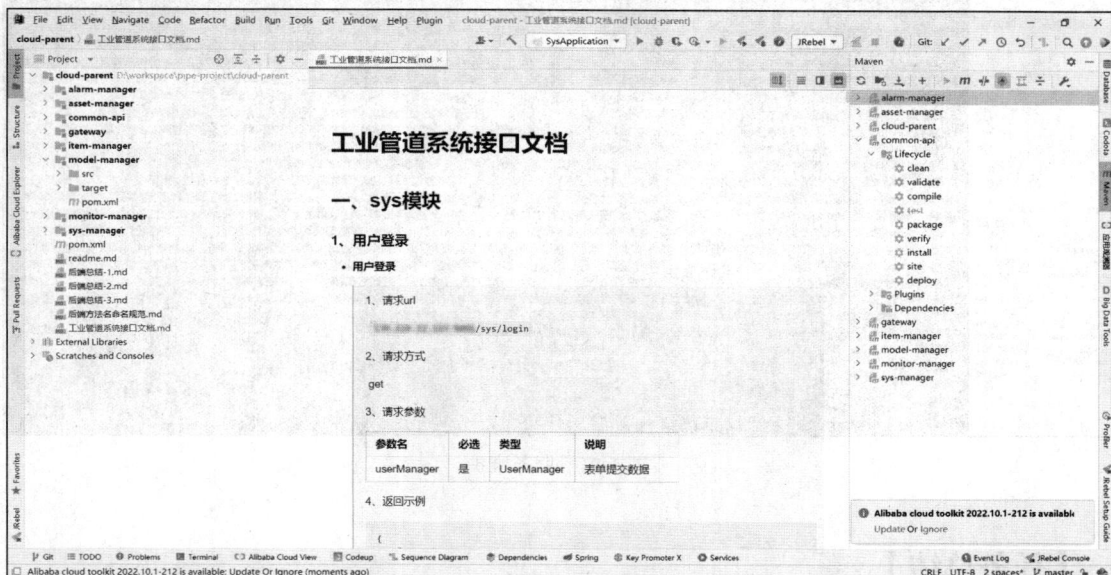

图 1-19　后端代码

7．测试维护

这里使用 Postman 对后端接口进行测试，如图 1-20 所示，通过测试之后就将之打包部署到服务器。后续还需对服务器上的相关服务进行维护，如图 1-21 所示。

图 1-20　接口测试

图 1-21　服务维护

【任务总结】

本任务分解了工业互联网 App 的开发流程，介绍了从市场调研到测试维护的整个过程，详细地介绍了工业互联网 App 开发所需的七大类关键技术，让读者充分了解开发工业互联网 App 的整套流程及所需的技术。

【拓展练习】

1. 填空题

（1）开发工业 App 需要解决＿＿＿＿、＿＿＿＿、＿＿＿＿、＿＿＿＿、＿＿＿＿、＿＿＿＿等一系列问题。

（2）工业 App 涉及七大类关键技术，分别为＿＿＿＿、＿＿＿＿、＿＿＿＿、＿＿＿＿、＿＿＿＿、＿＿＿＿、＿＿＿＿。

（3）协议转换：一方面运用协议解析、中间件等技术兼容＿＿＿＿、＿＿＿＿、CAN、＿＿＿＿等各类工业通信协议和软件通信接口，实现数据格式的转换和统一；另一方面利用＿＿＿＿、＿＿＿＿等方式从边缘侧将采集到的数据传输到云端，实现数据的远程接入。

（4）数据处理框架：借助＿＿＿＿、Spark、＿＿＿＿等分布式处理架构，满足海量数据的＿＿＿＿和＿＿＿＿计算需求。

（5）数据存储与管理：通过分布式文件系统、NoSQL 数据库、＿＿＿＿、＿＿＿＿等不同的数据管理引擎实现对海量工业数据的分区选择、存储、编目与索引。

2. 判断题

（1）在进入工业 App 研发阶段之前，还需要经过市场调研、需求分析、原型设计、UI 设计、

22

前端开发。工业 App 功能开发之后，还会进行软件测试，应用市场上架，后期的日常维护和工业 App 推广运营。（　　）

（2）开发工业 App 需要解决多类工业设备接入、多源工业数据集成、海量数据管理与处理、工业数据建模分析等一系列问题。（　　）

（3）通过 HTTP、MQTT 从边缘侧将采集到的数据传输到云端，从而实现数据的远程传输并接入平台。（　　）

（4）微服务架构：提供涵盖服务注册、发现、通信、调用的管理机制和运行环境，支撑基于微型服务单元集成的"松耦合"应用开发和部署。（　　）

（5）数据分析算法：运用数学统计、机器学习及最新的人工智能算法实现面向历史数据、实时数据、时序数据的聚类、关联和预测分析。（　　）

3. 简答题

（1）简述工业互联网 App 开发流程。

（2）简述工业互联网 App 开发所需技术。

【项目总结】

本项目通过讲解工业互联网 App 的定义、特征、分类、体系架构、开发流程、开发所需技术等，让读者初步了解什么是工业互联网 App 以及需要掌握哪些技术去开发工业互联网 App；从典型的应用案例剖析、梳理工业互联网 App 的开发流程，可有效地培养读者将理论和实践相结合的能力。

项目二

工业互联网 App 开发平台

【项目概述】

本书所述的工业互联网 App 开发平台，即徐工汉云工业互联网平台。本项目主要介绍工业互联网 App 开发平台的功能，应用平台提供的开发工具快速构建定制化工业互联网 App，定制化项目的开发流程以及页面控件的开发方法。学会基于平台工具进行 App 开发，读者可为独立进行开源环境下的 App 开发打下基础。

【项目目标】

【知识目标】

（1）了解工业互联网 App 开发平台的功能。
（2）掌握可视化编辑器、控件编辑器的使用方法。
（3）掌握数据源管理功能。

【能力目标】

（1）能够独立基于平台构建工业互联网 App。
（2）能够灵活使用平台提供的控件，以及使用控件编辑器开发控件。

【素养目标】

（1）培养读者的社会适应能力。
（2）培养读者动手创造的能力。

【思维导图】

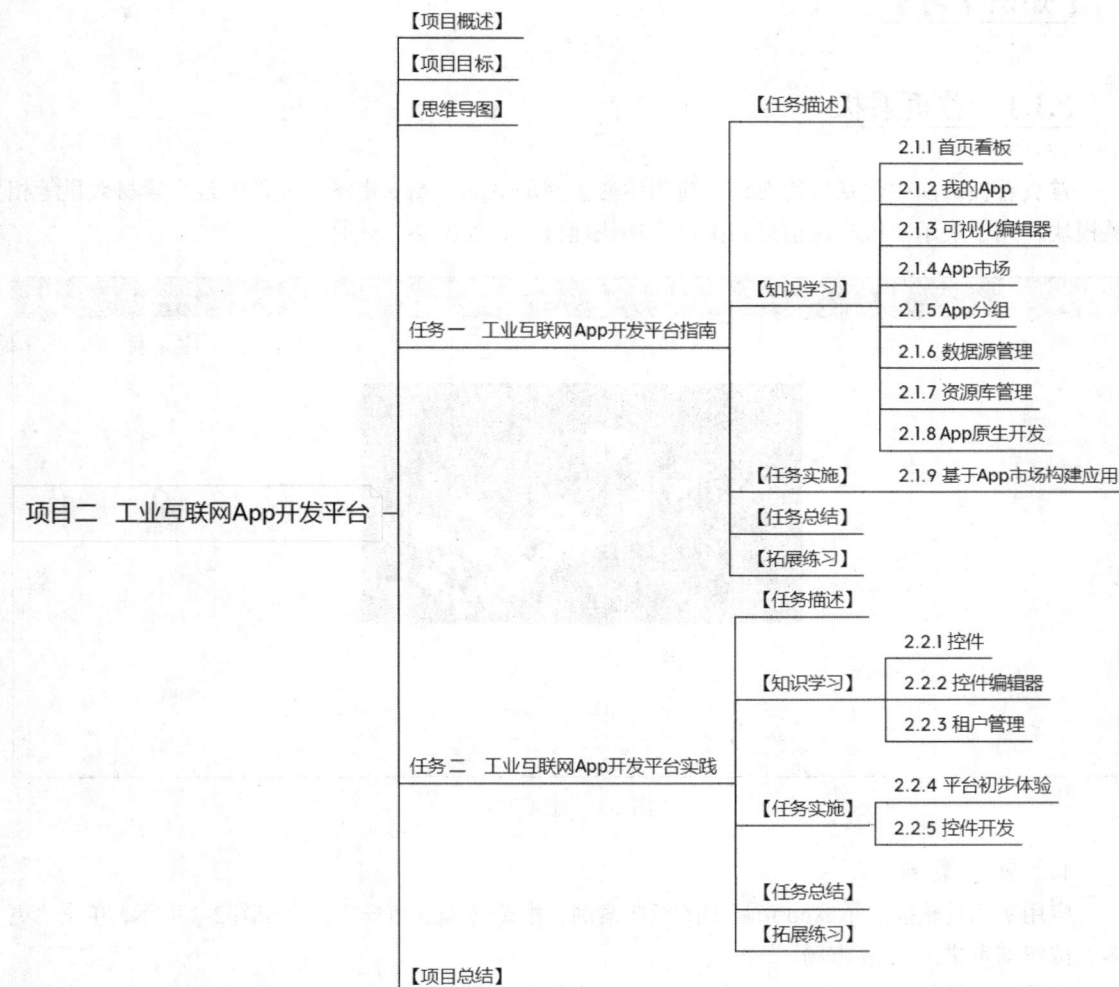

任务一　工业互联网 App 开发平台指南

【任务描述】

了解工业互联网 App 开发平台，掌握平台各个功能和工具的使用方法，能够基于平台使用工具快速构建工业互联网 App。

【知识学习】

2.1.1　首页看板

首页看板页面中包括应用案例、应用中心、我的 App、App 市场、控件数量、素材数量等相关模块，用于展示系统资源信息、提供应用快捷方式，如图 2-1 所示。

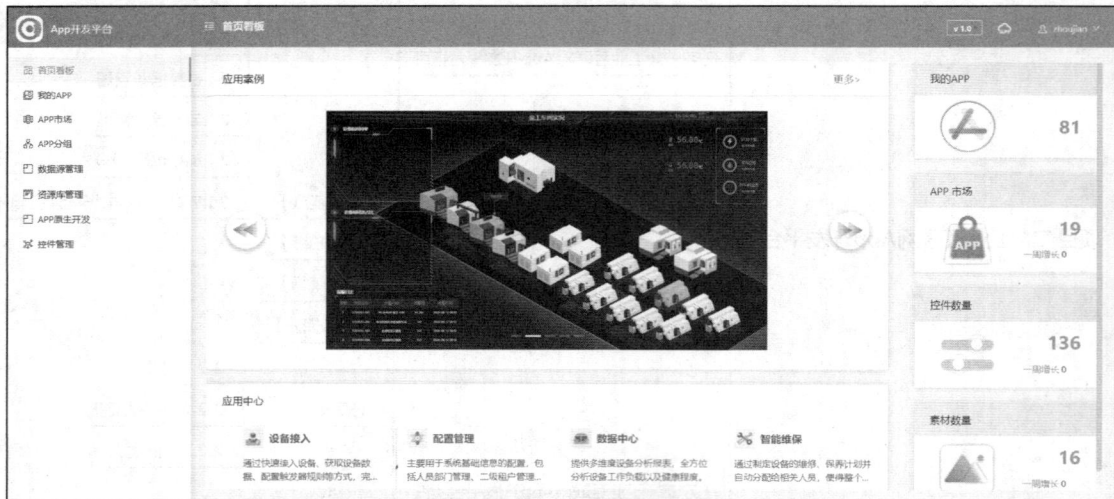

图 2-1　首页看板

1. 应用案例

应用案例是轮播展示 App 市场中的经典案例，并提供 App 市场入口，如图 2-2 所示，单击"更多"按钮即可进入 App 市场。

在默认的轮播展示 App 市场中，App 的预览图切换周期为 3s。单击"更多"按钮可进入 App 市场，单击 ◀ 按钮可切换至上一个 App，单击 ▶ 按钮可切换至下一个 App。

2. 应用中心

展示工业互联网 App 开发平台的四大应用：设备接入、配置管理、数据中心、智能维保，如图 2-3 所示。单击某个应用，可跳转到相关应用的模块。

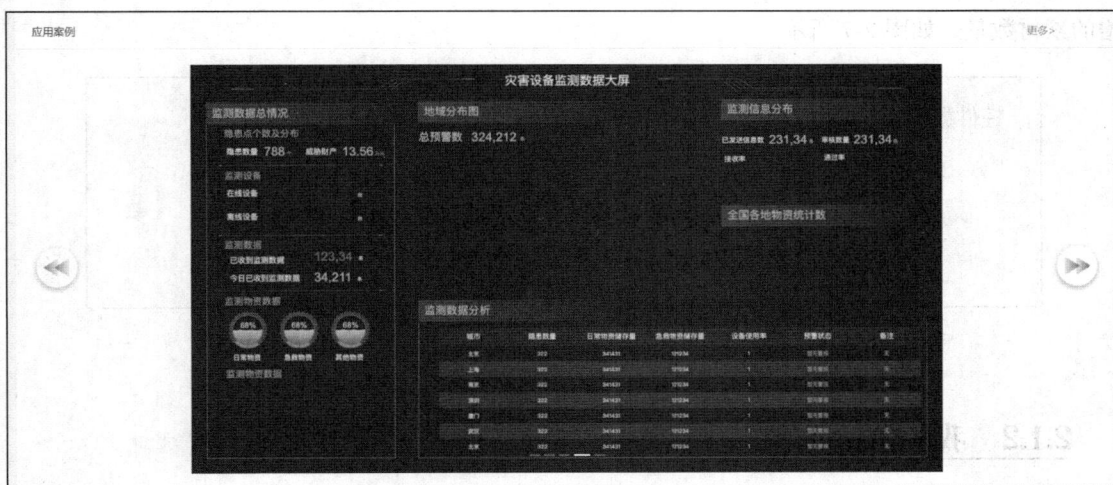

图 2-2　应用案例

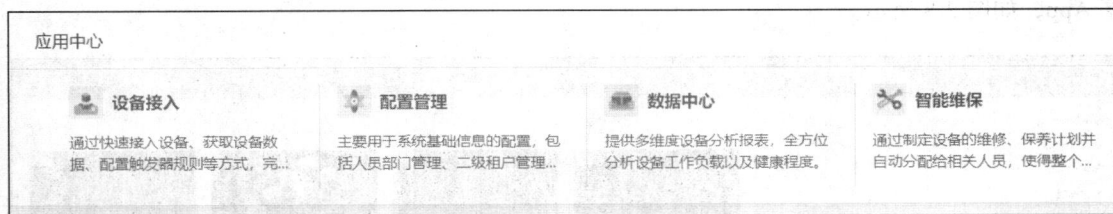

图 2-3　应用中心

3．我的 App

展示当前租户的 App 数量，如图 2-4 所示。该数量仅包括当前租户 App 数量，不包括下级租户的 App 数量。

4．App 市场

展示 App 市场中的 App 数量及近一周 App 市场增长的 App 数量，如图 2-5 所示。App 市场统计的均为运维端审核通过且已启用的分享 App 数量。

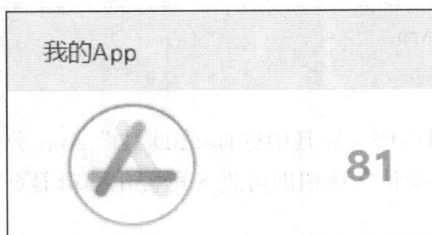

图 2-4　我的 App

图 2-5　App 市场

5．控件数量

展示系统中现有的控件数量及近一周新增的控件数量，如图 2-6 所示。该数量仅统计运维端已启用的控件。

6．素材数量

展示当前租户的所有用户上传到"我的图库"中的素材数量，以及近一周"我的图库"中新增的素材数量，如图 2-7 所示。

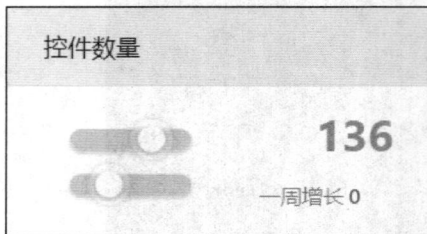

图 2-6　控件数量

图 2-7　素材数量

2.1.2　我的 App

　　我的 App 页面展示当前租户所拥有的 App，租户可以根据自己的需求构建、编辑、删除、分享 App，如图 2-8 所示。

图 2-8　我的 App

1.　新增 App

　　单击"新增 App"按钮，将弹出"新增 App"对话框，在其中选择"2D/3D"App 分类、输入 App 名称、选择所属分组，如图 2-9 所示。单击"确认"按钮即可进入可视化编辑器页面（默认是一个空的页面），这样就可以实现新增 App。

2.　编辑 App

　　将鼠标指针移动到需要编辑的 App 缩略图上，此时将显示"编辑"按钮，如图 2-10 所示。单击"编辑"按钮即可进到可视化编辑器中修改 App，修改完成后需要保存才能生效。

3.　删除 App

　　App 缩略图的右下角有"删除"按钮，如图 2-11 所示。单击"删除"按钮，会提示是否确认删除该 App，单击"确定"按钮即可删除该 App，如图 2-12 所示。

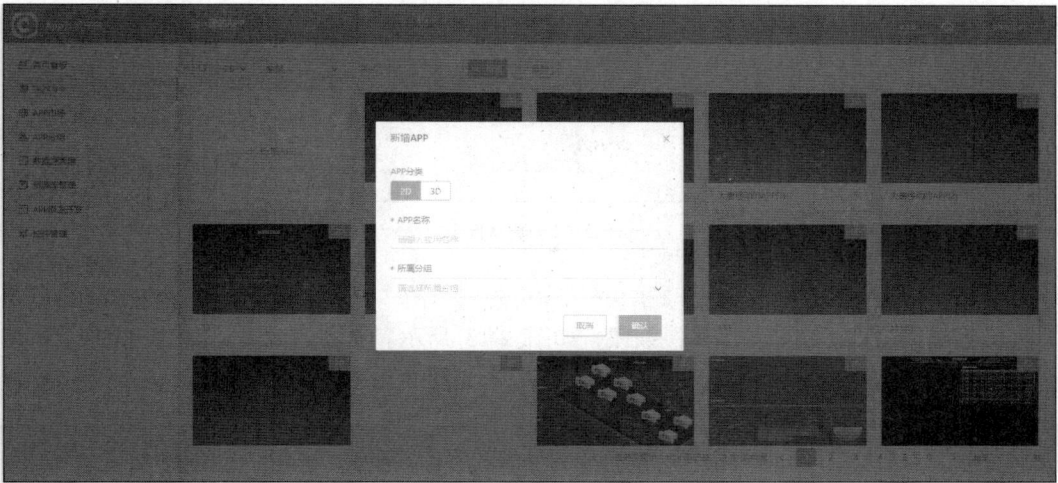

图 2-9　新增 App

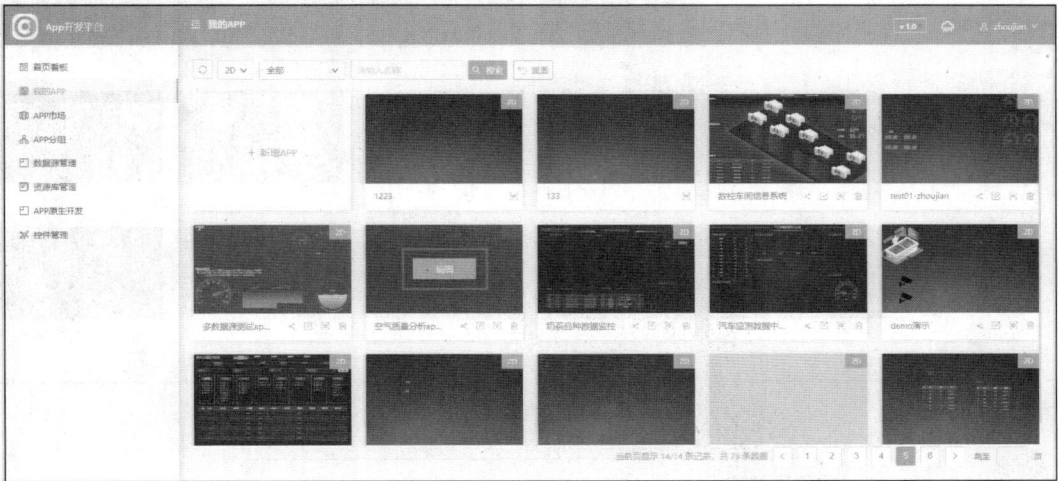

图 2-10　编辑 App

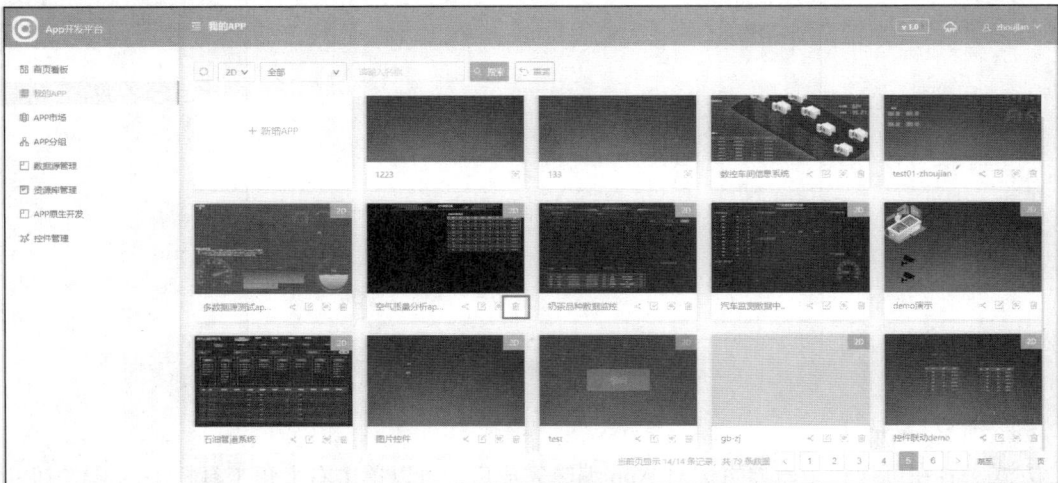

图 2-11　"删除"按钮

图 2-12　确认删除

4. 重命名 App

App 缩略图的右下角有"编辑"按钮，如图 2-13 所示。单击"编辑"按钮，会弹出"编辑 App"对话框，在其中可以编辑 App 名称和分组等，如图 2-14 所示。

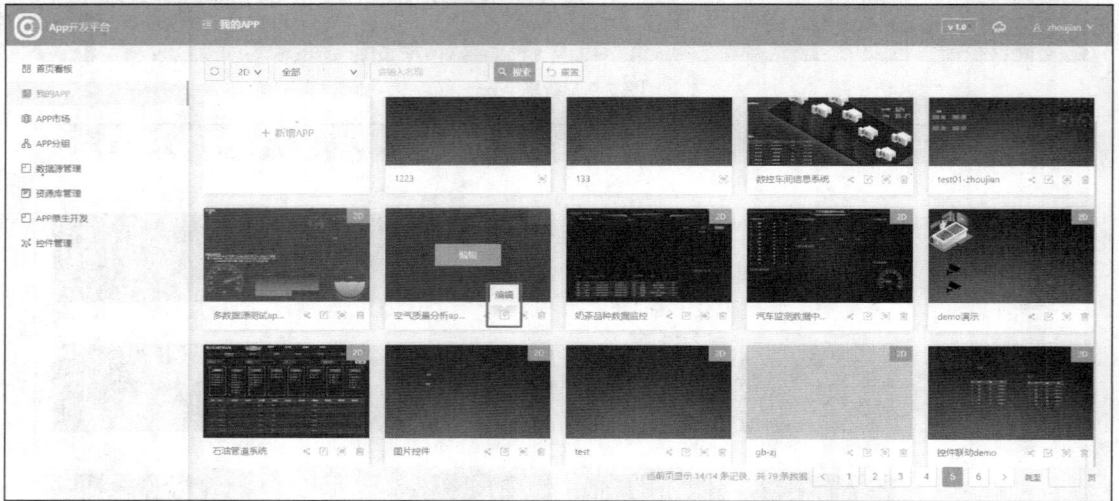

图 2-13　重命名 App

图 2-14　"编辑 App"对话框

5. 预览 App

方式一：在可视化编辑器页面对 App 编辑完成后，可以单击右上角工具栏中的 ▷ 按钮，如图 2-15 所示。单击此按钮后，浏览器会打开一个新的页面展示当前 App 的运行效果。

图 2-15　预览 App 方式一

方式二：在我的 App 页面中，每个 App 缩略图的右下角都有 👁 按钮，如图 2-16 所示。单击此按钮后，浏览器会打开一个新的页面展示当前 App 的运行效果。

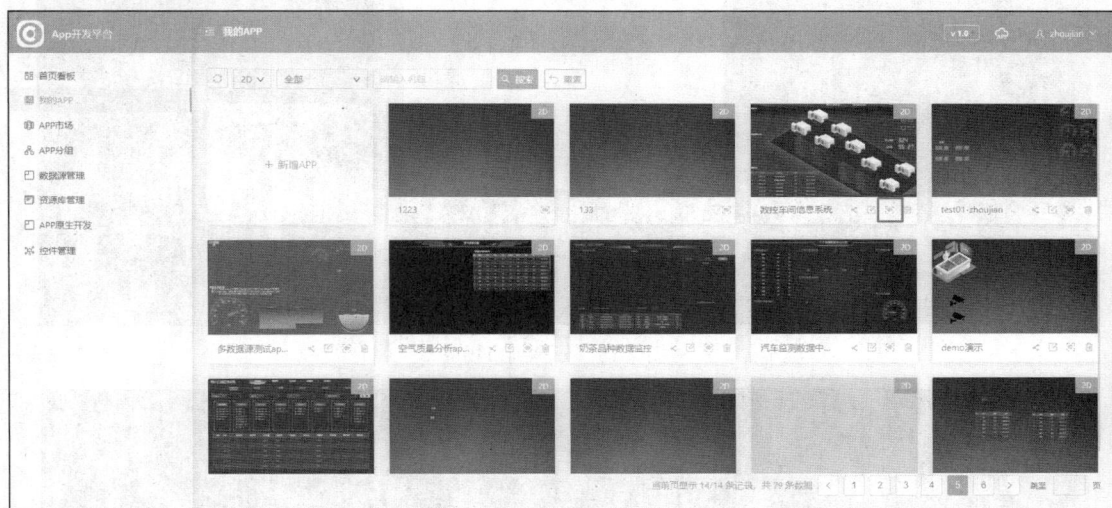

图 2-16　预览 App 方式二

6. 分享 App

App 缩略图的右下角有一个分享按钮，支持分享到市场和分享到租户，如图 2-17 所示。通过这个功能可在资源隔离的前提下实现单个应用多人使用。

分享到市场：需要在弹出的对话框中添加相应的应用标签、应用介绍信息，如图 2-18 所示。分享到市场的 App 需要被审核，审核通过后可以在 App 市场中看到该 App，审核不通过则分享失败。

分享到租户：需要在弹出的对话框中填写租户代码、分享说明信息，如图 2-19 所示。平台的每个租户都有唯一的租户代码与之对应，分享给对应租户代码的租户后，该租户可以看到所分享的 App 并可以对其进行编辑。

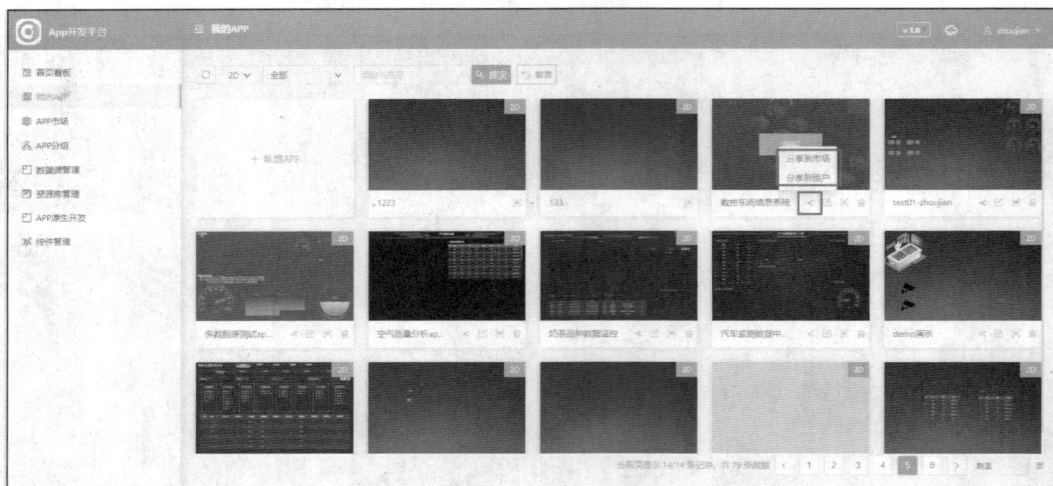

图 2-17　分享 App

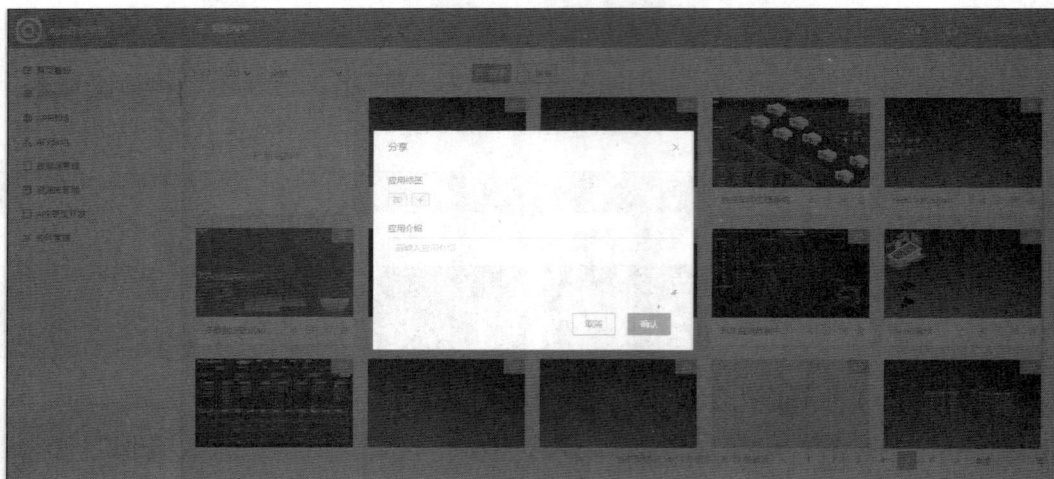

图 2-18　分享到市场

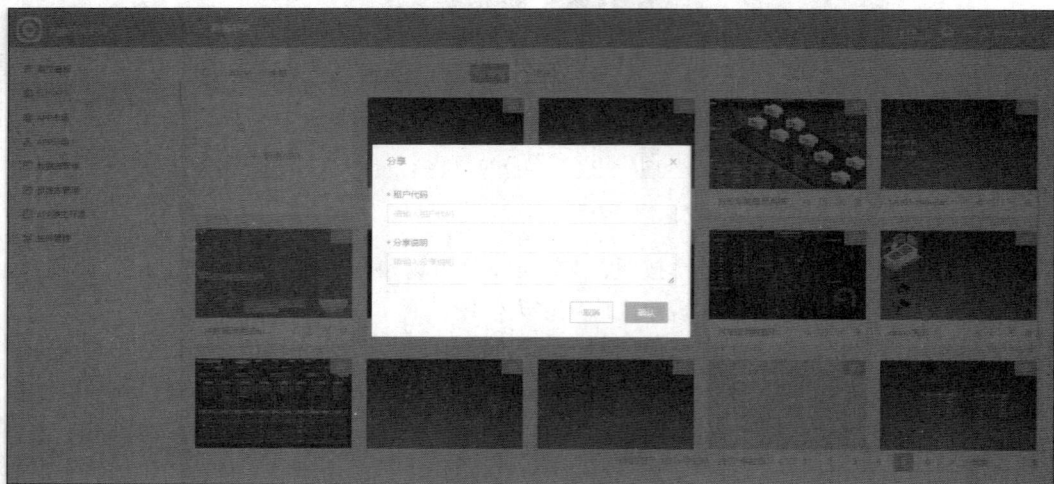

图 2-19　分享到租户

2.1.3　可视化编辑器

可视化编辑器可以划分为控件工具栏、控件选择区、工具栏、属性/数据源编辑区、画布区域，如图 2-20 所示。

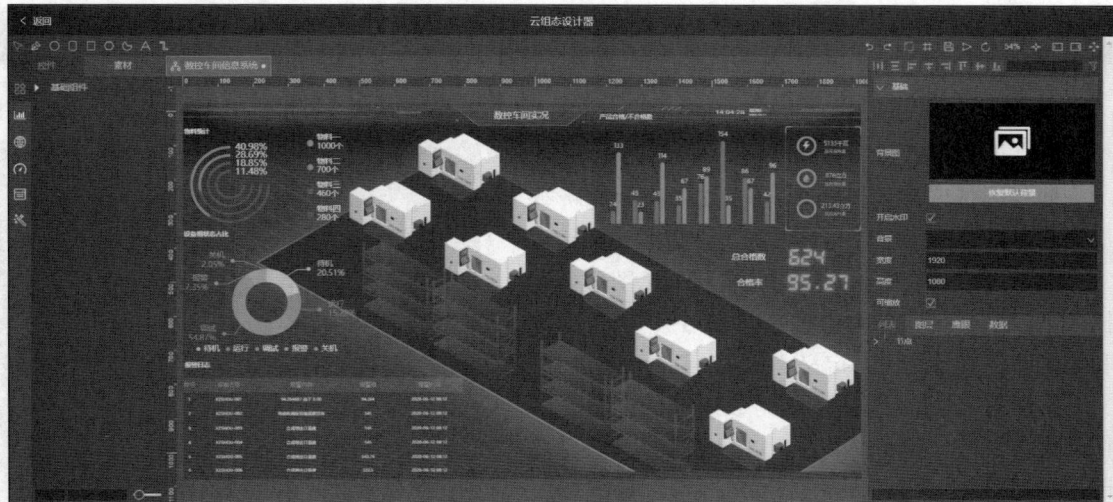

图 2-20　可视化编辑器

1.　控件工具栏

控件工具栏中从上往下为基础组件、图表控件、地图控件、工控控件、网页控件、自定义控件，如图 2-21 所示。

2.　控件选择区

在控件工具栏中，选中相应的控件工具后，控件选择区会显示相应的控件。这里以基础组件为例，选中基础组件后可以看到控件选择区中出现图 2-22 所示的基础组件。

图 2-21　控件工具栏

图 2-22　控件选择区

3．工具栏

左侧工具栏中从左至右的按钮分别为编辑、不规则图形、椭圆形、圆矩图形、矩形体、正多边形、圆弧形、文本和管道，如图 2-23 所示。

右侧工具栏中从左至右的按钮依次为撤销、重做、显示/隐藏刻度尺、显示/隐藏网格、保存、预览、重新加载、缩放比例、缩放到全屏、显示/隐藏左侧、显示/隐藏右侧、全屏，如图 2-24 所示。

图 2-23　左侧工具栏

图 2-24　右侧工具栏

4．属性/数据源编辑区

属性编辑区可用于编辑 App 或者控件的所有属性，包括控制、布局、基础等，如图 2-25 所示。

数据源编辑区可用于编辑 App 所展示图形化数据的来源，数据源分为静态数据、API、设备画像和数据库，支持用户自定义，如图 2-26 所示。

属性/数据源编辑区下部为数据透视视图，包括列表、图层、鹰眼和数据 4 个透视选项。列表透视可以列表的形式展示所有的控件、App 结构及包含关系，如图 2-27 所示。在图层透视中可以设置和控制列表中控件之间的图层关系。鹰眼透视可显示 App 的缩略图。数据透视可以展示 App 的数据结构。

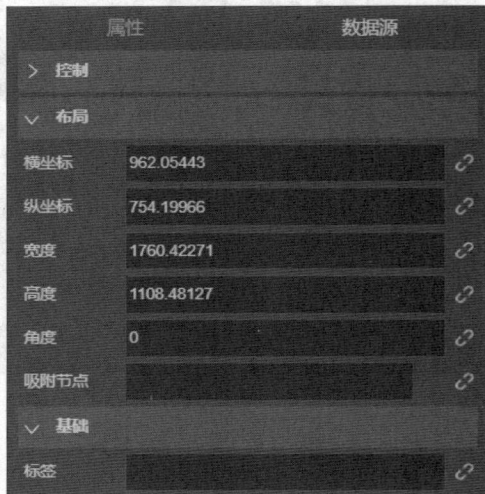

图 2-25　属性编辑区

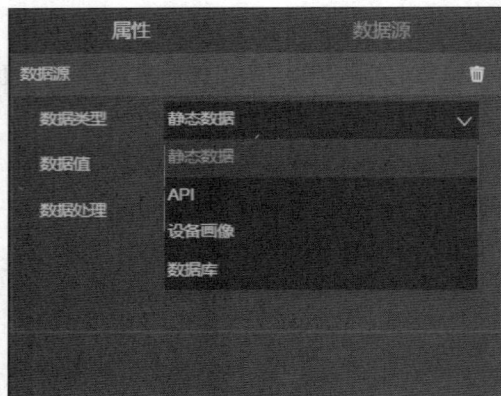

图 2-26　数据源编辑区

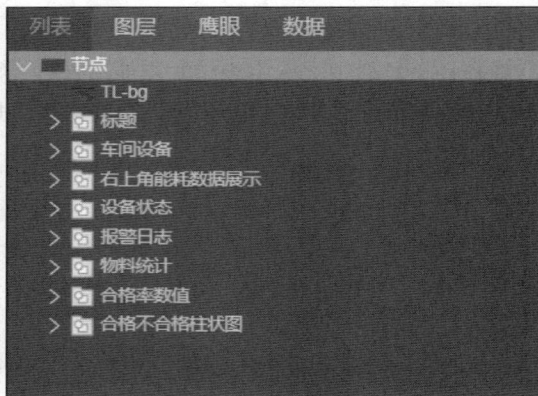

图 2-27　列表透视

5．画布区域

在画布区域中可以拖入控件构建组态画面，画布的左部和顶部有刻度标尺，如图 2-28 所示。可以通过鼠标滚轮来缩放画布，可以按住鼠标左键拖动画布。

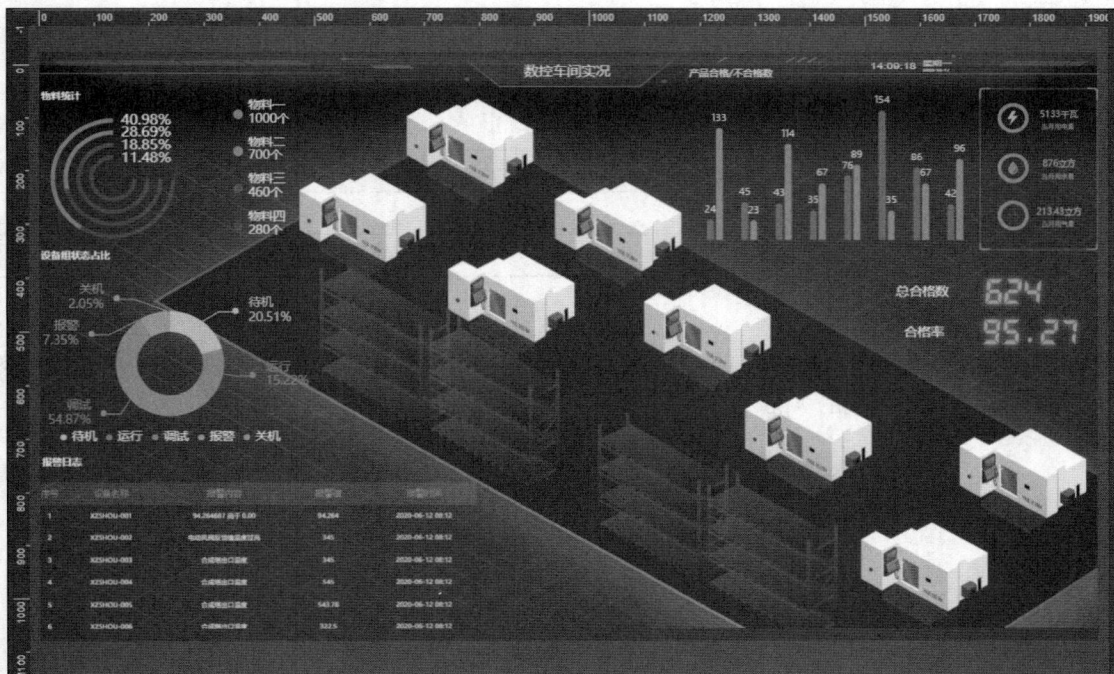

图 2-28　画布区域

2.1.4　App 市场

App 市场页面会显示通过审核的用户分享 App，在此页面可以查询、订阅和预览 App 等，如图 2-29 所示。

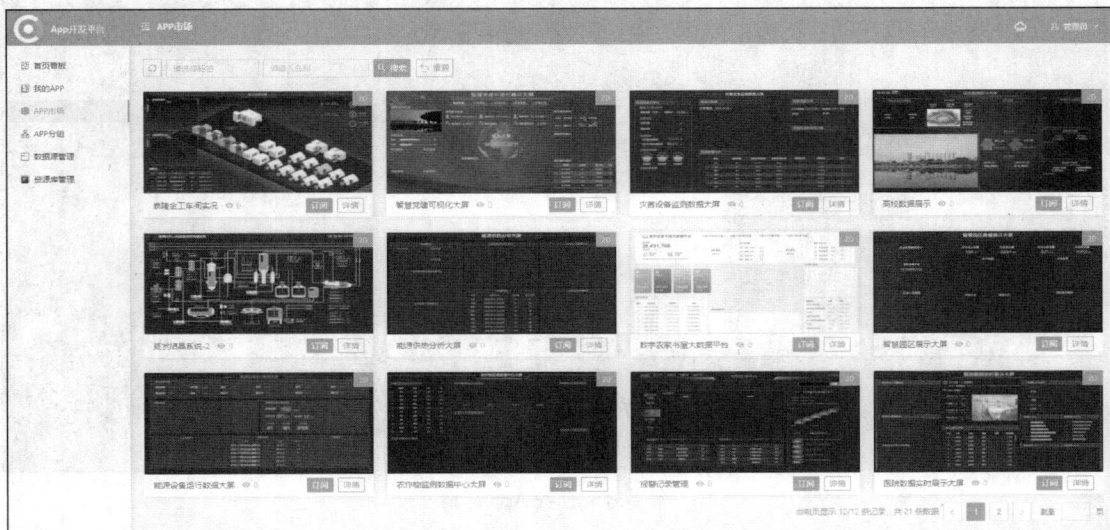

图 2-29　App 市场

1．查询操作

可以根据查询条件过滤查询出 App 信息，查询条件如表 2-1 所示。

表 2-1　查询条件

查询条件	过滤方式
App 名称	模糊查询
App 类型	2D、3D

2．订阅 App

单击列表中某个未订阅 App 的"订阅"按钮，订阅后会显示"已订阅"，如图 2-30 所示。被订阅的 App 会显示在我的 App 中。

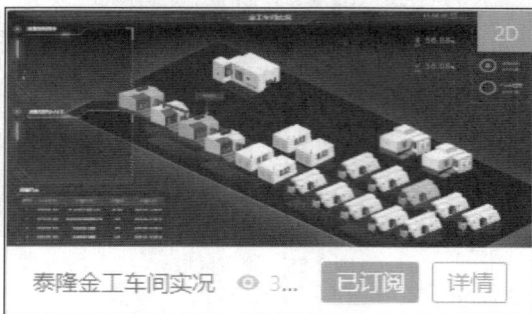

图 2-30　订阅 App

3．查看详情

单击列表中某个 App 的"详情"按钮，可以查看 App 的详情，如图 2-31 所示。

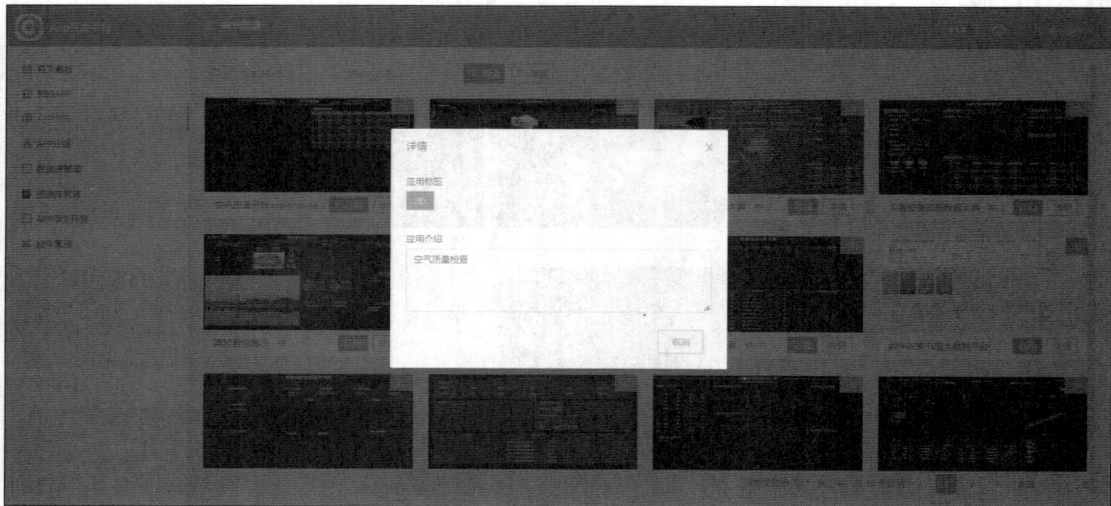

图 2-31　查看 App 详情

4．预览 App

单击列表中某个 App 的"查看"按钮，可以预览 App，如图 2-32 所示。

图 2-32　预览 App

2.1.5　App 分组

App 分组页面可以用于维护 App 的分组信息，包括 App 分组的查询、新增、编辑、删除功能，如图 2-33 所示。

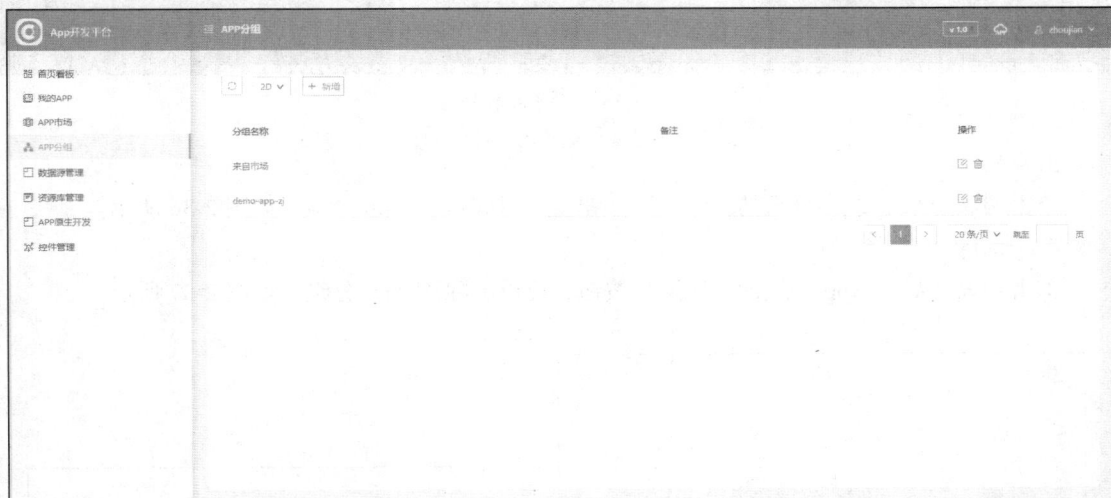

图 2-33　App 分组

1. 查询

选择 App 的类型（2D/3D），可以按照不同类型查看 App 分组列表，如图 2-34 所示。

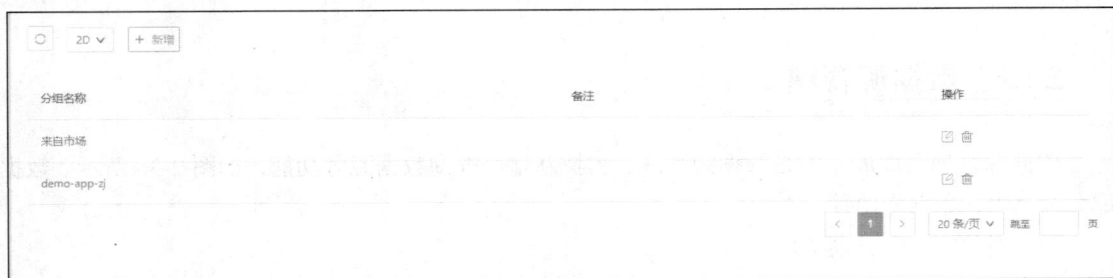

图 2-34　查询 App 分组

2. 新增

选择需要新增分组的类型（2D/3D），单击"新增"按钮，将弹出"新增分组"对话框，可以新增 App 分组，如图 2-35 所示。

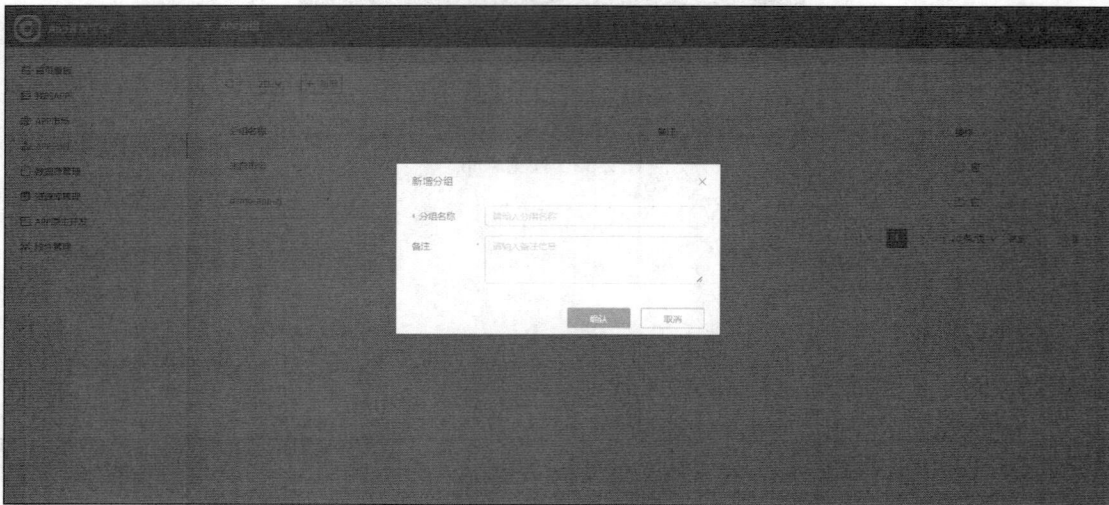

图 2-35　新增 App 分组

3. 编辑

单击列表中某个 App 分组的"编辑"按钮，可以编辑该 App 分组，如图 2-36 所示。

4. 删除

单击列表中某个 App 分组的"删除"按钮，可以删除该 App 分组，如图 2-37 所示。

图 2-36　编辑 App 分组

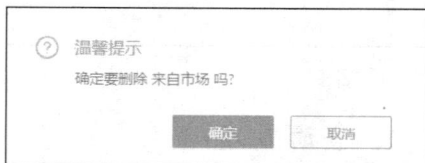

图 2-37　删除 App 分组

2.1.6　数据源管理

数据源管理页面展示的是数据源列表，支持新增、查询数据源等功能，如图 2-38 所示。数据源分为 API、数据库两种。

1. 新增 API 数据源

单击"新增"按钮，即可进入新增 API 数据源页面，如图 2-39 所示。可以在此设置数据源名

称、数据源类型、请求方式、请求地址、入参（输入参数后校验，校验结果在返回内容中显示）。

图 2-38　数据源管理

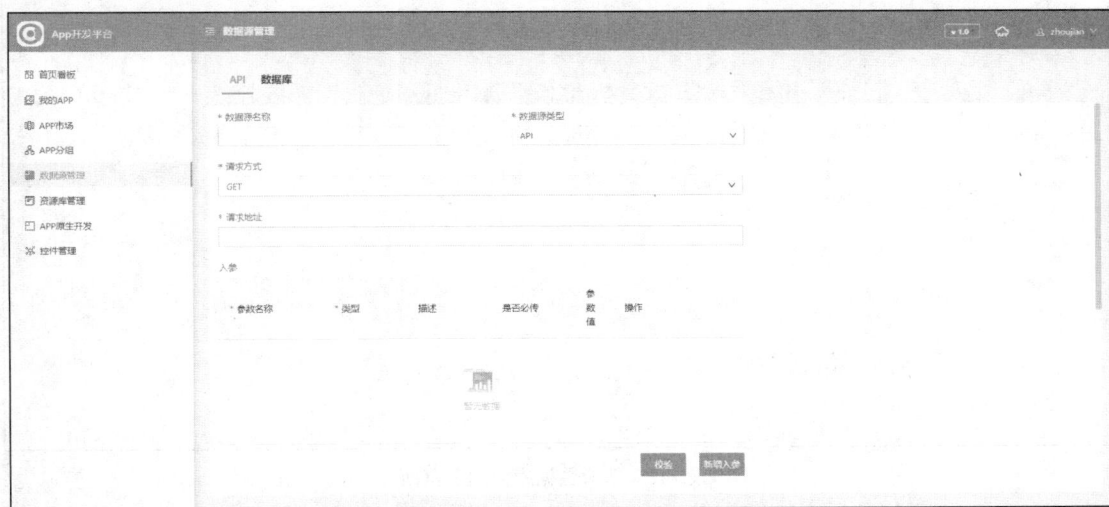

图 2-39　新增 API 数据源页面

操作提示：带"*"号的为必填项。仅支持无鉴权的 API。API 返回成功字段名为"code：200"或"0"标识成功，API 返回体名称为"value""data"或"result"。接口返回值示例如图 2-40 所示。

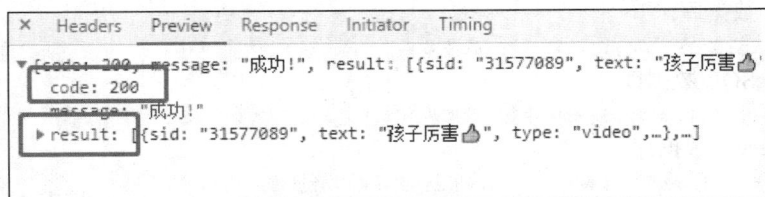

图 2-40　接口返回值示例

```
{
    "code": 200,
    "message": "操作成功",
    "value": [
        {
            "name": "demo",
            "num": "111",
            "createDate": "2021-06-11T06:38:26.809+0000",
            "id": "11"
        }
    ]
}
```

图 2-40　接口返回值示例（续）

2. 新增数据库数据源

在新增 API 数据源页面单击"数据库"标签，即可进入新增数据库数据源页面，如图 2-41 所示。可以在此设置数据源名称、数据源类型、数据库类型、用户名、密码、连接地址、备注。

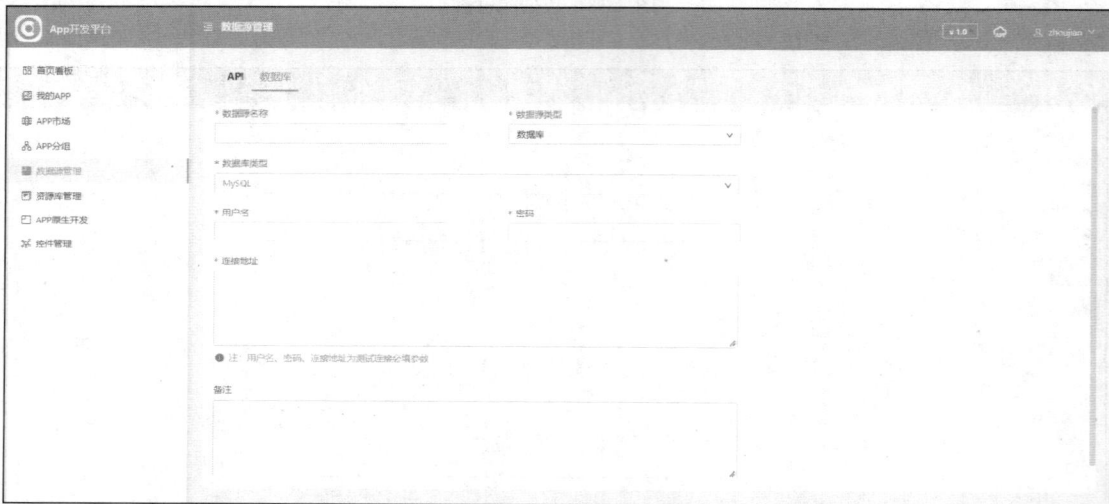

图 2-41　新增数据库数据源页面

带"*"号的为必填项。

数据库"连接地址"格式如下。

（1）MySQL 数据库。

`jdbc:mysql://IP 地址:端口号/数据库名?characterEncoding=UTF-8`

（2）Oracle 数据库。

`jdbc:oracle:thin:@{IP 地址}:{端口号}:{服务名}`

（3）PostgreSQL 数据库。

`jdbc:postgresql://{IP 地址}:{端口号}/{数据库名}`

（4）SQLServer 数据库。

`jdbc:sqlserver://{IP 地址}:{端口号};DatabaseName={数据库名}`

（5）Mongo 数据库。

`{IP 地址}:{端口号}/{AuthenticationDB}`

2.1.7　资源库管理

通过资源库管理页面可管理各种素材，用户可以自行上传文件到个人资源库中，也可以对资源进行批量管理，如图 2-42 所示。

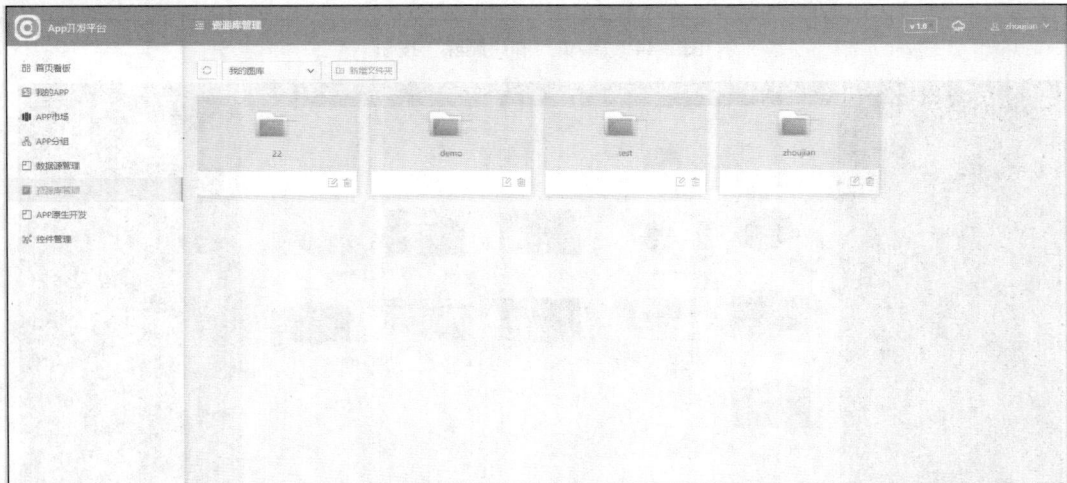

图 2-42　资源库管理

1.　资源文件夹

资源文件夹可用于对素材进行统一分类管理，用户可以新建、编辑、删除资源文件夹。单击"新增文件夹"按钮，在弹出的对话框中可以为新增文件夹命名，如图 2-43 所示。"编辑"和"删除"按钮如图 2-44 所示。

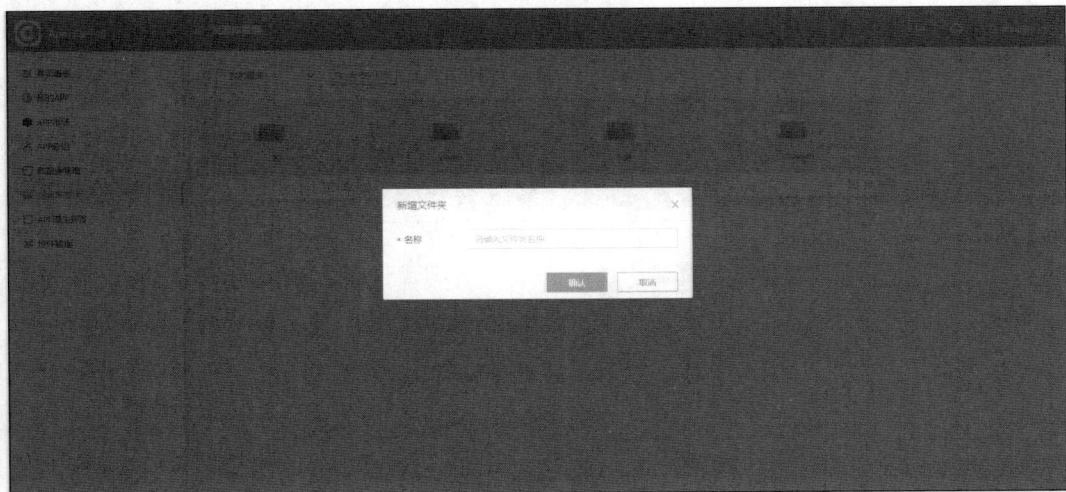

图 2-43　新增文件夹

2.　素材管理

打开新增的文件夹，单击"上传素材"按钮，即可选择素材文件批量上传素材。对于个人文件夹中的素材，用户可以对其进行重命名、删除操作，也可以批量删除，如图 2-45 所示。

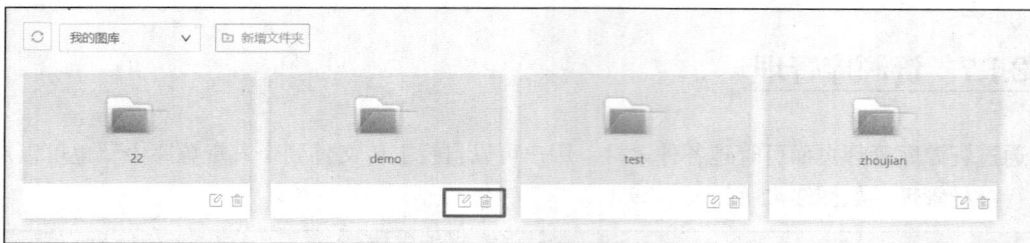

图 2-44　"编辑"和"删除"按钮

图 2-45　素材管理

2.1.8　App 原生开发

App 原生开发页面提供前端开发框架、后端开发框架、控件编辑器，以及对应使用教程的下载按钮，为资源供给高度定制化的实现提供了便利。单击相应的资源下载按钮即可下载使用，如图 2-46 所示。

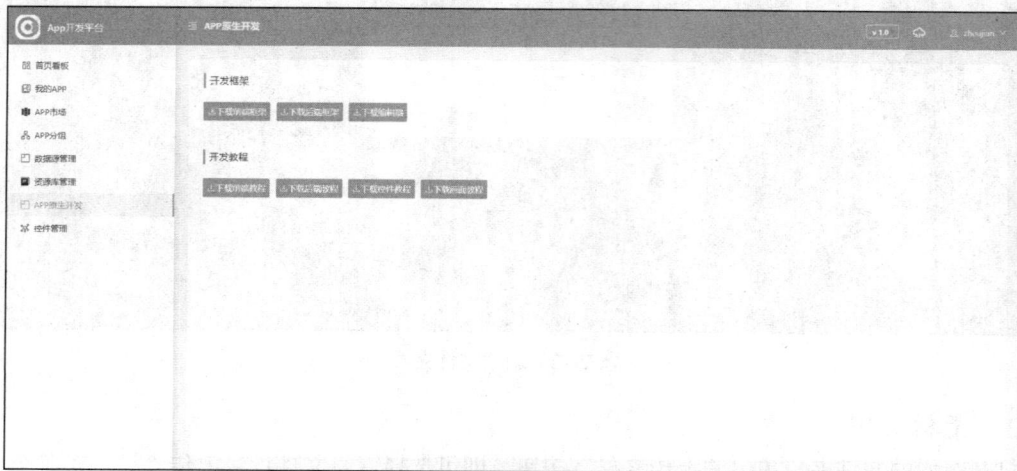

图 2-46　App 原生开发

【任务实施】

2.1.9　基于 App 市场构建应用

为了能够让读者直观地体验工业互联网 App 开发平台的便捷性，下面演示通过 App 市场订阅的方式构建基于市场模板的个人应用。

（1）进入 App 市场，在 App 市场页面中挑选精美、符合自己需求的模板，这里以"泰隆金工车间实况"这个模板为例，订阅这个应用模板，如图 2-47 所示。

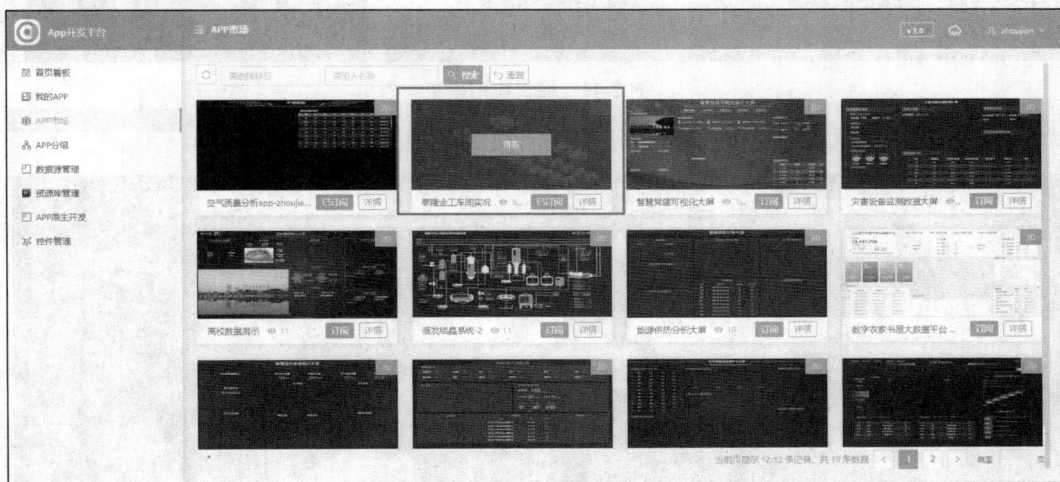

图 2-47　订阅应用模板

（2）回到我的 App 页面中，这里会显示我们订阅的应用模板。单击应用模板的"编辑"按钮，即可对应用模板进行编辑，从而实现自定义，如图 2-48 和图 2-49 所示。

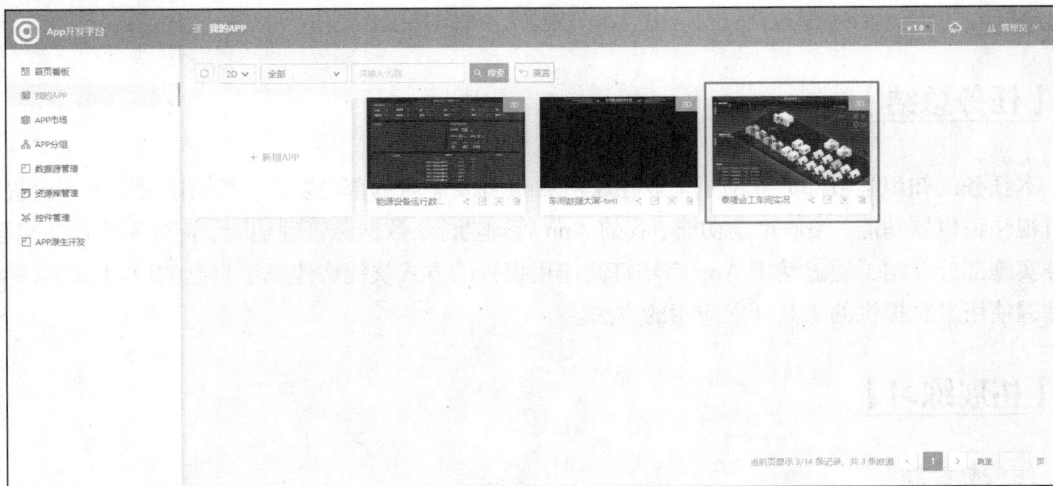

图 2-48　已订阅的应用模板

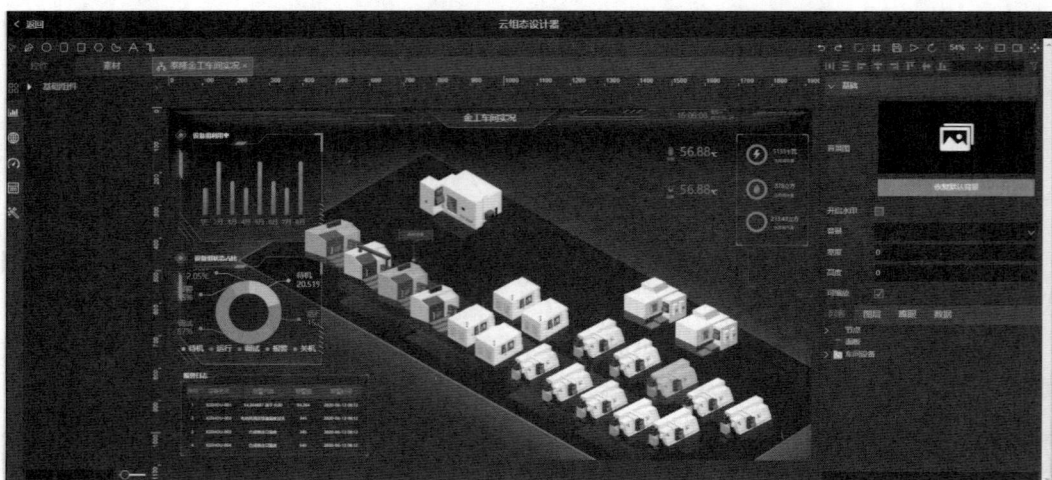

图 2-49　编辑应用模板

（3）根据需求在原有的应用模板上修改，修改之后的效果如图 2-50 所示。

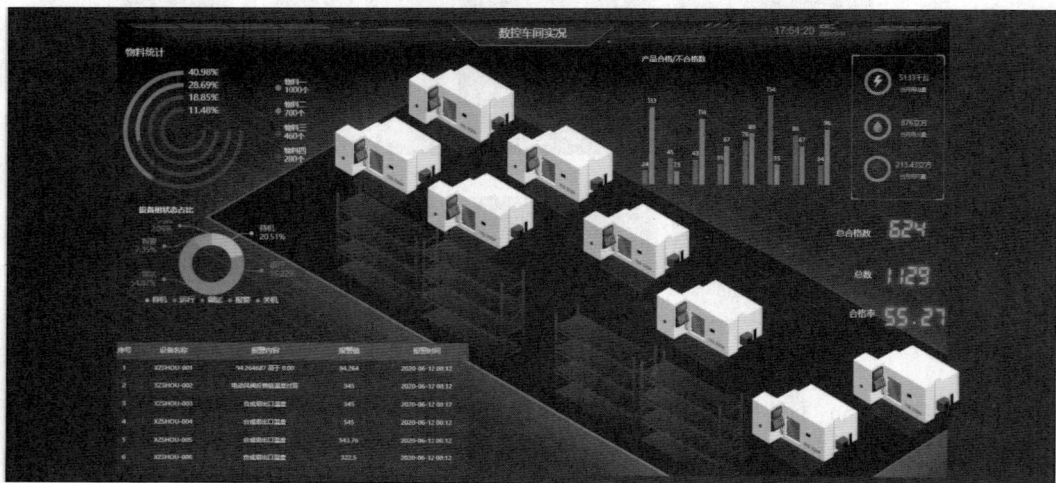

图 2-50　修改之后的效果

【任务总结】

　　本任务的知识学习部分介绍了工业互联网 App 开发平台的部分功能，帮助读者了解平台提供的可视化编辑器功能、App 市场功能、我的 App 管理功能、数据源管理功能、资源库管理功能等；任务实施部分介绍了通过基于 App 市场订阅应用模板的方式快捷构建属于自己的应用，可帮助读者掌握使用平台提供的工具开发应用的方法。

【拓展练习】

1.　填空题

（1）首页看板页面中包括应用案例、_____、_____、App 市场、控件数量、素材数量等相关模块。

（2）我的 App 页面展示当前租户所拥有的 App，租户可以根据自己的需求构建＿＿＿＿＿＿、删除、＿＿＿＿＿＿App。

（3）可视化编辑器可以划分为＿＿＿＿＿＿、控件选择区、工具栏、＿＿＿＿＿＿、画布区域。

（4）App 市场页面会显示审核通过的用户分享 App，在此页面可以＿＿＿＿＿＿、＿＿＿＿＿＿和预览App。

（5）数据源管理页面展示的是数据源列表，支持新增、查询数据源等功能。数据源分为＿＿＿＿＿＿、＿＿＿＿＿＿两种。

2．判断题

（1）用户可自行上传文件到个人资源库中，不可以对资源进行批量管理。（　　　　）

（2）App 原生开发页面只提供前端开发框架、控件编辑器，以及对应使用教程的下载按钮。（　　　　）

（3）控件工具栏中从上往下为图表控件、地图控件、基础组件、工控控件、网页控件、自定义控件。（　　　　）

（4）数据源编辑区的数据类型分为静态数据、API、设备画像和数据库，支持用户自定义。（　　　　）

（5）Oracle 数据库的连接地址格式：jdbc:oracle:thin:@{IP 地址}:{端口号}:{服务名}。（　　　　）

3．简答题

（1）简述可视化编辑器的页面组成部分。

（2）简述 App 市场功能以及如何将 App 发布到市场。

（3）简述如何将各类数据源通过数据源管理功能接入平台。

任务二　工业互联网 App 开发平台实践

【任务描述】

讲解平台提供的基础控件（包括基础类型、图表类型、地图类型、工控类型、网页类型的控件）的使用方法，介绍基于工业互联网 App 开发平台的工具开发自定义控件及租户管理。

【知识学习】

2.2.1　控件

用户在进行可视化设计时，可使用各种控件来展现不同工况。选择合适的控件，将之拖动到画布区域，控件即可被成功放置。在右侧的属性/数据源编辑区可以调整控件的属性和配置控件的数据源，实现预期的效果，如图 2-51 所示。

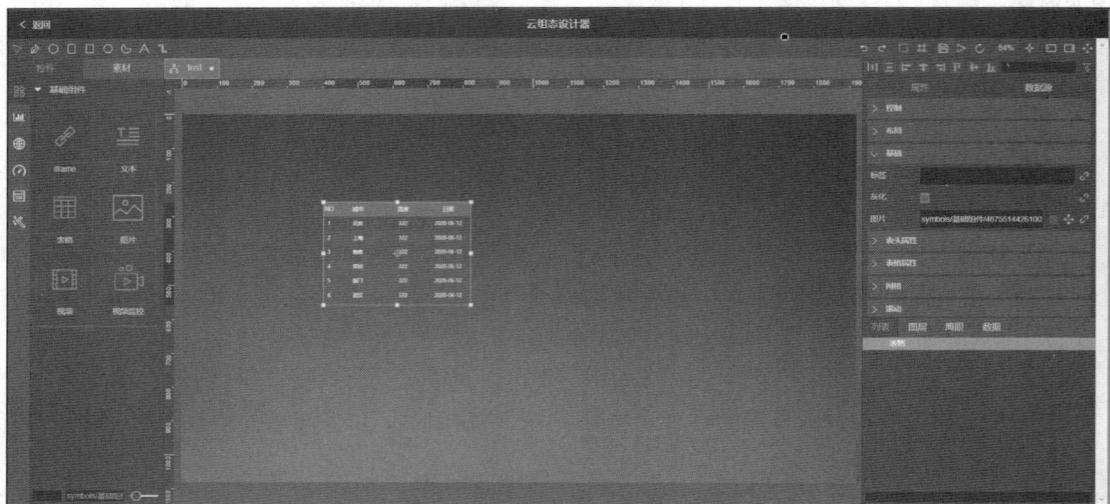

图 2-51　可视化页面中的图表控件

页面中的控件均支持快捷键，选中控件后按"Ctrl + C"组合键可复制控件，按"Ctrl + V"组合键可粘贴控件，按住"Shift"键可选择多个控件。

1. 基础控件

（1）图片控件。图片控件的可调整属性包含图片大小、图片地址、边框、透明度等。在进行图片控件的数据源配置时，可为其增设判断条件来展示满足对应条件的效果图。拖动图片控件到页面中，单击图片控件，在右侧的数据源编辑区进行相应条件的添加即可，如图 2-52 所示。

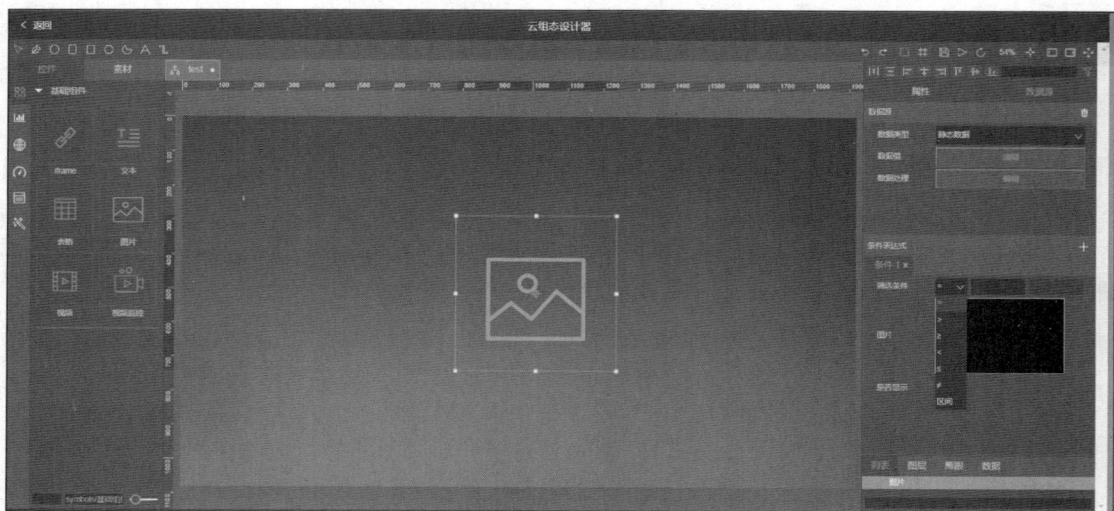

图 2-52　图片控件

（2）文本控件。文本控件的可调整属性包括字体、颜色、位置、行高、边距、边框、背景和滚动条设置等。在进行文本控件的数据源编辑时，可以为文本控件增加判断条件，实现根据不同

判断结果展示不同文本内容，如图 2-53 所示。文本控件支持超链接设置。

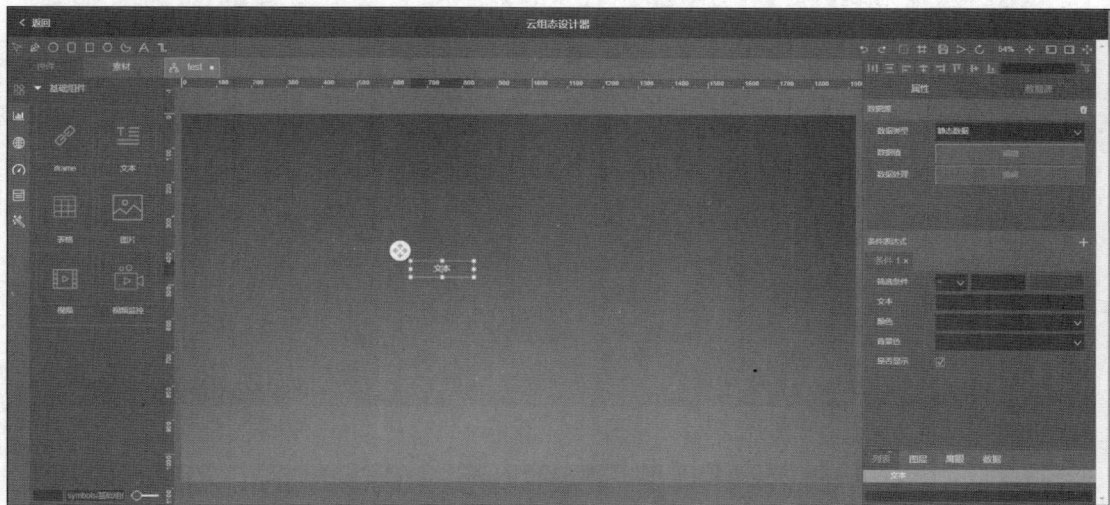

图 2-53　文本控件

当需要为多个文本控件指定同一类数据源时，可以同时选中多个文本控件进行批量编辑来实现，如图 2-54 所示。

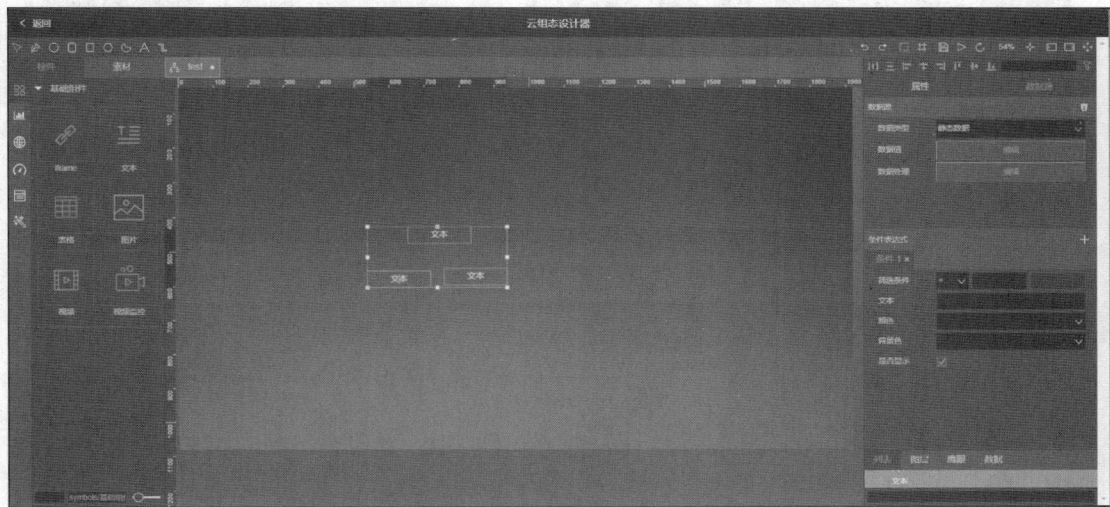

图 2-54　批量编辑文本控件

（3）表格控件。表格控件的可调整属性包括表头属性、表格属性、网格、滚动和表格事件等。用户可以分别设置这些属性，还可以绑定对应数据格式的数据源，如图 2-55 所示。

（4）视频控件。视频控件的可调整属性包括控制、布局、基础等，如图 2-56 所示。

（5）视频监控控件。视频监控控件可实时链接视频源，目前支持海康协议，其可调整属性包括控制、布局、基础、平台配置等，如图 2-57 所示。

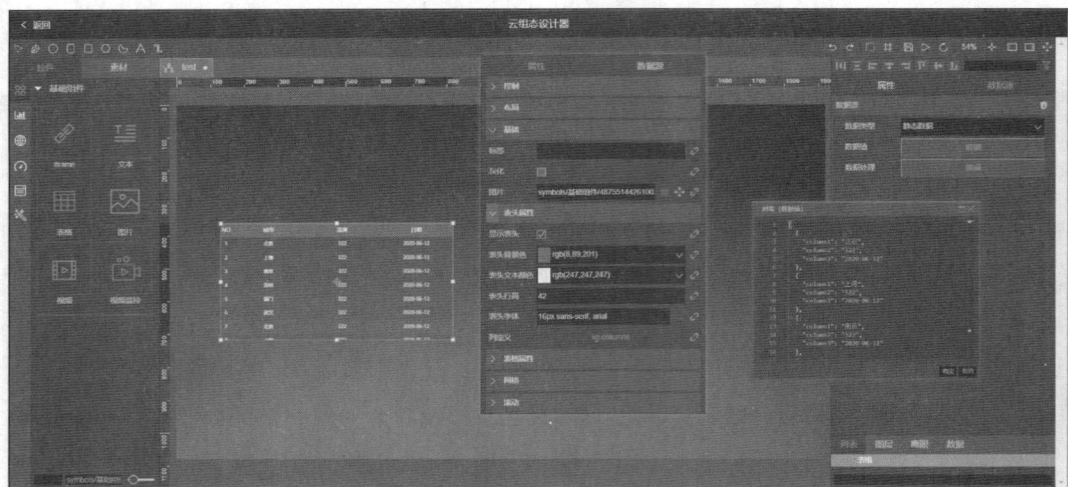

图 2-55　表格控件

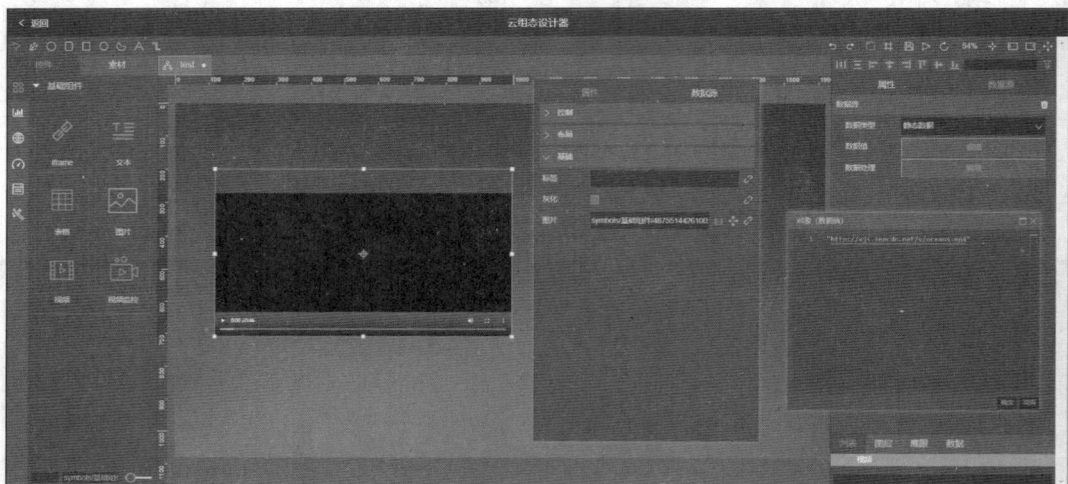

图 2-56　视频控件

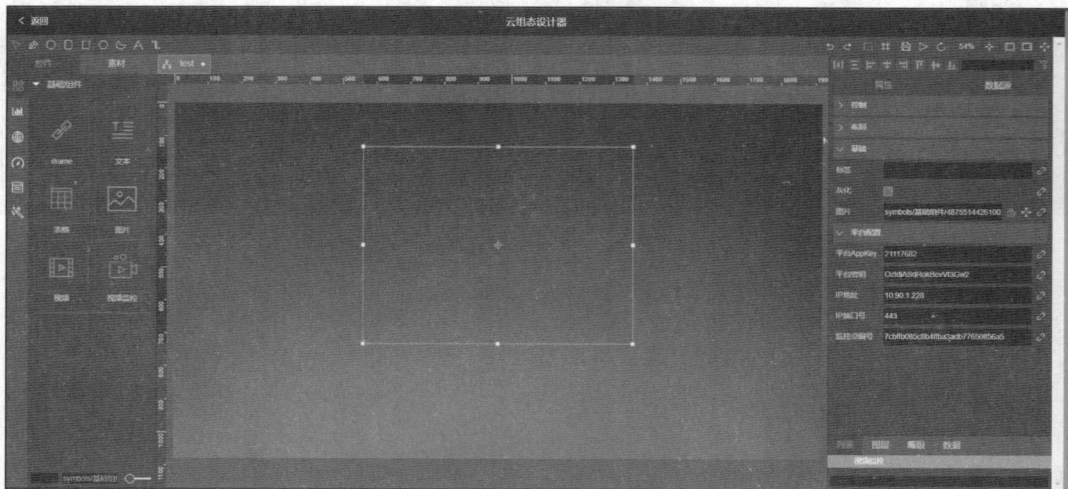

图 2-57　视频监控控件

（6）iframe 控件。iframe 控件类似网页的内联框架，可以设置宽度、高度和数据源链接地址等，如图 2-58 所示。

图 2-58　iframe 控件

2. 图表控件

（1）柱状图控件。柱状图控件包含横向柱状图、垂直堆叠柱状图、单柱状图、折线柱状图、分组柱状图、象形柱状图、横向柱状图、立体柱状图、Top3 排名柱状图、Top5 排名柱状图、堆叠条形图等，如图 2-59 所示。

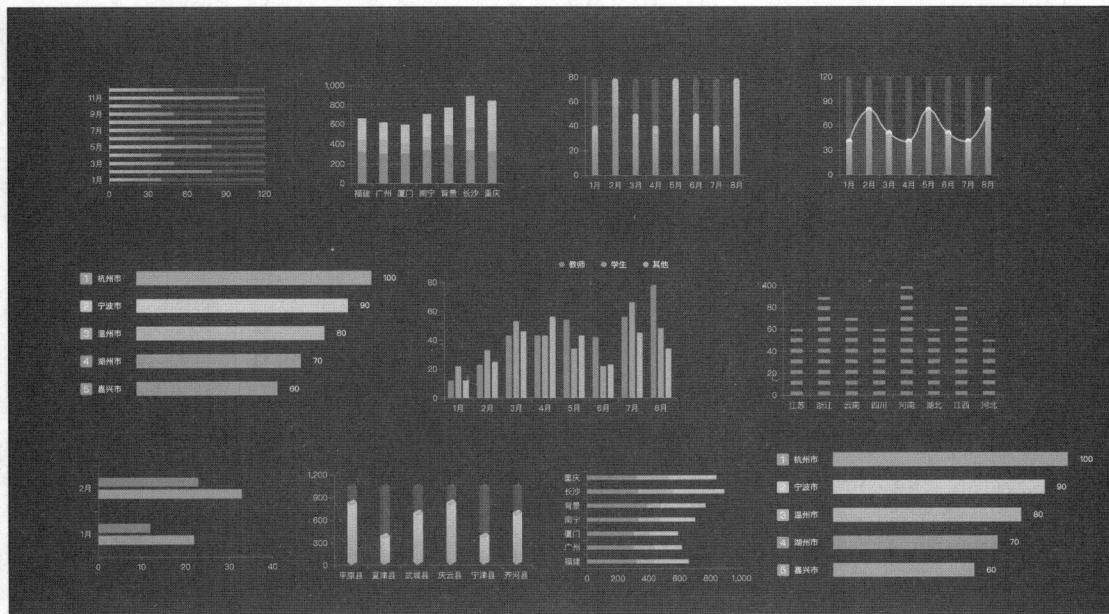

图 2-59　柱状图控件

柱状图控件的可调整属性包含控制、布局、基础、图表样式、图表选项（包括是否显示图例、x/y 轴线、x/y 轴刻度、值标签等）、轴线、值标签等。为柱状图控件配置数据源时，可根据数据源的默认数据格式调整。所有柱状图控件的使用方式相同，只是在属性上存在一些差异。其基础设置如图 2-60 所示。

图 2-60　柱状图控件基础设置

（2）折线图控件。折线图控件（见图 2-61）的可调整属性包含控制、布局、基础、图表样式、图表选项（包括是否显示图例、x/y 轴线、x/y 轴刻度、值标签等）、轴线、值标签等。为折线图控件配置数据源时，可根据数据源的默认数据格式调整。其基础设置如图 2-62 所示。

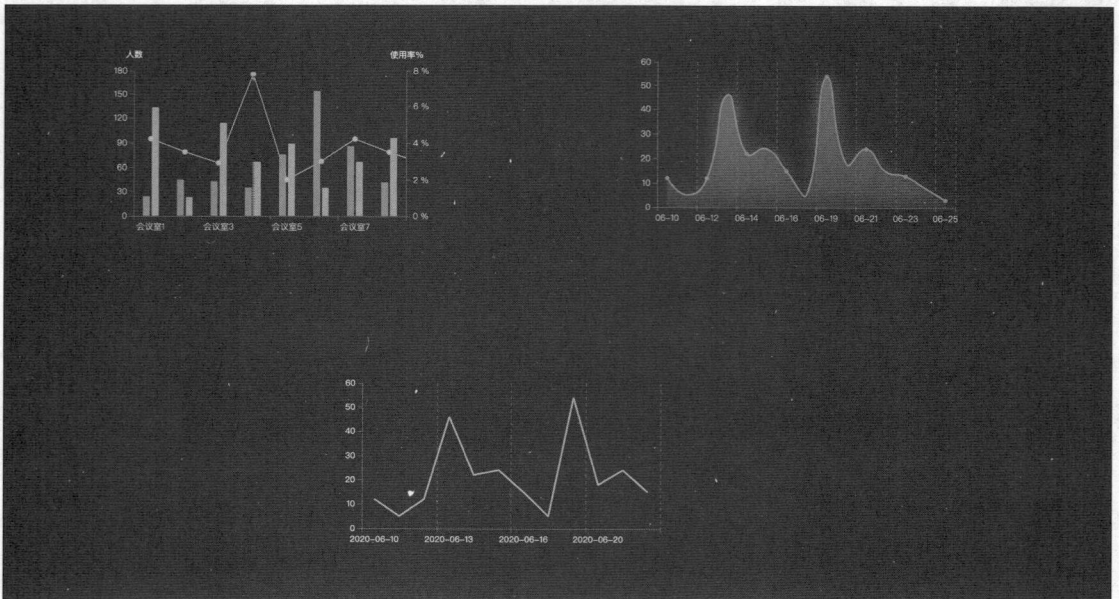

图 2-61　折线图控件

图 2-62　折线图控件基础设置

（3）饼图控件。饼图控件包含基础饼图、环形图、对比环形图、百分比图、条纹百分比图和玫瑰图等，如图 2-63 所示。为饼图控件配置数据源时，可根据数据源的默认数据格式调整。其基础设置如图 2-64 所示。

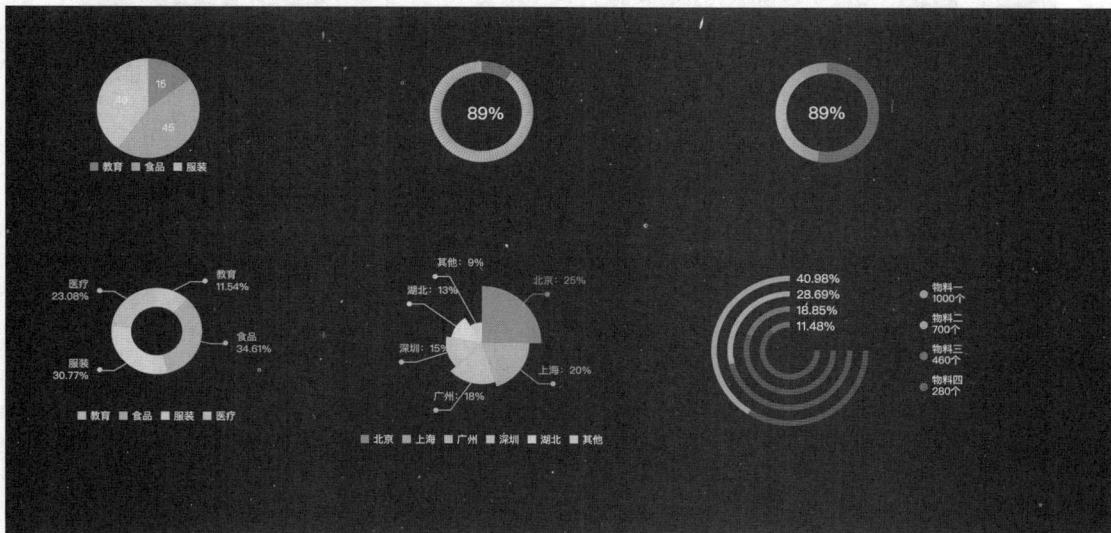

图 2-63　饼图控件

（4）散点图控件。散点图控件的可调整属性包含控制、布局、基础、图表样式、图表选项、轴线、值标签和图例等，如图 2-65 所示。为散点图控件配置数据源时，可根据数据源的默认数据格式调整。

（5）其他控件。其他控件包括矩形树图控件、雷达图控件、雷达图 2 控件，如图 2-66 所示。

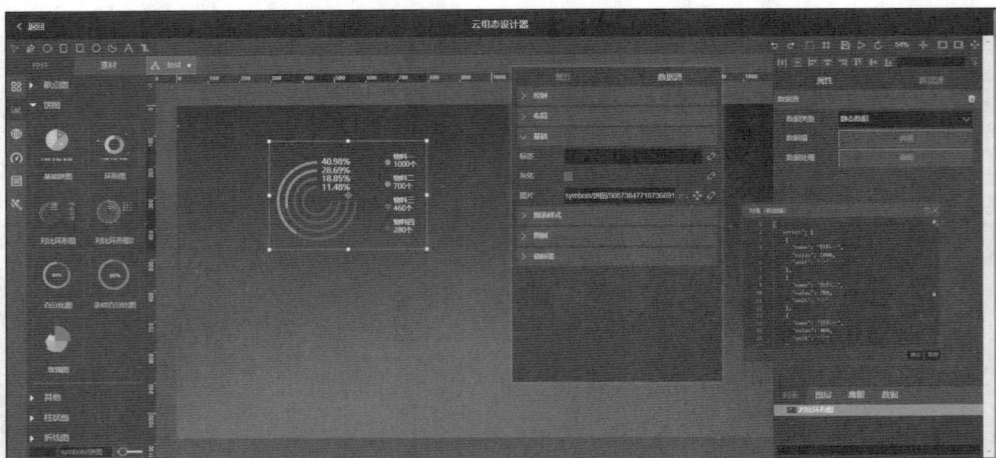

图 2-64　饼图控件基础设置

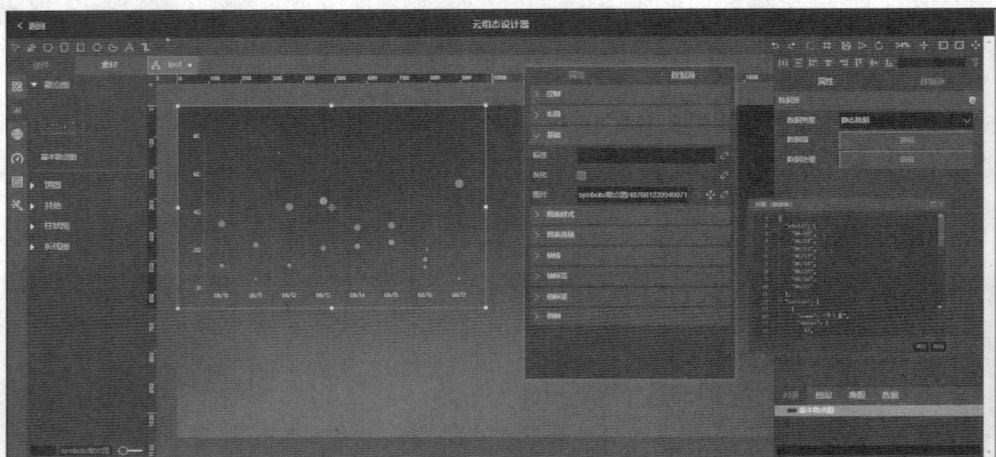

图 2-65　散点图控件

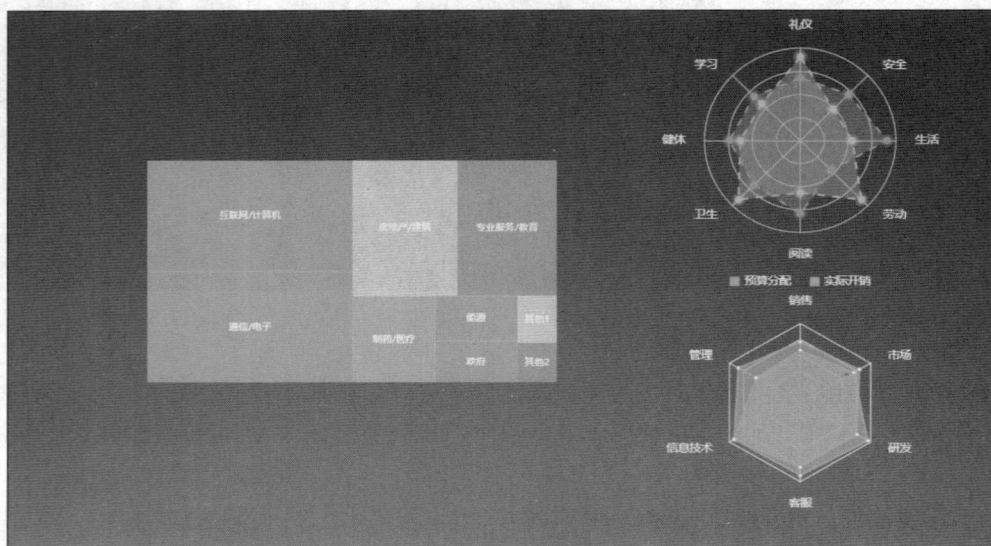

图 2-66　其他控件

雷达图控件适用于展示同一维度上含有不同度量值的数据源，如各种统计数据。雷达图控件的可调整属性包含图表样式（背景色、分割线颜色）、图例、轴标签、名称等，可为雷达图控件配置数据源，如图 2-67 所示。

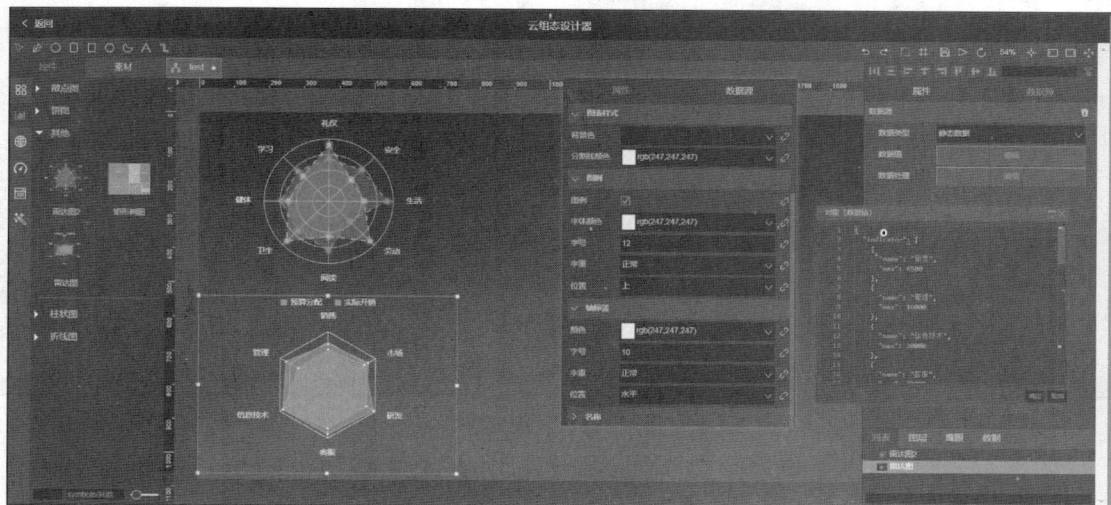

图 2-67　雷达图控件

矩形树图控件的可调整属性包括控制、布局、基础、图表样式、值标签等，可为矩形树图控件配置数据源，如图 2-68 所示。

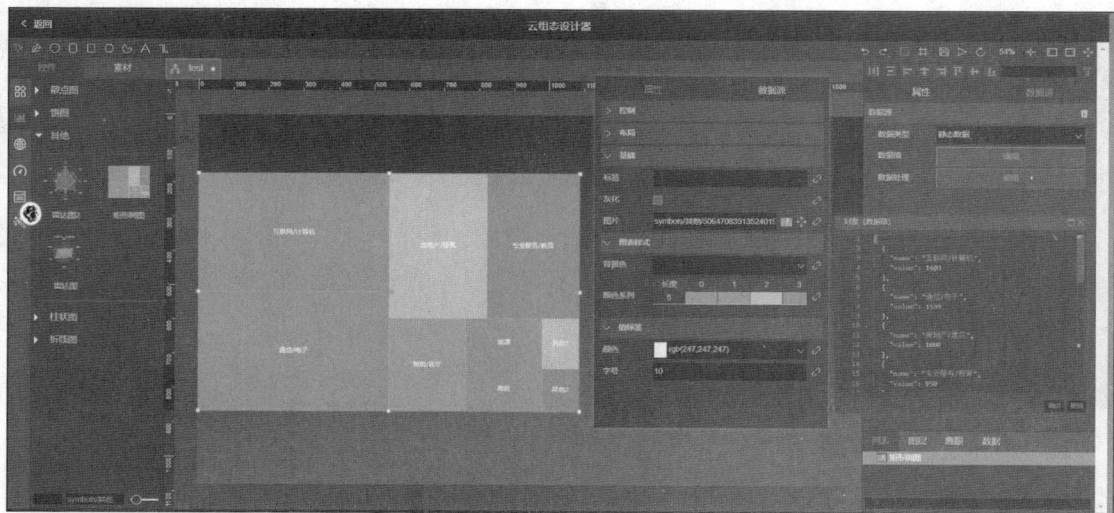

图 2-68　矩形树图控件

3. 地图控件

（1）散点地图控件。散点地图控件的可调整属性包含图表的样式（默认颜色、边框颜色、高亮颜色）、地图标点样式、地图标签样式等，可为散点地图控件配置数据源，如图 2-69 所示。

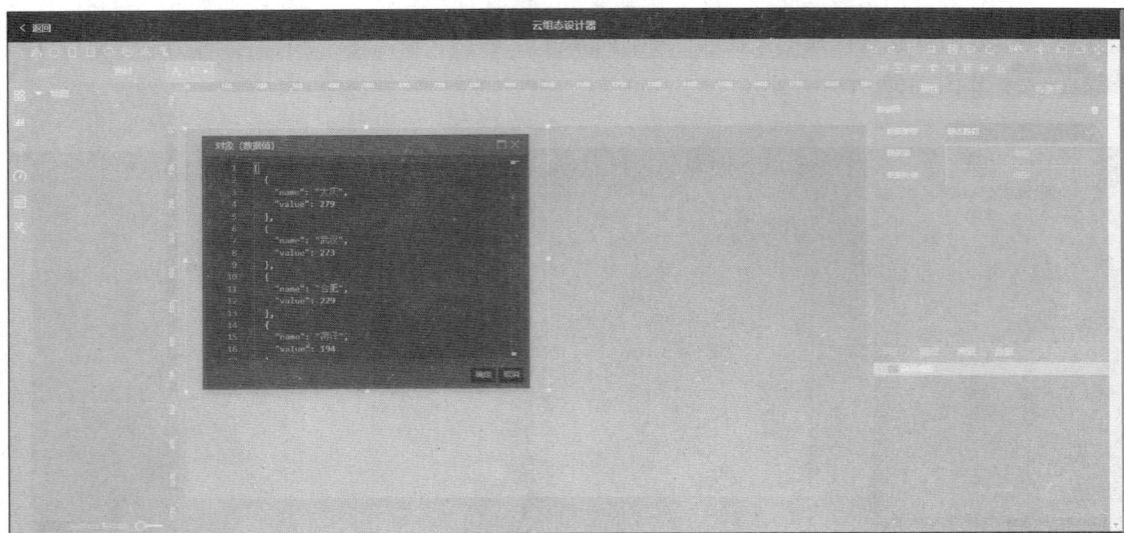

图 2-69　散点地图控件

（2）3D 球形地图控件。3D 球形地图控件的可调整属性包含背景色、距离和自转速度等，可为 3D 球形地图控件配置数据源，如图 2-70 所示。

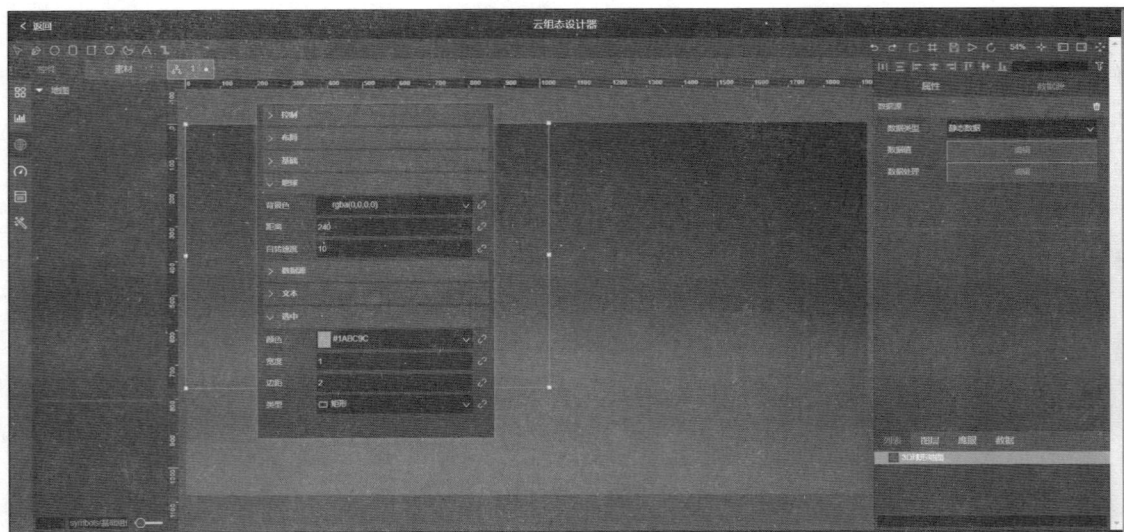

图 2-70　3D 球形地图控件

（3）标签地图控件。标签地图控件的可调整属性有背景色等，可为标签地图控件配置数据源，如图 2-71 所示。

（4）航线地图控件。航线地图控件的可调整属性包含图表样式、地图标点等，可为航线地图控件配置数据源，如图 2-72 所示。

4．工控控件

（1）仪表盘控件。仪表盘控件包含半环仪表盘、环形仪表盘、环形仪表盘 2、仪表盘、仪表盘 2，如图 2-73 所示。仪表盘控件（半环仪表盘、环形仪表盘、环形仪表盘 2）的可调整属性包

括图表样式、百分比和标签等，如图 2-74 所示。

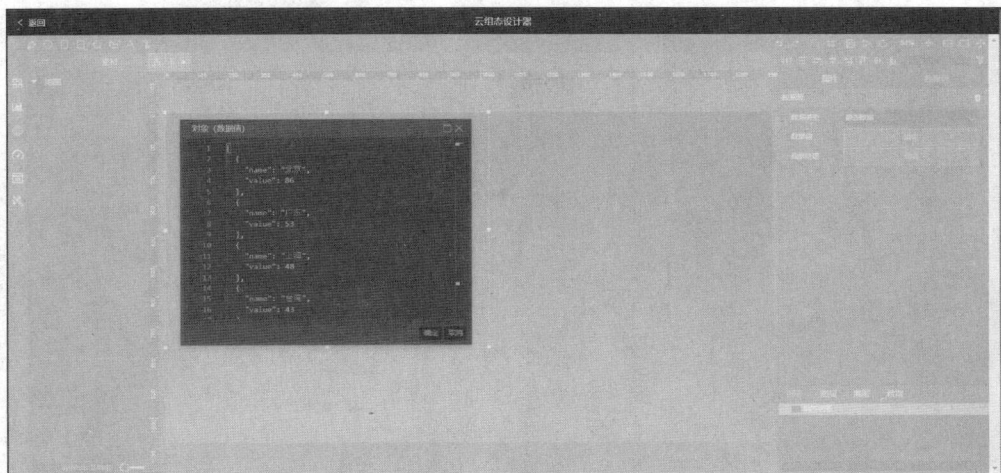

图 2-71　标签地图控件

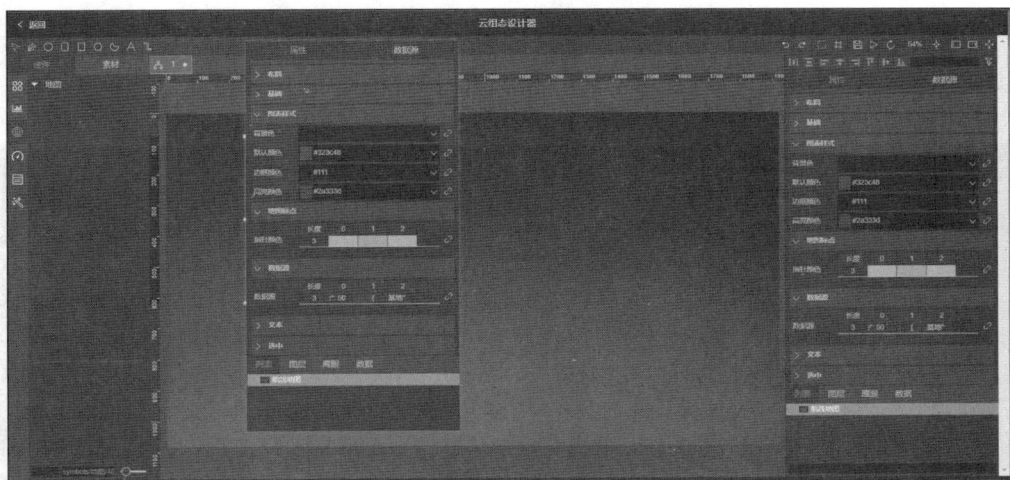

图 2-72　航线地图控件

图 2-73　仪表盘控件

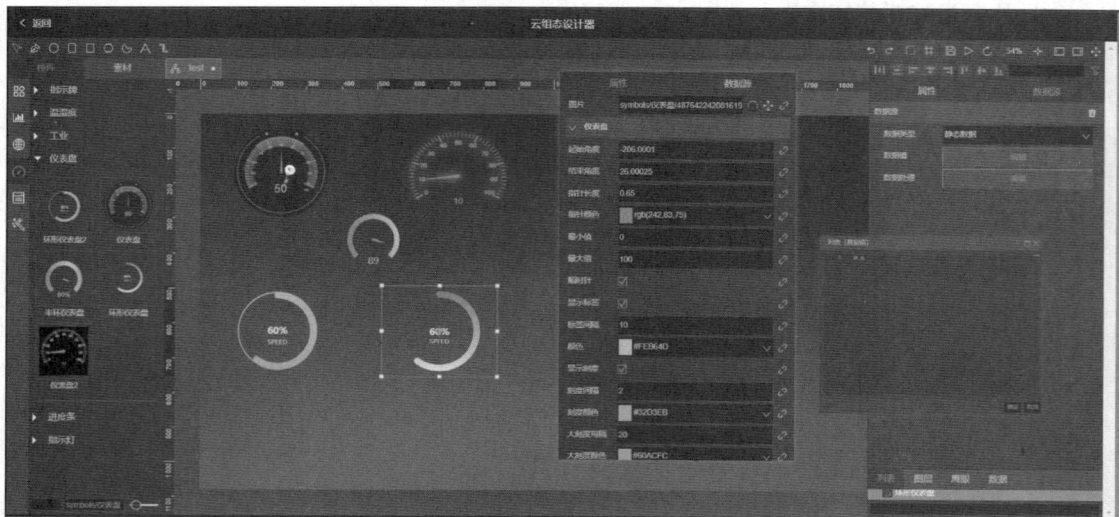

图 2-74　仪表盘控件的可调整属性

（2）进度条控件。进度条控件包含力矩百分比、方形水位图、垂直进度条、横向进度条、环形进度条和水位图等，如图 2-75 所示。

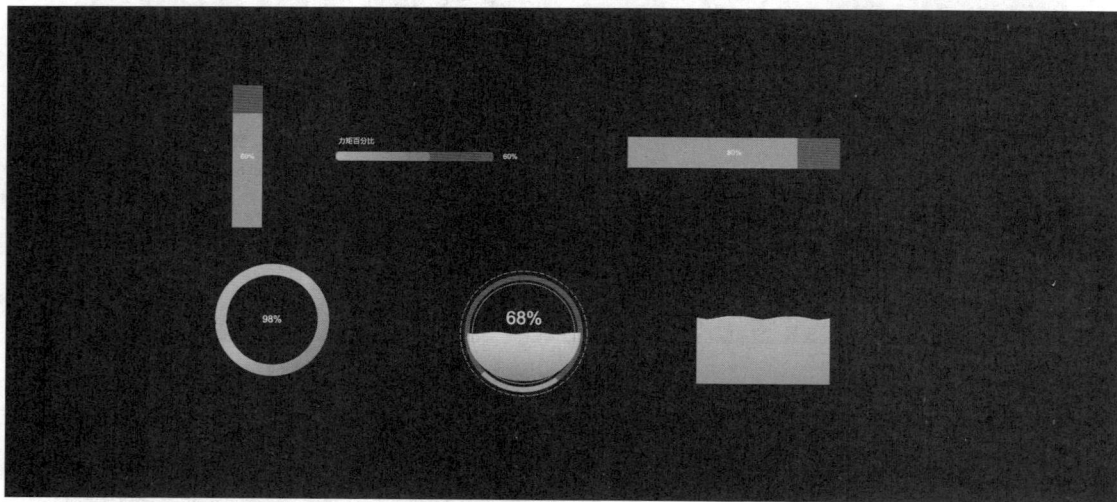

图 2-75　进度条控件

力矩百分比控件的可调整属性包括主题色、值标签（字体、颜色、对齐方式）、标题（字体、颜色、对齐方式等）等，如图 2-76 所示。

（3）指示牌控件。指示牌控件有数字翻牌、数字面板、数值，如图 2-77 所示。

数字翻牌控件有翻滚的动态效果，支持金额格式、普通数值格式。数字翻牌控件的可调整属性包括背景色、选项高度、选项宽度、字体大小、字体颜色等，可为数字翻牌控件设置数据源，如图 2-78 所示。

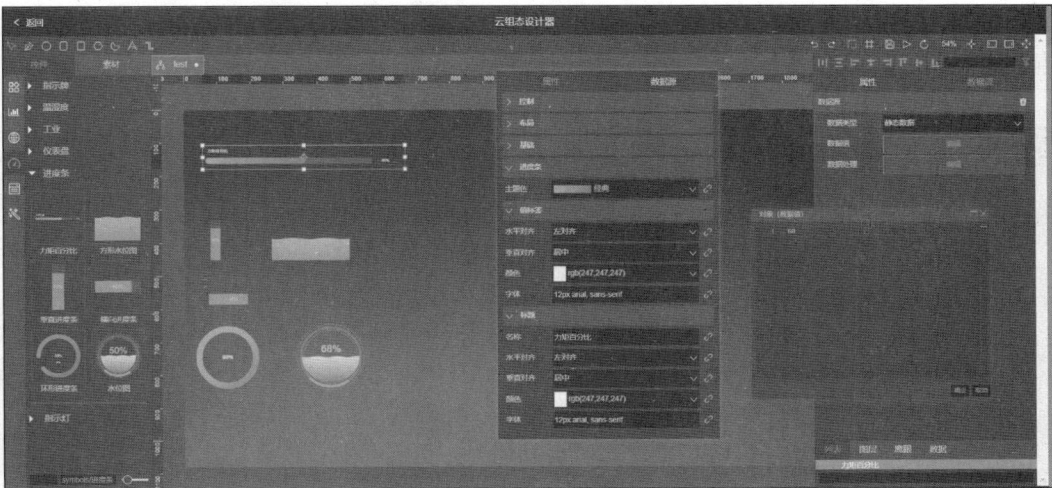

图 2-76 力矩百分比控件的可调整属性

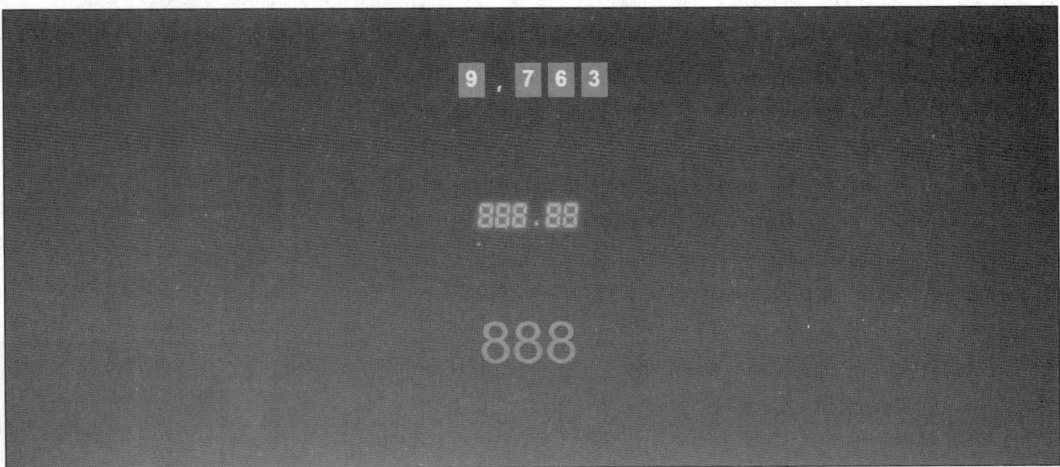

图 2-77 指示牌控件

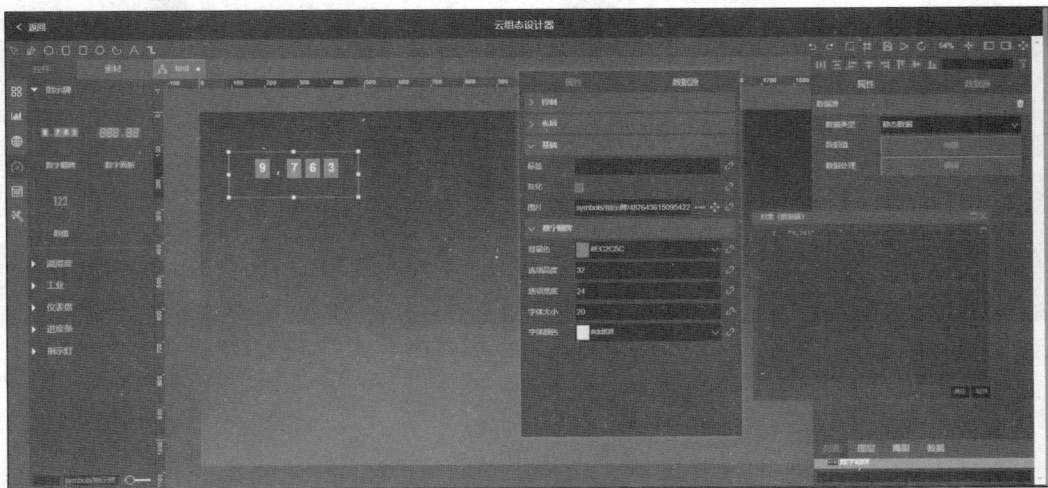

图 2-78 数字翻牌控件

数字面板控件的可调整属性包括对齐方式、数字间隔、小数位、颜色等，可为数字面板控件设置数据源，如图 2-79 所示。

图 2-79　数字面板控件

（4）温湿度控件。温湿度控件用于展示温湿度数值信息，其可调整属性包括数值（颜色、字体）、标签（颜色、字体）等，可以用来展示 0℃ ~ 100℃范围的量值，可为温湿度控件配置数据源，如图 2-80 所示。

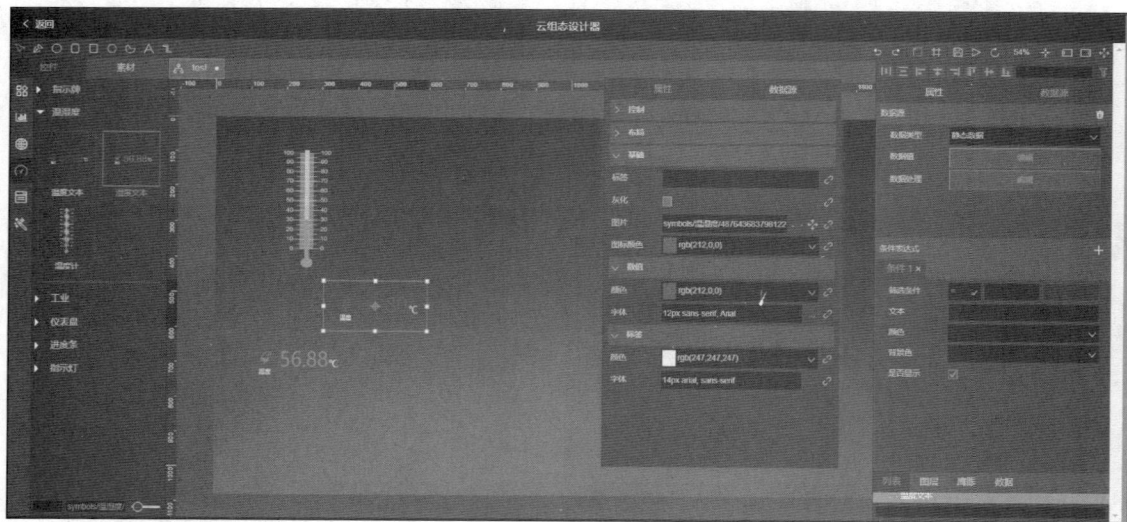

图 2-80　温湿度控件

（5）指示灯控件。指示灯控件可以用来展示设备的运行状况，其可调整属性包括颜色等，可为指示灯控件配置数据源，如图 2-81 所示。

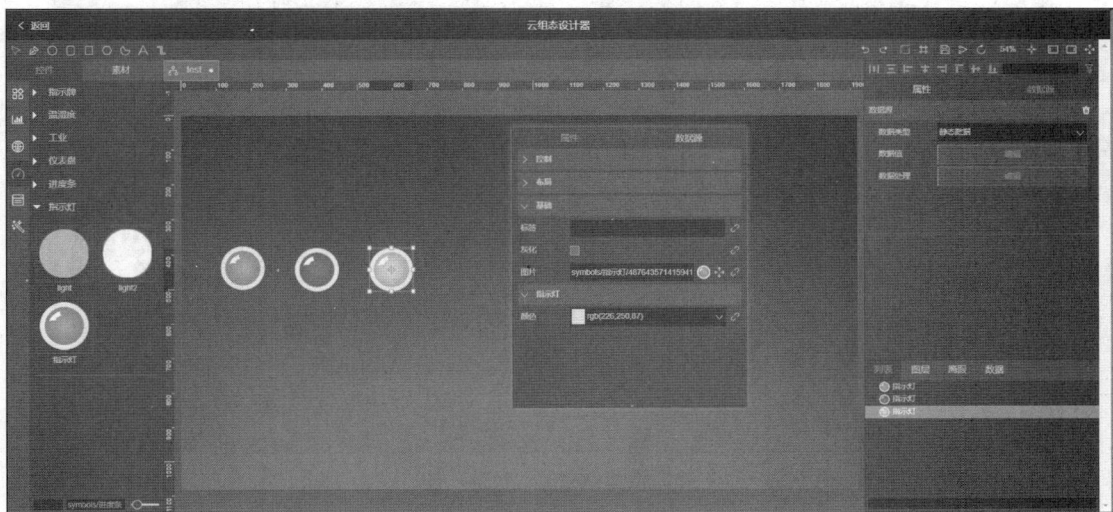

图 2-81　指示灯控件

5. 网页控件

（1）按钮控件。按钮控件主要用于操作事件处理，其可调整属性有背景色、按下背景色、文本、文本颜色、文本字体、按下、禁用、点击，以及超链接配置等，如图 2-82 所示。

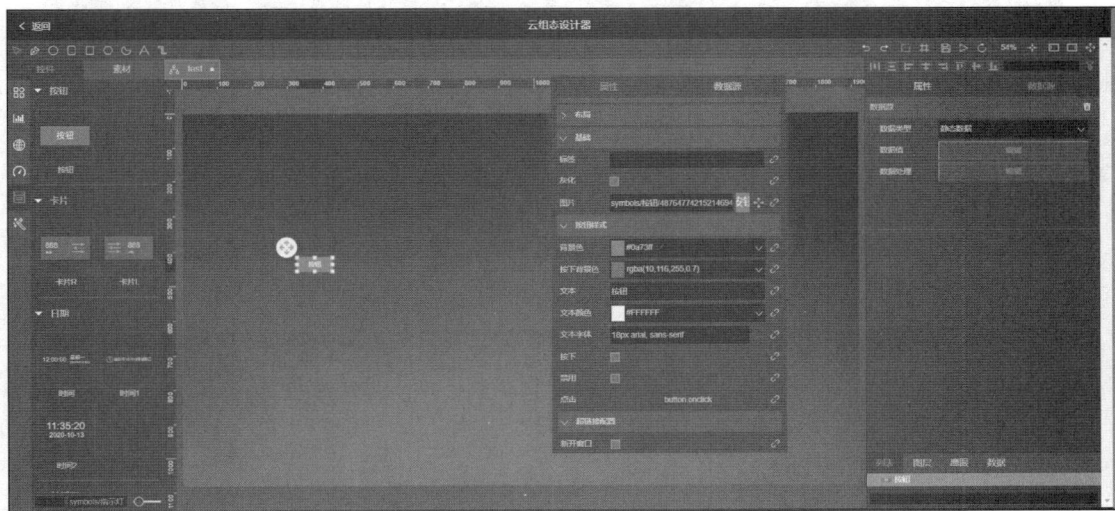

图 2-82　按钮控件

（2）卡片控件。卡片控件用来显示图片文字信息，其可调整属性有卡片样式（图片、路径、边框、背景色、透明度）、数值（颜色、字体）、标签（标题、颜色、字体）等，如图 2-83 所示。

（3）日期控件。日期控件可实时显示当前系统的日期/时间，有 3 种样式，如图 2-84 所示。

（4）轮播图控件。轮播图控件可以编辑的属性有控制、布局、基础、轮播图，在轮播图属性中可以单击"+图片选择"按钮来添加或更换图片，如图 2-85 所示，在图片选择弹框中可以选择素材分类和所属分组对图片进行查询。

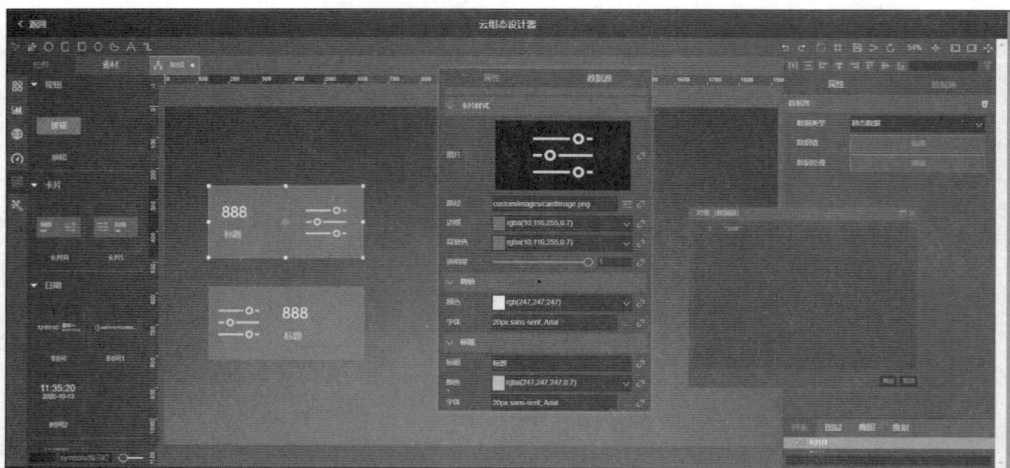

图 2-83　卡片控件

图 2-84　日期控件

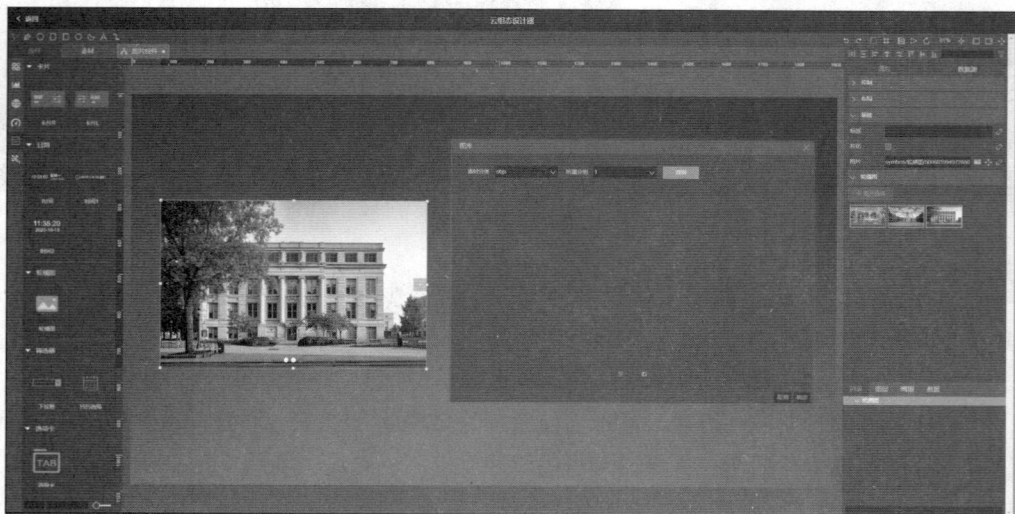

图 2-85　轮播图控件

（5）筛选器控件。筛选器控件中下拉框控件的可调整属性包括下拉框样式（背景色、编辑框颜色、内边距、边框颜色和宽度）、数值（属性值、占位符、文本颜色、禁用、字体）、图标样式（图标、图标宽度和图标高度）、事件等，如图 2-86 所示。

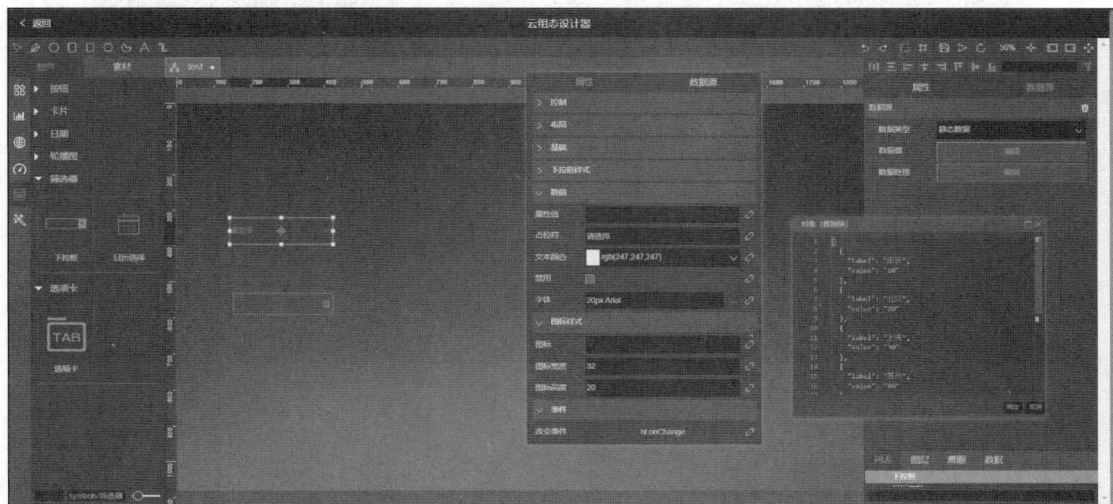

图 2-86　下拉框控件

（6）选项卡控件。选项卡控件类似于 Web 端的 Tab 切页，适用于多个功能页面的切换，其可调整属性包括选项卡配置（宽度、高度）、新增选项卡（名称、关联控件）等，如图 2-87 所示。

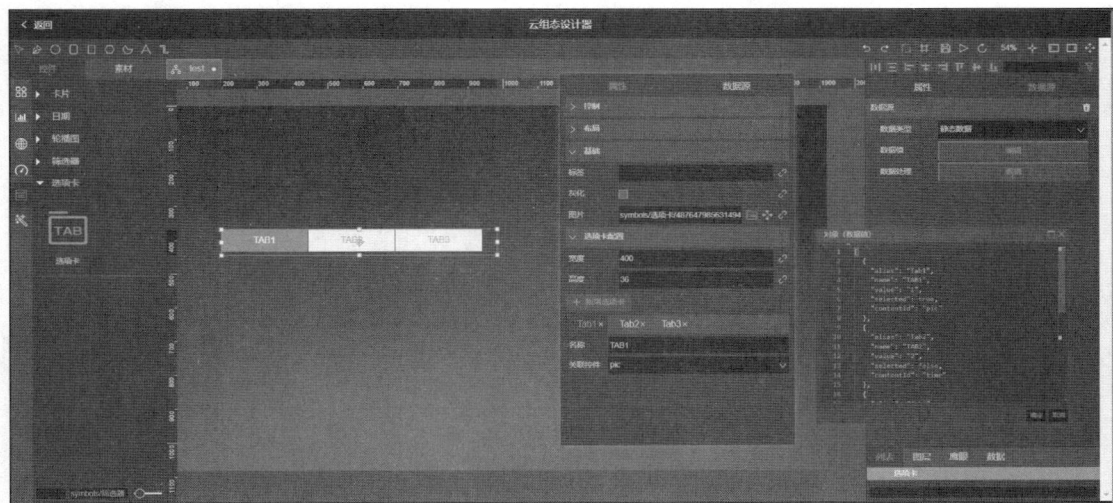

图 2-87　选项卡控件

6. 自定义控件

自定义控件根据制作时暴露的属性在右侧属性栏中设置，如图 2-88 所示，速度仪表盘控件在制作时暴露了基础属性中的速度属性，根据组态画面要求可以自行开发控件并使用。

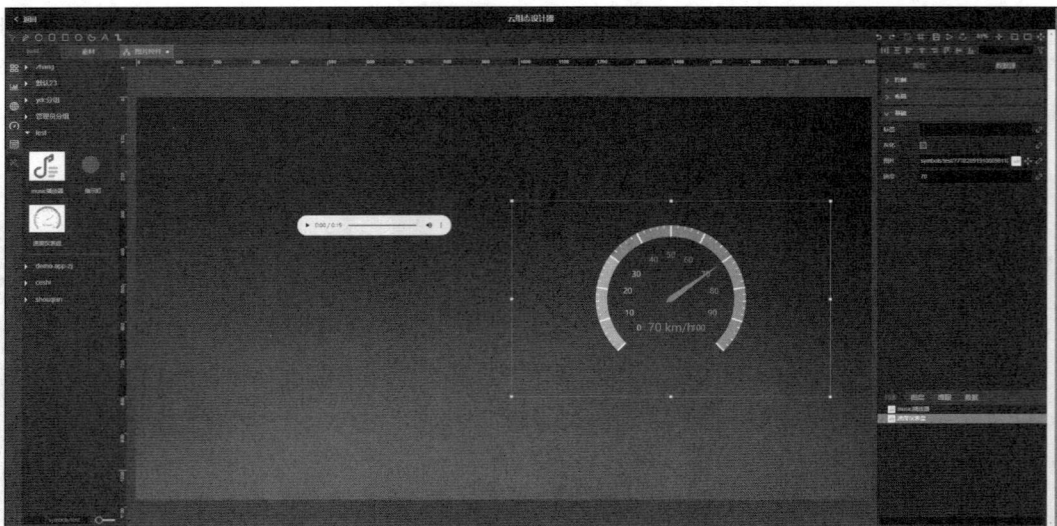

图 2-88　自定义控件

2.2.2　控件编辑器

控件编辑器是用来开发自定义控件的，当工业互联网 App 开发平台提供的控件不能满足需求时可以使用平台提供的控件编辑器进行开发，通过控件编辑器可以开发矢量控件、HTML 控件（支持ECharts）、图表控件等。控件编辑器的下载方式为"App 原生开发"→"下载编辑器"，如图 2-89 所示。

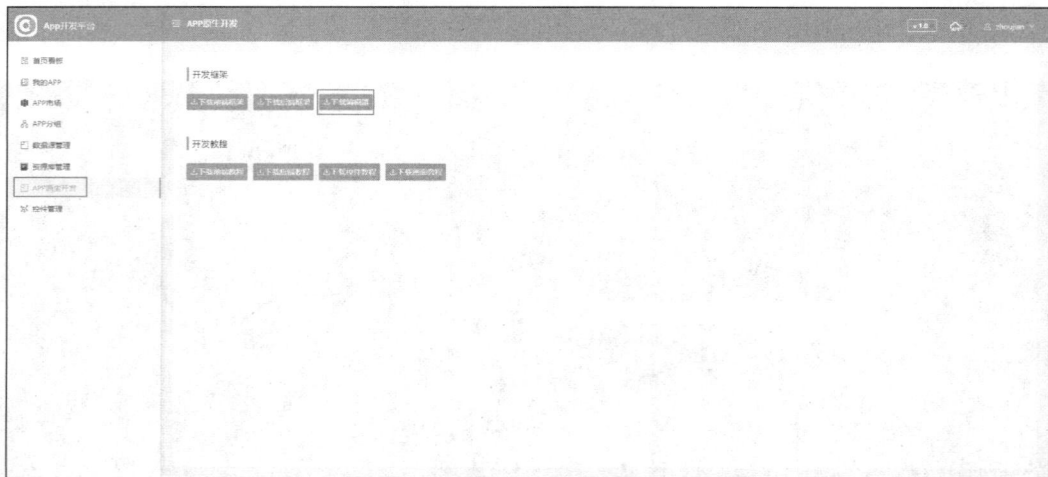

图 2-89　下载控件编辑器

1.　控件编辑器运行环境配置

（1）控件编辑器的运行环境依赖于 Node.js，其下载与安装方法在这里不赘述。

（2）本地编辑器需要按照如下步骤进行配置。

① 修改 hosts 文件。

打开计算机进入 C 盘，找到 Windows 文件夹，在 Windows 文件夹中找到"System32"→"drivers"→"etc"，进入 etc 文件夹就能看到 hosts 文件，如图 2-90 所示。

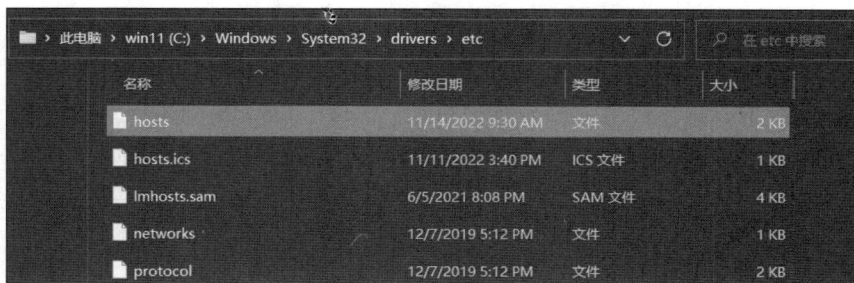

图 2-90 hosts 文件

在 hosts 文件上右击，选择使用记事本或其他文本工具打开进行编辑。打开后按图 2-91 所示进行配置。

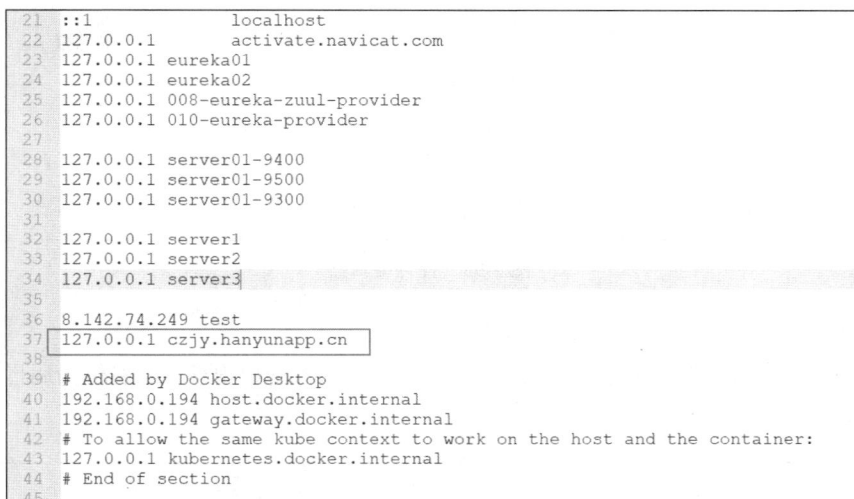

图 2-91 在 hosts 文件中进行配置

可以参考控件编辑器目录下的"本地编辑器配置说明.png"（见图 2-92），完成 hosts 文件的配置。

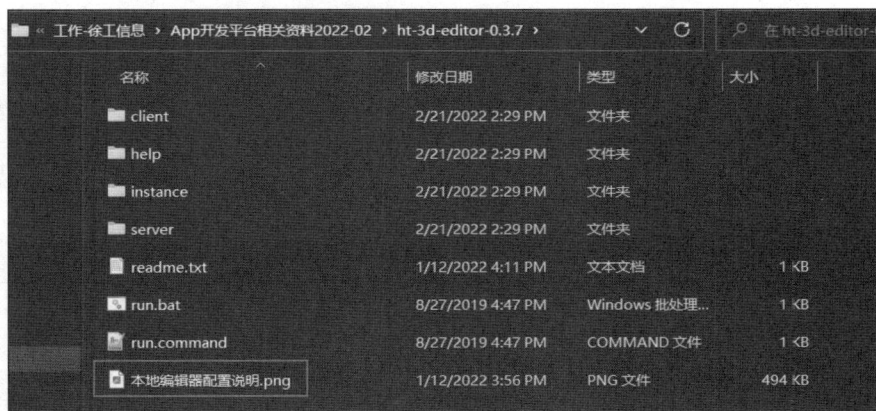

图 2-92 本地编辑器配置说明.png

② 打开控件编辑器。

安装控件编辑器的相关依赖，在命令提示符窗口中执行"cd server"命令，再执行"npm install"命令。安装完成后，执行"cd ../"命令返回根目录，执行"node server/server.js"命令，在浏览器中输入地址"http://czjy.hanyunapp.cn:5888/index.html"，即可打开控件编辑器，如图 2-93 所示。

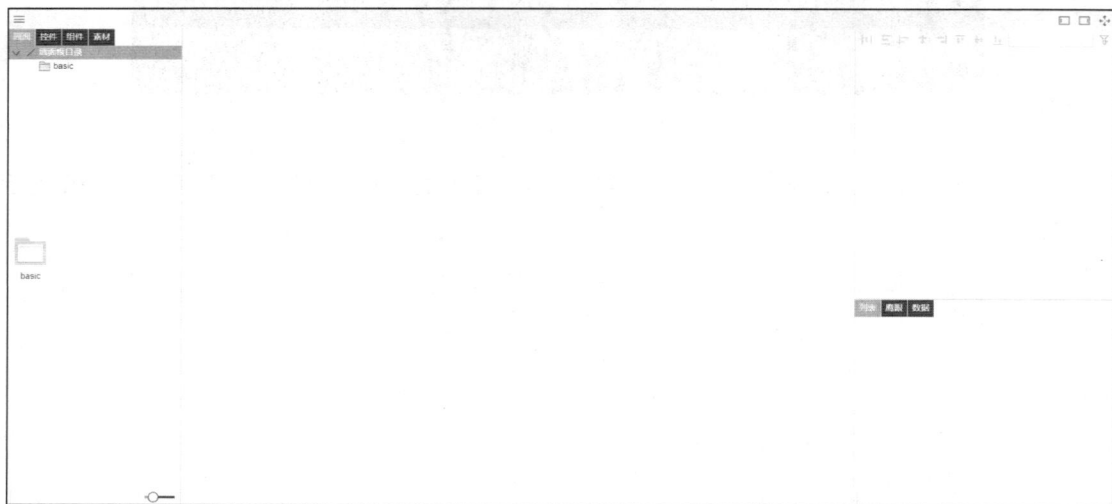

图 2-93　控件编辑器

2. 页面介绍

图 2-94 所示为控件编辑器页面，顶部为工具栏，左侧为资源管理栏，右侧为属性编辑栏，中间为画布编辑区。

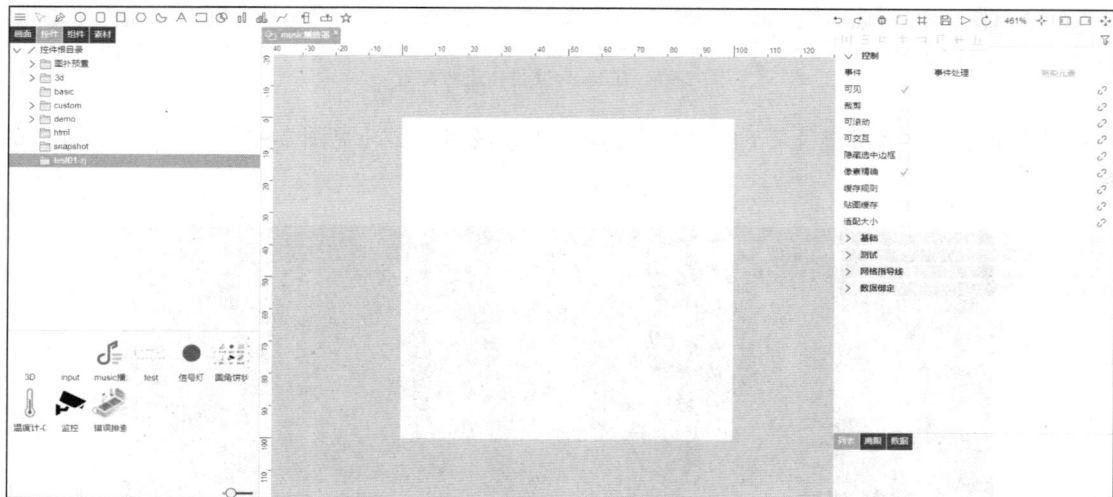

图 2-94　控件编辑器页面

图 2-95 所示为左侧顶部工具栏，从左至右的按钮分别为菜单、编辑、不规则图形、椭圆、圆矩形体、矩形体、正多边形、圆弧形、文本、边框、饼图、单维柱状图、柱状图、曲线图、垂直进度条、水平进度条、星形体。用户只需要单击相应的按钮，在画布编辑区中拖动即可

绘制对应的图形。

图 2-95　左侧顶部工具栏

图 2-96 所示为右侧顶部工具栏，从左至右的按钮分别为撤销、重做、调试、显示/隐藏刻度尺、显示/隐藏网格、保存、预览、重新加载、缩放比例、缩放到全屏、显示/隐藏左侧、显示/隐藏右侧、全屏。

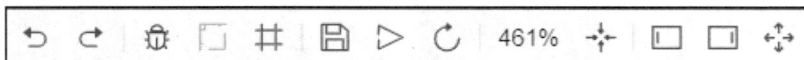

图 2-96　右侧顶部工具栏

图 2-97 所示为资源管理栏，在其中可以对画面、控件、组件、素材进行管理，还可以预先将控件所需的图片导入素材中。

图 2-98 所示为属性编辑栏，当选中某一控件时属性编辑栏会对应显示当前控件的所有属性信息，可以为控件添加事件、处理函数、基础配置、测试、渲染元素代码、数据绑定等。

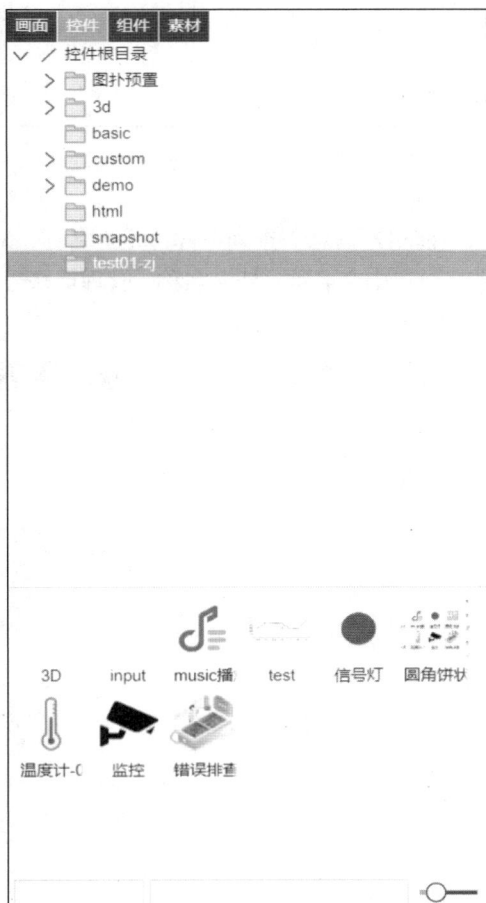

图 2-97　资源管理栏

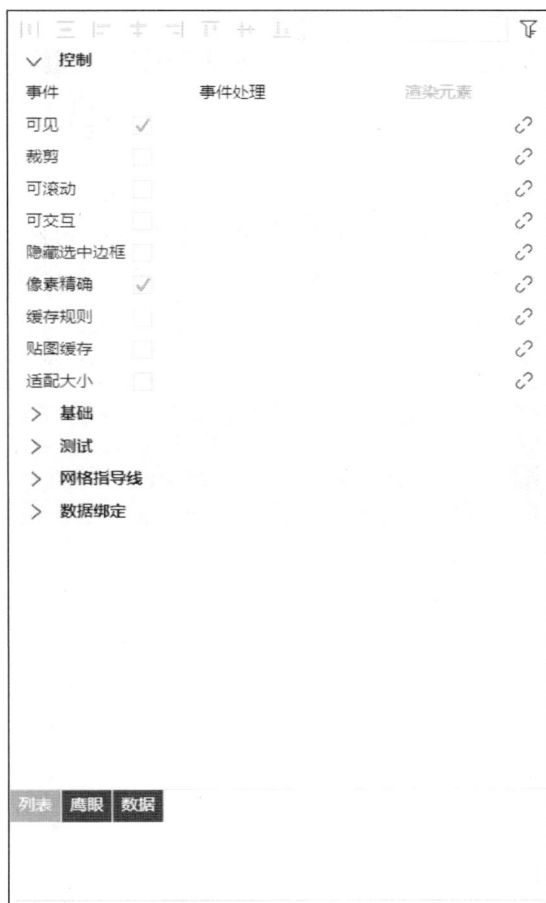

图 2-98　属性编辑栏

2.2.3　租户管理

租户管理可针对二级租户进行相关信息管理，可以进行查询、新增、编辑、启用禁用、注销、权限分配，也可以对租户进行重置密码操作（租户的默认密码都是"123456"），如图 2-99 所示。

图 2-99　租户管理页面

1．查询

单击"搜索"按钮，可以根据查询条件过滤查询出当前租户信息。查询条件为租户名称，对数据的过滤方式为模糊查询。查询结果显示的租户信息有租户中文名称、外文名称、管理员账号、是否启用、公司性质、成立时间、负责人、备注等，如图 2-100 所示。

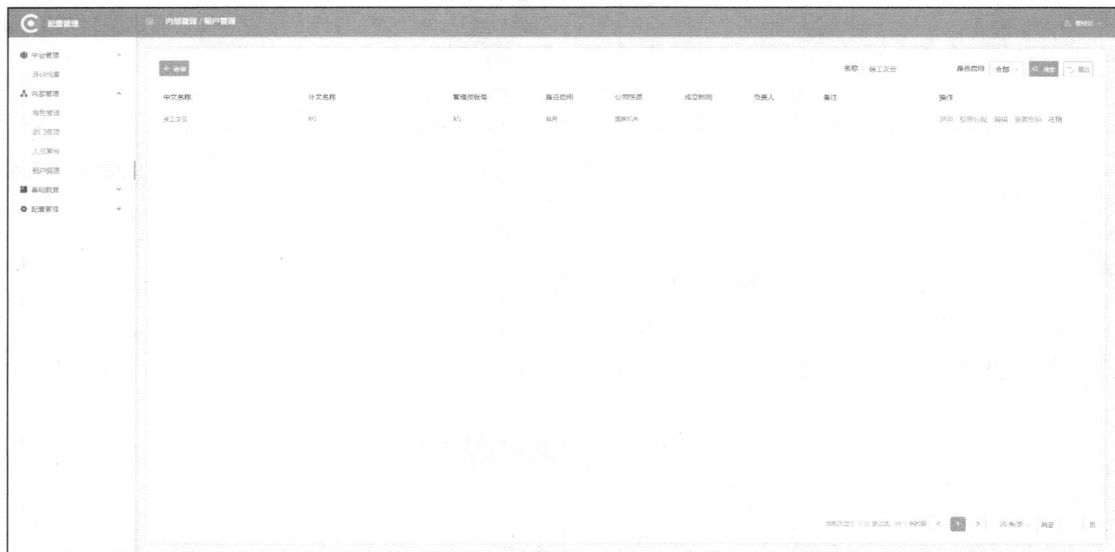

图 2-100　查询页面

2．新增

单击"新增"按钮，在弹出的页面中填写相关租户信息即可完成新租户的添加，如图 2-101 所示。当使用系统管理员账号新增租户时，新增的租户为一级租户；当使用一级租户账号登录时，新增的租户为当前登录租户的二级租户。

图 2-101　新增页面

需要注意的是，带有"*"号的为必填项，必填项有公司名称、中文名称、外文名称、公司性质、管理员账号、手机号。

3．编辑

单击列表中某条租户记录操作列的"编辑"按钮，可以对当前租户进行编辑。可编辑信息，如图 2-102 所示。

4．启用/禁用

单击列表中某条租户记录操作列的"启用"或"禁用"按钮，可以对当前租户进行启用/禁用，被禁用的租户无法登录系统。禁用租户如图 2-103 所示。

图 2-102　编辑页面

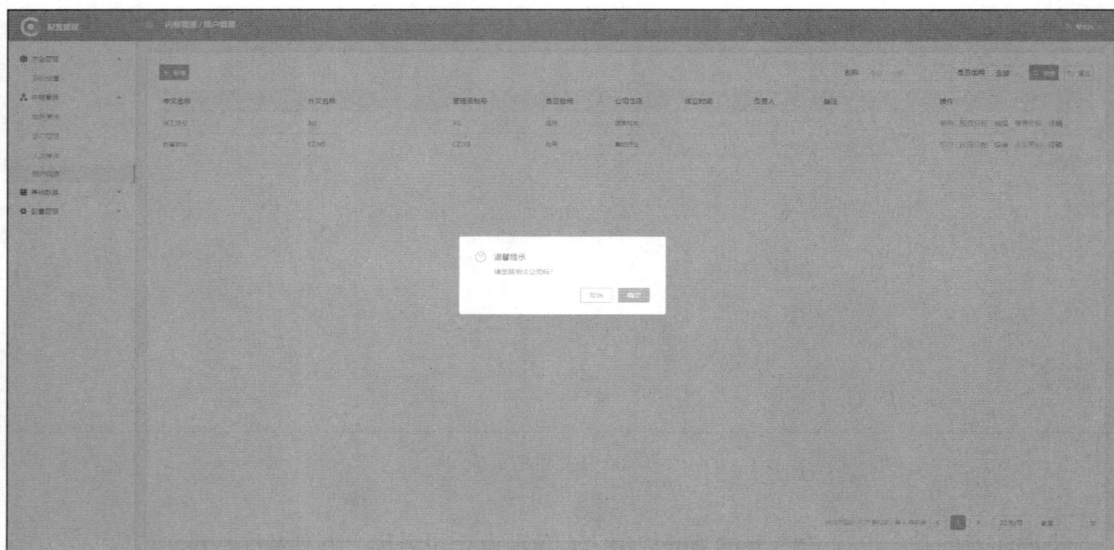

图 2-103　禁用租户

5．权限分配

单击列表中某条租户记录操作列的"权限分配"按钮，可以为当前租户分配相关权限，如图 2-104 所示。

6．重置密码

单击列表中某条租户记录操作列的"重置密码"按钮，可以将当前租户的密码重置为"123456"，如图 2-105 所示。

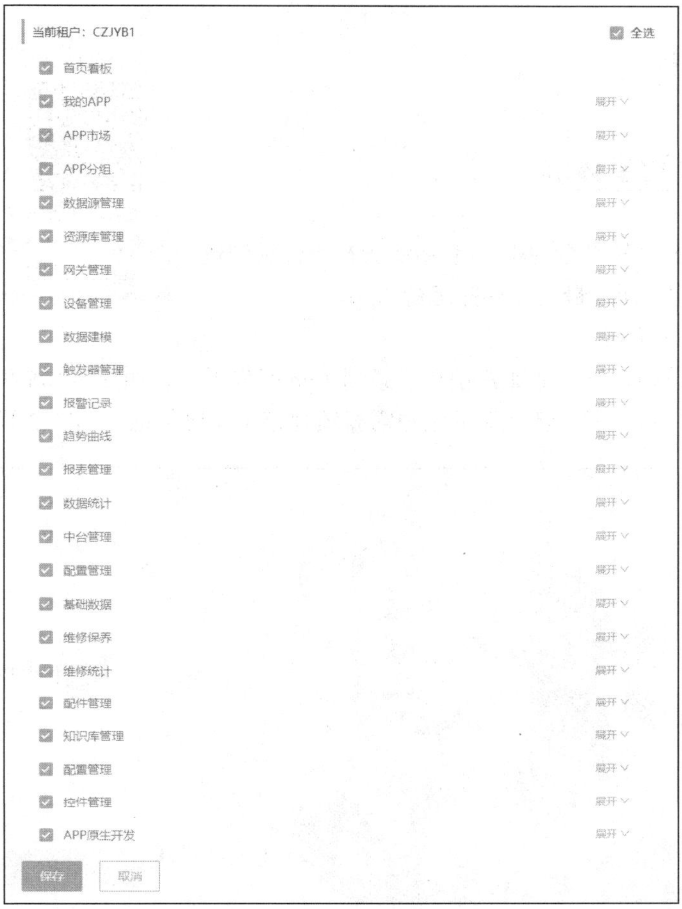

图 2-104　权限分配

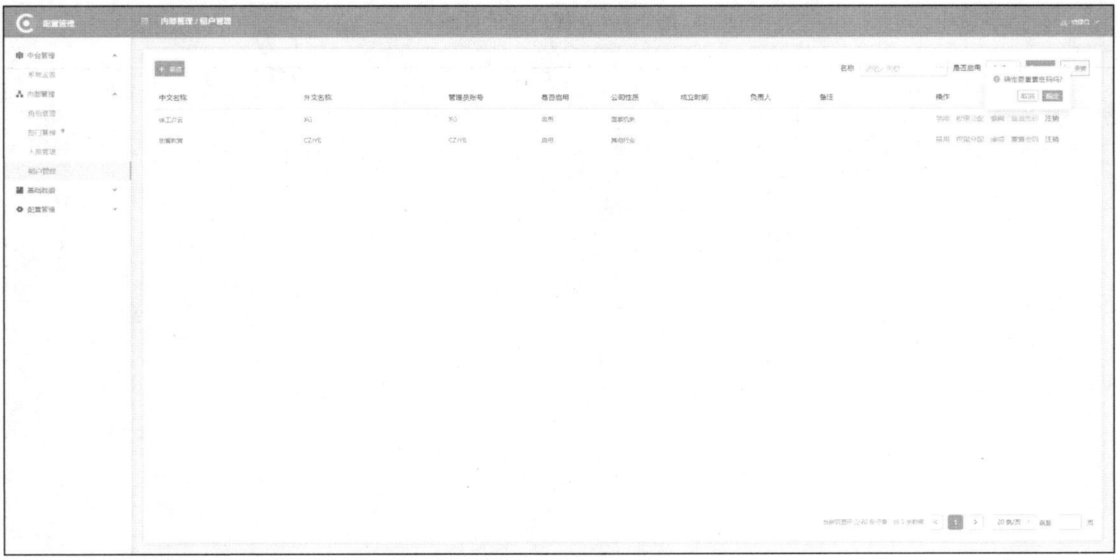

图 2-105　重置密码

【任务实施】

2.2.4　平台初步体验

本小节会带领大家从平台的租户登录/注册开始，到创建 App、拖曳控件构建页面，最后保存并运行 App。

1.　租户登录/注册

平台的租户可以通过已有的账户信息登录到 App 开发平台，如图 2-106 所示。新租户可以通过平台注册功能在平台注册，新注册的租户需要填写相关注册信息，如图 2-107 所示。

图 2-106　租户登录页面

图 2-107　租户注册页面

2．创建 App

租户登录 App 开发平台之后，可以单击"我的 App"→"新增 App"，在打开的对话框中输入 App 相关信息并单击"确定"按钮，如图 2-108 所示完成 App 的创建。

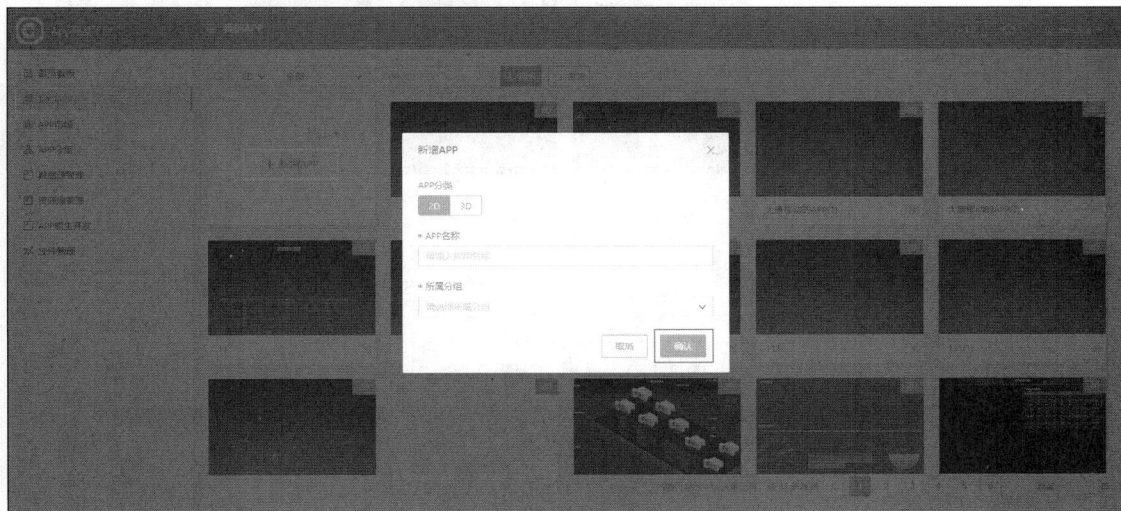

图 2-108　创建 App

这里创建了一个 2D 类型、名称为 test 的 App，如图 2-109 所示。

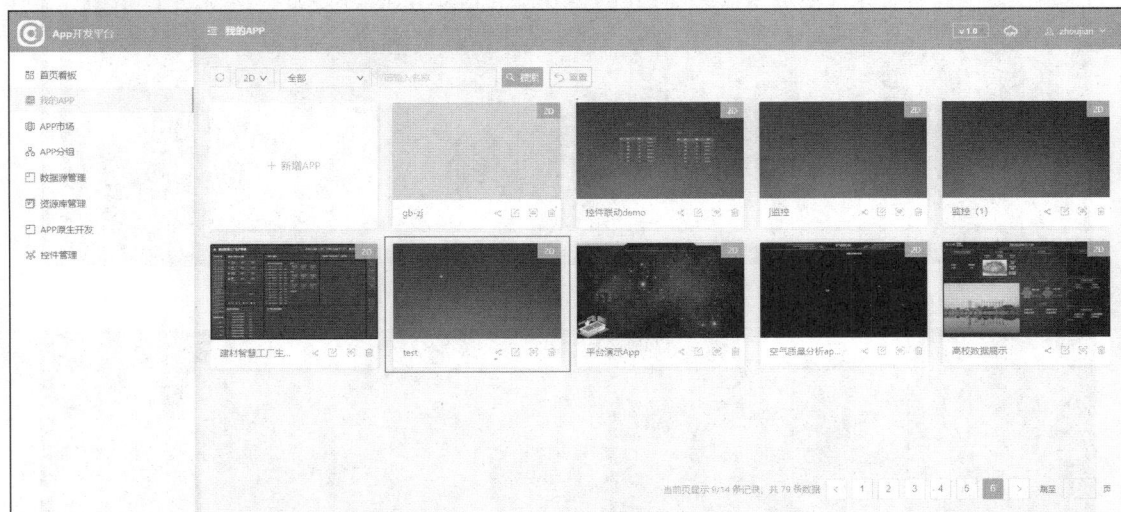

图 2-109　创建名称为 test 的 App

3．拖曳控件构建页面

将鼠标指针移到创建好的 test 的缩略图上，会显示"编辑"按钮，如图 2-110 所示。单击"编辑"按钮，会跳转到可视化编辑器，如图 2-111 所示。

在可视化编辑器中可以拖曳任意控件来构建 App，示例效果如图 2-112 所示。从图中可以得知，使用到的控件有选项卡控件、双轴折线图控件、折线面积图控件、表格控件。单击"双轴折线图"标签，页面会显示双轴折线图；单击"折线面积图"标签，页面会显示折线面积图；单击"图表"标签，页面会显示图表。

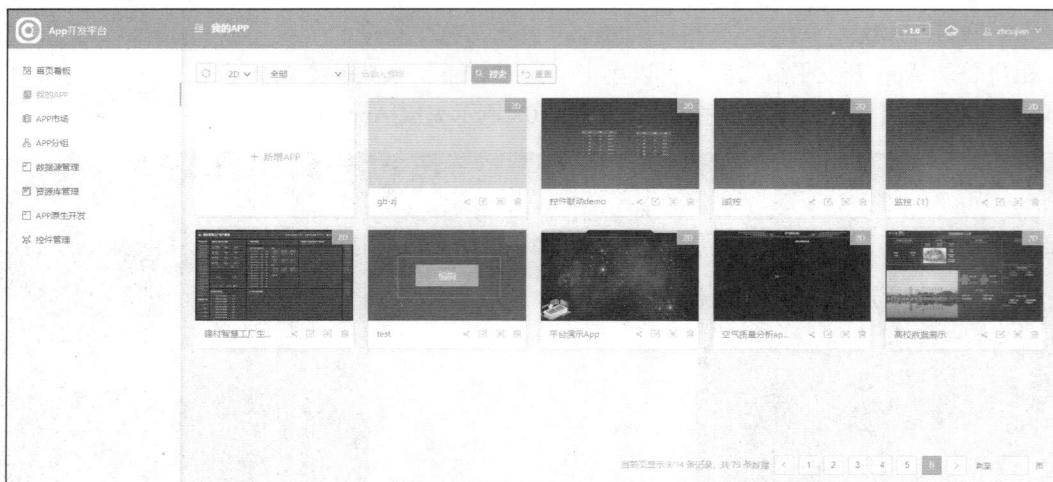

图 2-110　显示"编辑"按钮

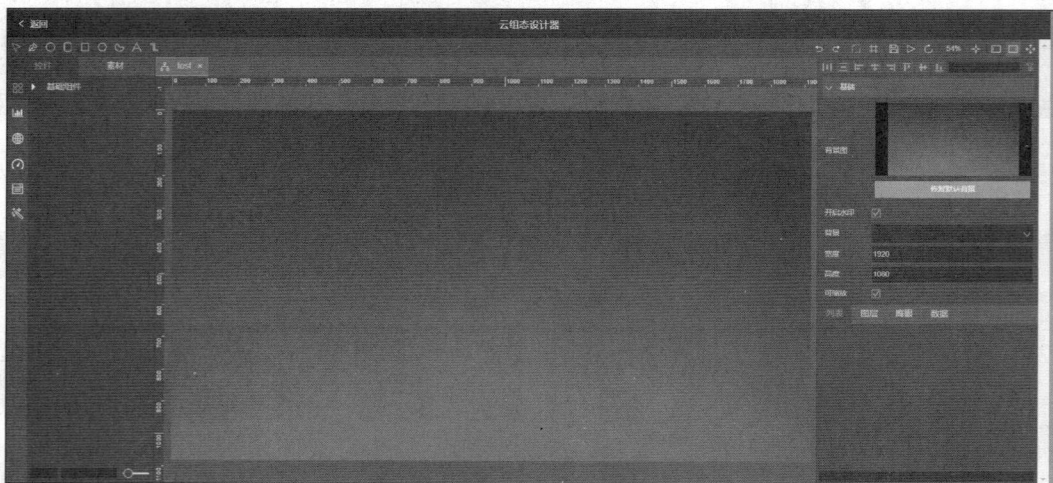

图 2-111　可视化编辑器

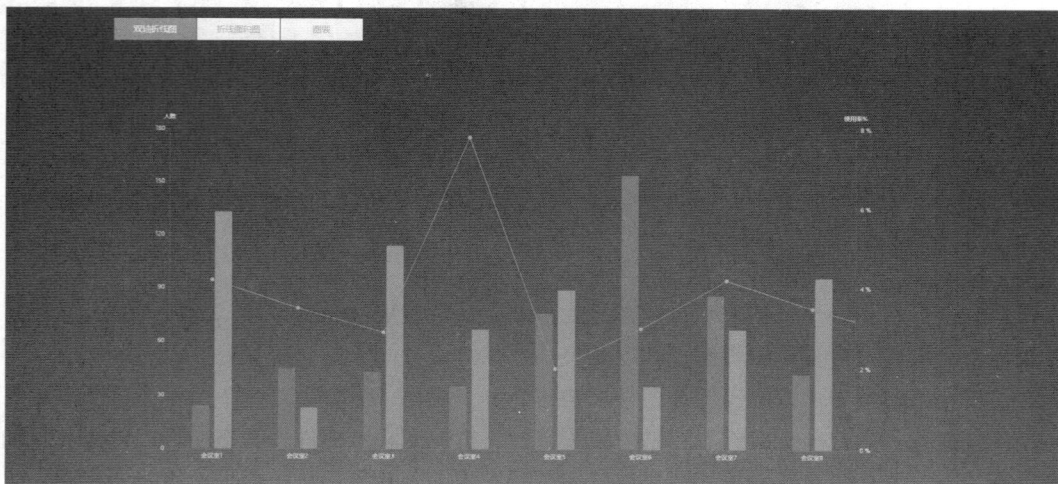

图 2-112　示例效果

拖曳指定的控件到可视化编辑器中，如图 2-113 所示。

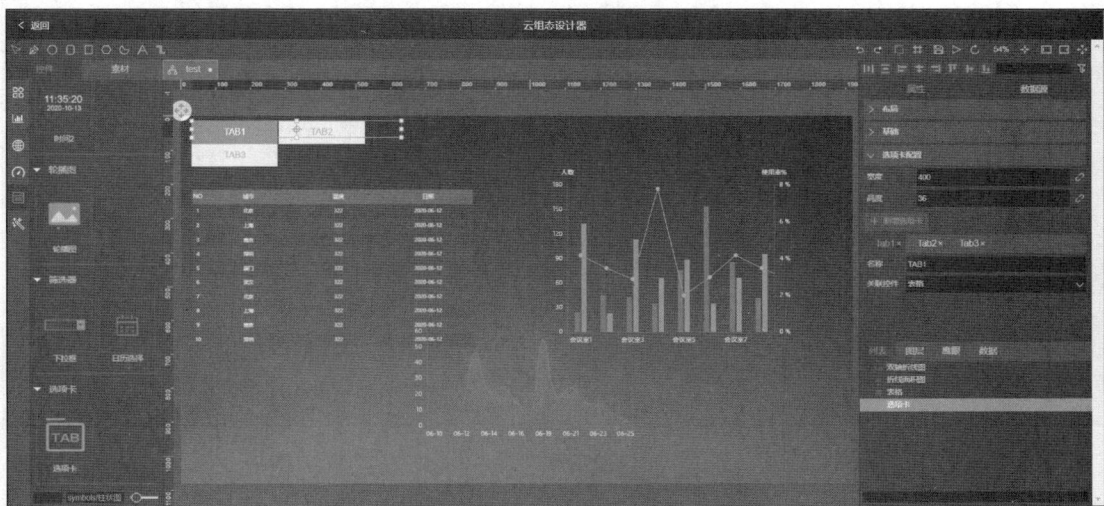

图 2-113　应用所需控件

选中选项卡控件，右侧会显示相应的属性，找到"选项卡配置"，为每个选项卡关联控件，图 2-114 中 Tab1 关联的是双轴折线图控件，让 Tab2、Tab3 关联其他控件。

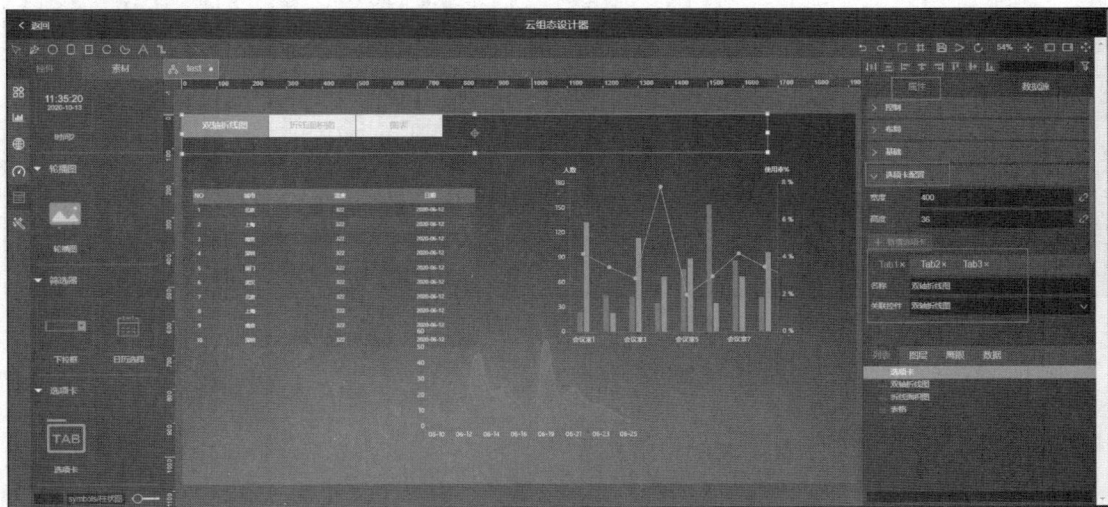

图 2-114　选项卡关联控件

要修改选项卡名称，需要用户在数据源编辑区单击"数据值"右侧的"编辑"按钮编辑对应的数据。这里在"对象（数据值）"弹窗中找到 name 字段修改对应的值，即可改变选项卡名称，如图 2-115 所示。

4．保存并运行 App

关联好选项卡之后，调整其他控件的布局、大小和位置，单击"保存"按钮之后再单击"运行"按钮，如图 2-116 所示。

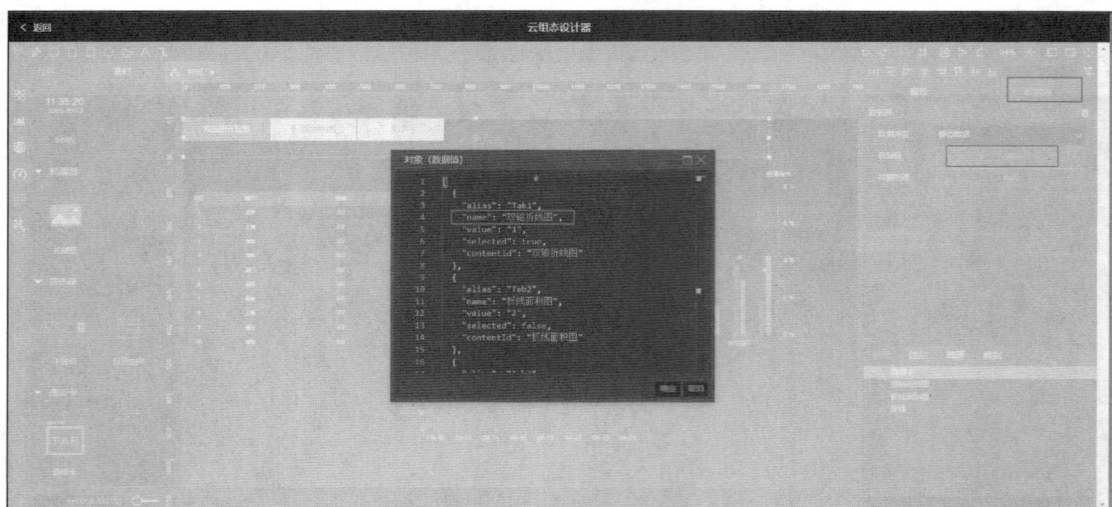

图 2-115　修改选项卡名称

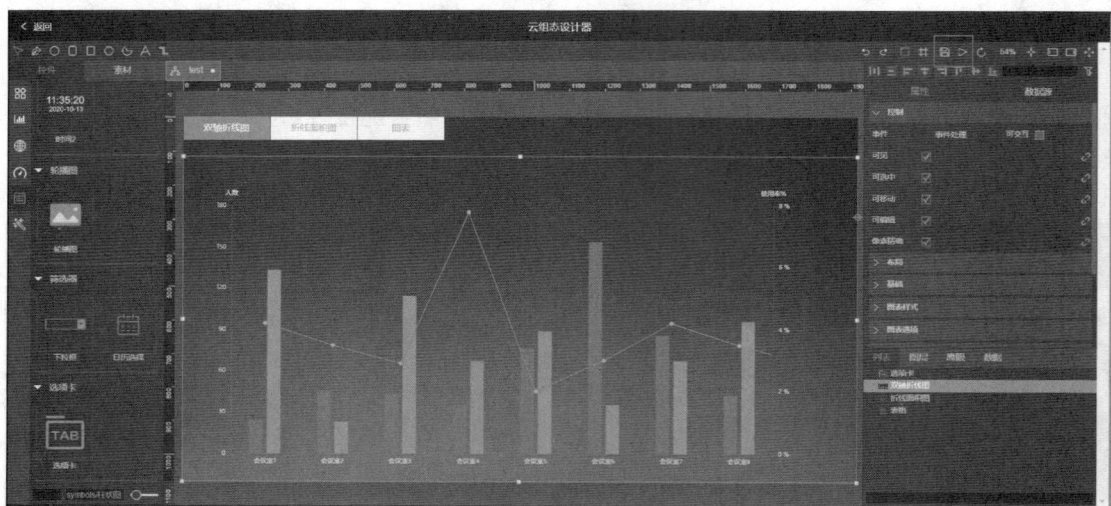

图 2-116　保存并运行 App

2.2.5　控件开发

进入控件编辑器首页，单击左上角的"菜单"按钮，选择"文件"→"新建控件"选项，如图 2-117 所示。这时控件编辑器会打开控件编辑页面，如图 2-118 所示。接下来就可以开发自定义控件了。

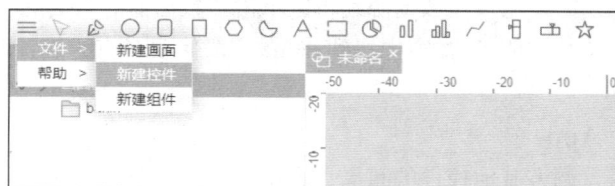

图 2-117　新建控件

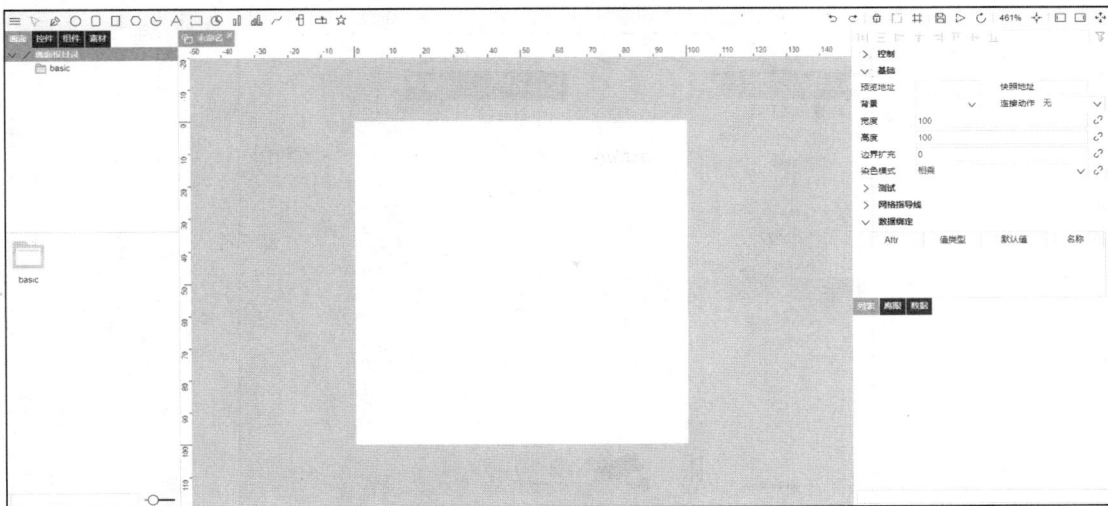

图 2-118　控件编辑页面

1.　矢量控件开发

基于前面的步骤，可使用左侧顶部功能栏中的不规则图形工具（见图 2-119），新建监控控件，效果如图 2-120 所示。矢量图是基于不规则图形构建的，控件编辑器中提供了构建功能，也可以从 iconfont 官网下载矢量图导入。

图 2-119　左侧顶部工具栏中的不规则图形工具

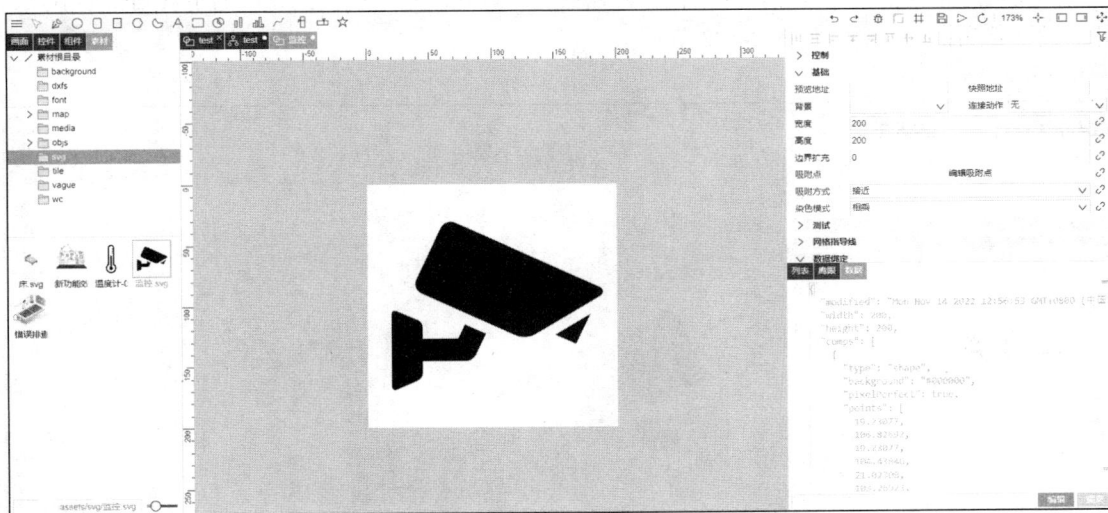

图 2-120　监控控件效果

这里的监控控件是从 iconfont 官网下载的矢量图，将矢量图放到相应的文件夹下，要将之转换成控件，只需选中对应的矢量图并右击，在弹出的快捷菜单中选择"转换控件"选项即可，如图 2-121 所示。

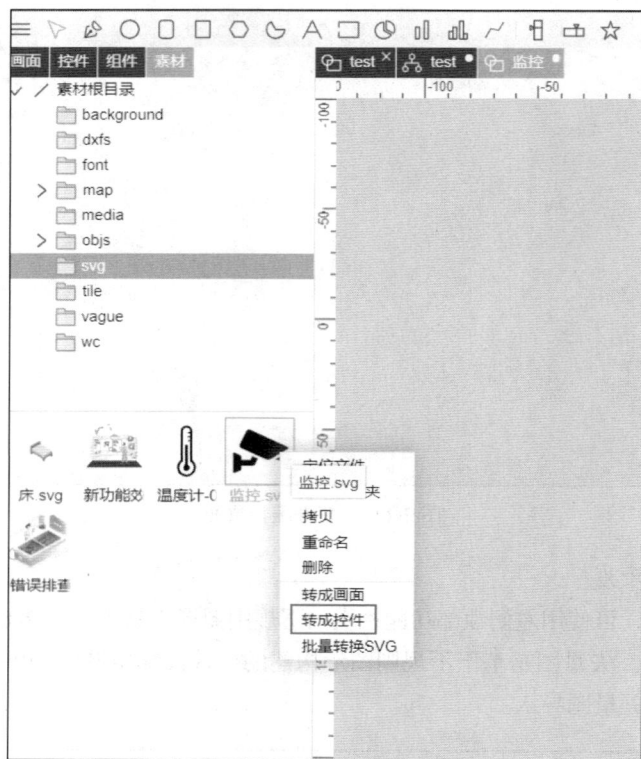

图 2-121　矢量图转控件

　　如需对外暴露控件属性，比如监控控件需要对外设置颜色，应找到相应的不规则图形节点，然后设置其属性的外链，如图 2-122 所示。

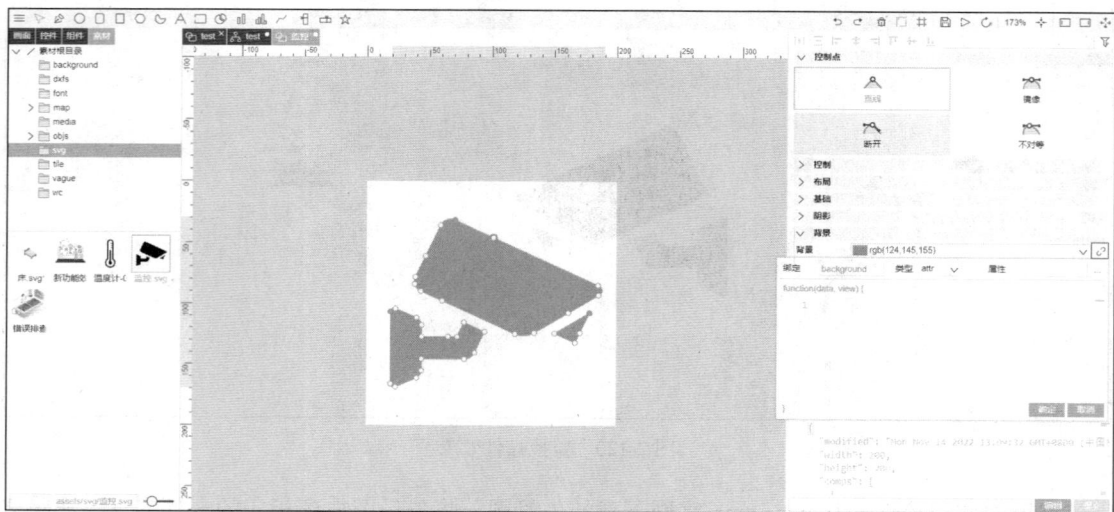

图 2-122　监控控件对外暴露属性

　　单击需暴露属性的外链按钮 ✎，打开属性窗口，在属性编辑栏中输入属性名称并保存，然后

在控件空白处单击，右侧属性编辑栏中会出现"数据绑定"属性栏。如果属性编辑栏中没有出现刚才暴露的属性，那么单击 ⟳ 按钮，属性编辑栏就会更新。给新增加的属性输入名称，如"监控背景色"，如图 2-123 所示，然后保存监控控件。

图 2-123　新建"监控背景色"属性

接下来需要测试暴露的属性是否可用。新建一个画面，将新建的控件拖曳到画布编辑区，选中该控件，右侧属性编辑栏出现"监控背景色"属性，更改属性值发现该控件的属性发生变化，验证成功，如图 2-124 所示。

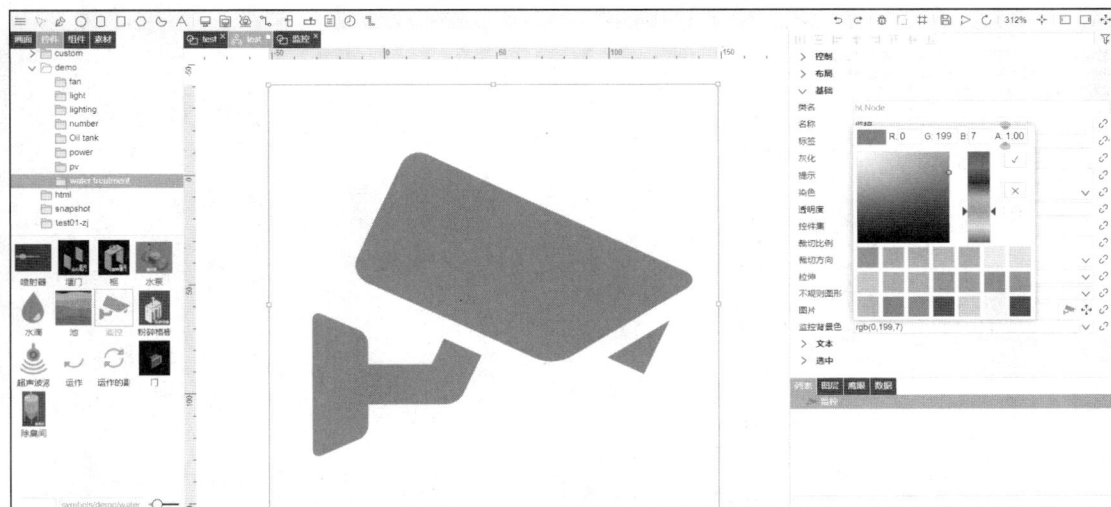

图 2-124　验证成功

2. 图表控件开发

此处介绍基于 ECharts 图表库进行开发，以"柱状图"图表控件的开发为例。新建一个图表控件，单击右侧"属性"→"渲染元素"，弹出"渲染元素"编辑窗口，如图 2-125 所示。

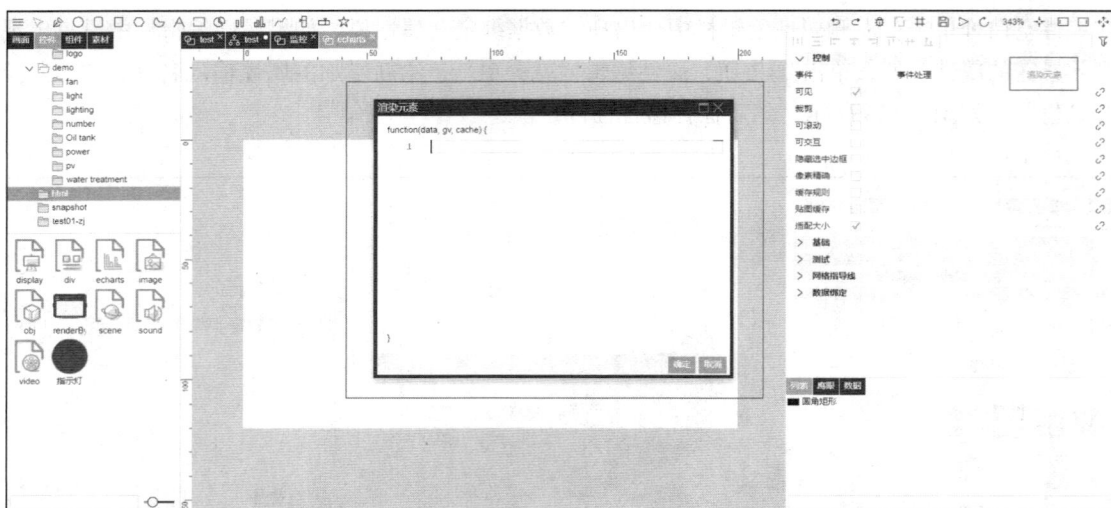

图 2-125　"渲染元素"编辑窗口

在"渲染元素"编辑窗口中编写代码，其中 option 为 ECharts 图表提供的图表配置项，可以参考；cache.htmlView 部分是组件渲染图表的重要代码。其代码如下。

```
var option = {
        animation: true,
        tooltip : {
            trigger: 'axis',
            axisPointer: {
                type: 'line',
                label: {
                    backgroundColor: '#6a7985'
                }
            }
        },
        legend: {
            show: true,
            left: '80%',
            right: 0,
            top: '30%',
            orient: 'vertical'
        },
        grid: {
            left: '3%',
            right: '20%',
            bottom: 0,
            top: '5%',
            containLabel: true
        },
        xAxis : [
            {
                type : 'category',
                boundaryGap : false,
                axisLine: {show: false},
                splitLine: {show: false},
                axisLabel: {}
            }
        ],
        yAxis : [
            {
                type : 'value',
                axisLine: {show: false},
                splitLine: {show: false},
```

```
                axisLabel: {}
            }
        ],
        series : [
            {
                type:'line',
                areaStyle: {
                    normal: {
                        color: 'rgba(27,85,245,0.40)'
                    }
                }
            },
            {
                type:'line',
                areaStyle: {
                    normal: {
                        color: 'rgba(252,209,134,0.40)'
                    }
                }
            },
        ]
    };

if (!cache.htmlView) {
    cache.htmlView = document.createElement('div');
    cache.htmlView.style.position = 'absolute';
    cache.htmlChart = echarts.init(cache.htmlView);

    // layoutHTML will be called when the data needs to be drawing
    cache.htmlView.layoutHTML = function() {
        gv.layoutHTML(data, cache.htmlView, false);
        cache.htmlChart.resize();
    };
}

// update data
option.color = [data.a('lineColor1'), data.a('lineColor2')];
option.legend.data = [data.a('legendData1'), data.a('legendData2') ];
option.series[0].name = data.a('legendData1');
option.series[1].name = data.a('legendData2');
option.series[0].data = data.a('lineData1');
option.series[1].data = data.a('lineData2');
option.series[0].smooth = data.a('lineSmooth');
option.series[1].smooth = data.a('lineSmooth');
option.textStyle = { color: data.a('textColor') };
option.legend.textStyle = { color: data.a('textColor') };
option.xAxis[0].data = data.a('xAxisData');
cache.htmlChart.setOption(option);

// html for showing
return cache.htmlView;
```

上面的代码通过 data.a() 方法获取属性。在 "数据绑定" 属性栏中预定义属性，如图 2-126 所示，预定义的属性是对外暴露的，即可以在画布的控件属性区域设置。

图表控件默认的缩略图为空，可以通过属性自定义，在 "快照地址" 中输入缩略图地址，如图 2-127 所示。

测试渲染的柱状图控件是否可用，参照矢量控件开发的验证步骤进行验证，验证结果如图 2-128 所示。

3. HTML 控件开发

HTML 控件开发与图表控件开发类似，需要在 "渲染元素" 编辑窗口中编写代码以实现功能。如开发一个视频控件，效果如图 2-129 所示。

图 2-126　对外暴露的属性

图 2-127　缩略图设置

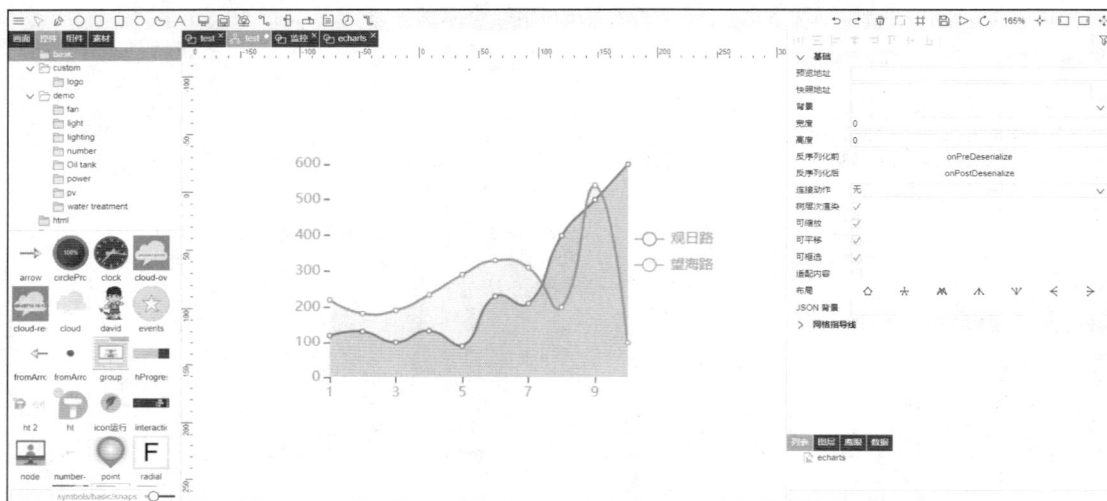

图 2-128　验证结果

图 2-129　视频控件效果

这里通过 document 创建了一个 video 容器用于存放视频窗口，相关代码如下。

```
if (!cache.htmlView) {
    var video = cache.htmlView = document.createElement('video');
    video.setAttribute("controls","controls")
    video.layoutHTML = function() {
        gv.layoutHTML(data, video);
    };
}
if (cache.src !== data.a('videoURL')) {
    cache.htmlView.src = data.a('videoURL');
    cache.src = data.a('videoURL');
}
return cache.htmlView;
```

【任务总结】

本任务的知识学习部分讲解了平台开发高级应用，包括控件、控件编辑器、租户管理等。任务实施部分介绍了使用控件编辑器开发 3 类自定义控件，并将自定义控件导入平台，以及导入外部 API 数据源和数据库数据源等，带领读者结合任务一和任务二体验平台开发的魅力。

【拓展练习】

1．填空题

（1）新增 API 数据源需设置＿＿＿＿＿、＿＿＿＿＿、＿＿＿＿＿等，数据源需经过校验，校验成功才能保存添加到平台。

（2）控件编辑器可以开发＿＿＿＿＿、＿＿＿＿＿、＿＿＿＿＿。

（3）租户管理针对二级租户进行相关信息管理，可以进行查询、＿＿＿＿＿、编辑、启用、禁用、注销、＿＿＿＿＿，也可对租户进行＿＿＿＿＿。

（4）启动控件编辑器需要切换到控件编辑器根目录下执行＿＿＿＿＿命令，在浏览器中输入地址＿＿＿＿＿。

（5）在管理租户密码时，重置密码操作恢复租户默认密码为＿＿＿＿＿。

2．判断题

（1）文本控件可以调整字体、颜色、位置、行高、边距、边框、背景和滚动条设置等，并可以设置超链接。（　　　）

（2）需要为多个控件指定同一类数据源时，可以同时选中多个控件进行批量编辑来实现。（　　　）

（3）为折线图控件配置数据源时不需要根据原有数据格式进行修改。（　　　）

（4）可视化编辑器顶部为功能栏，左侧为资源管理栏，右侧为属性编辑栏，中间为画布编辑区。（　　　）

（5）使用系统管理员账户添加的租户为二级租户，二级租户创建的新租户为当前登录租户的三级租户。（　　　）

3．简答题

（1）简述控件编辑器的功能，以及能开发几种控件。

（2）简述租户管理。

【项目总结】

本项目介绍了工业互联网 App 开发平台的相关基础功能、平台基础组件、编辑工具等，并带领读者初步体验了使用工业互联网 App 开发平台开发 App 的便捷、高效，为后续典型应用的 App 开发做好了铺垫。

项目三

工业互联网 App 开发平台应用

【项目概述】

本项目将介绍使用工业互联网 App 开发平台开发 3 类典型 App，包括生产制造类、运维服务类、经营管理类，从需求分析讲到应用开发。

【项目目标】

【知识目标】

（1）了解各类型 App 的需求。
（2）掌握工业互联网 App 开发平台的应用技巧。
（3）巩固工业互联网 App 的开发流程。

【能力目标】

（1）能够使用工业互联网 App 开发平台独立开发 App。
（2）能够根据需求开发自定义控件。

【素养目标】

（1）培养读者分析事件的能力。

（2）培养读者将想法实现的能力。

【思维导图】

项目三　工业互联网App开发平台应用

- 【项目概述】
- 【项目目标】
- 【思维导图】
- 任务一　生产制造类App开发
  - 【任务描述】
  - 【知识学习】　3.1.1 需求分析
  - 【任务实施】　3.1.2 App 开发
  - 【任务总结】
  - 【拓展练习】
- 任务二　运维服务类App开发
  - 【任务描述】
  - 【知识学习】　3.2.1 需求分析
  - 【任务实施】　3.2.2 App 开发
  - 【任务总结】
  - 【拓展练习】
- 任务三　经营管理类App开发
  - 【任务描述】
  - 【知识学习】　3.3.1 需求分析
  - 【任务实施】　3.3.2 App 开发
  - 【任务总结】
  - 【拓展练习】
- 【项目总结】

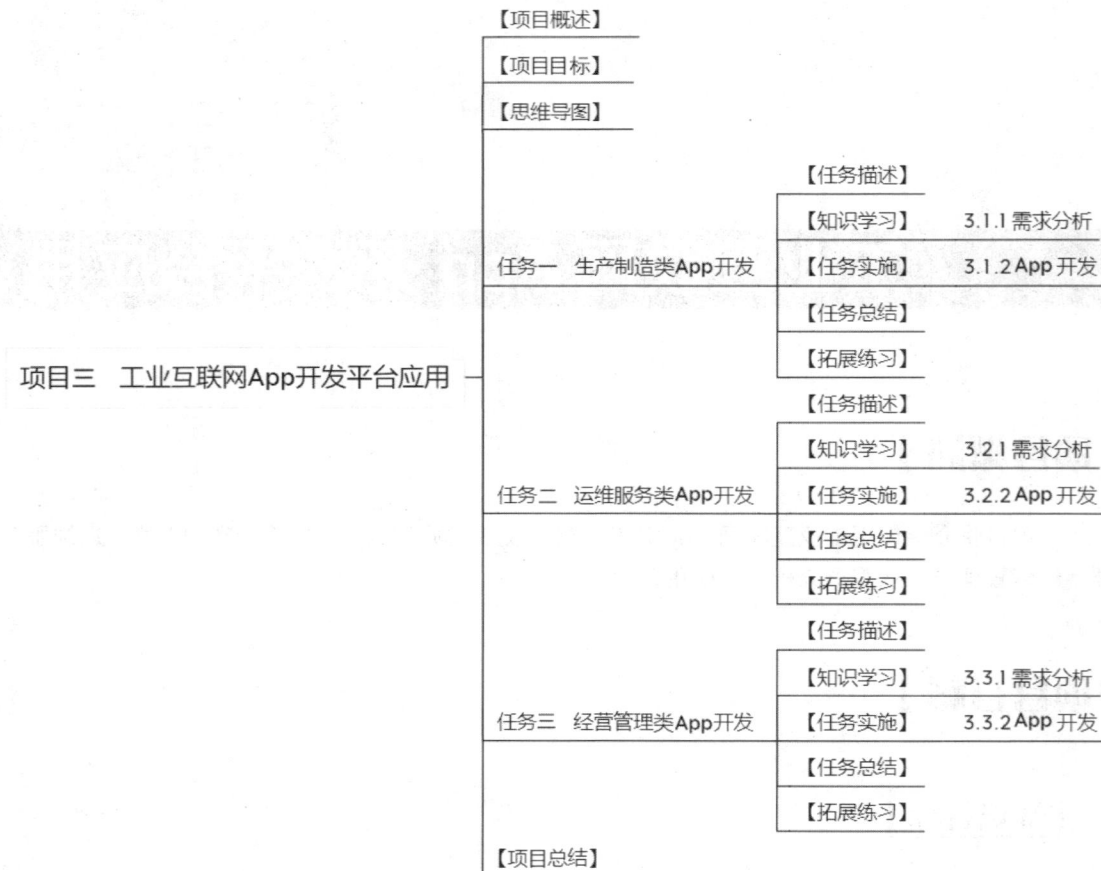

任务一　生产制造类 App 开发

微课

生产制造类 App
开发

【任务描述】

使用工业互联网 App 开发平台开发数控车间数据监控系统，使用多类型控件和素材完成 App 的基础功能和页面的配置，引入分组组合管理理念。

【知识学习】

3.1.1　需求分析

数控车间数据监控系统的主要功能是获取车间里的每个设备的运行状态，将数据可视化以便合理安排生产，从而提高生产效率。从大屏幕页面可以看到实时的物料统计、设备组状态占比、报警日志、设备能耗情况等信息，效果如图 3-1 所示。

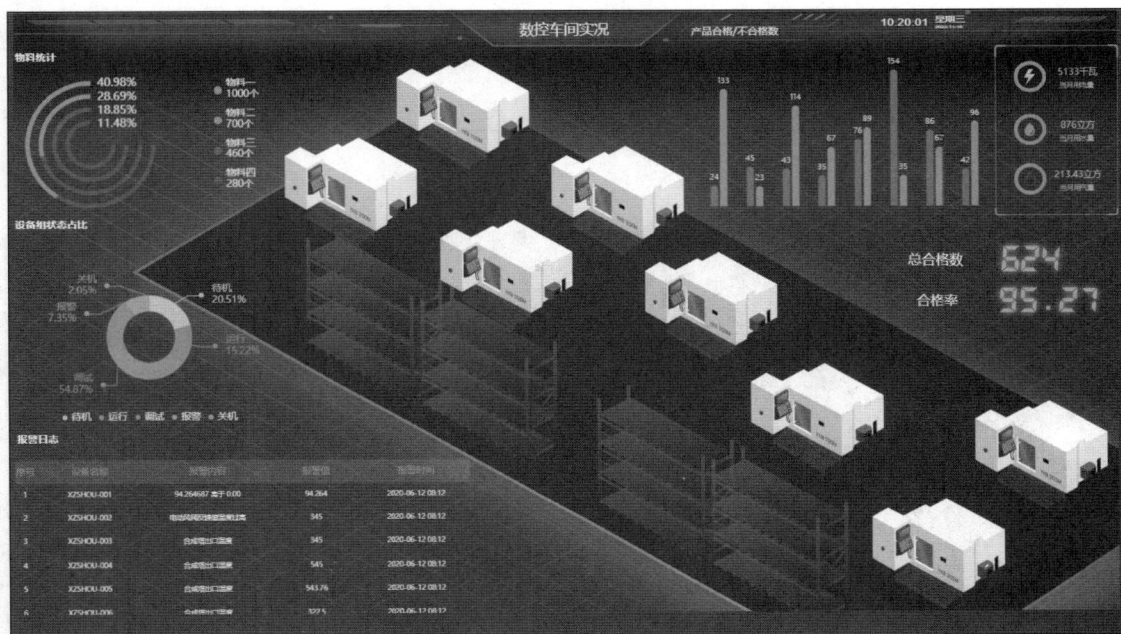

图 3-1　数控车间数据监控系统效果

【任务实施】

3.1.2　App 开发

1. 创建 App

创建一个 2D 的 App。在我的 App 页面单击"新增 App"按钮，弹出"新增 App"对话框，在其中输入相关信息，将之命名为"数控车间数据监控系统"，如图 3-2 所示。

2. 构建页面

为了合理化布局，首先创建一个根节点，在根节点上对布局按照头部和内容区域进行划分，之后按照 App 的页面结构分区、分组。在素材选择区中找到名为"TL-bg"的素材作为根节点，

如图 3-3 所示，调整页面大小和布局。

图 3-2　"新增 App"对话框

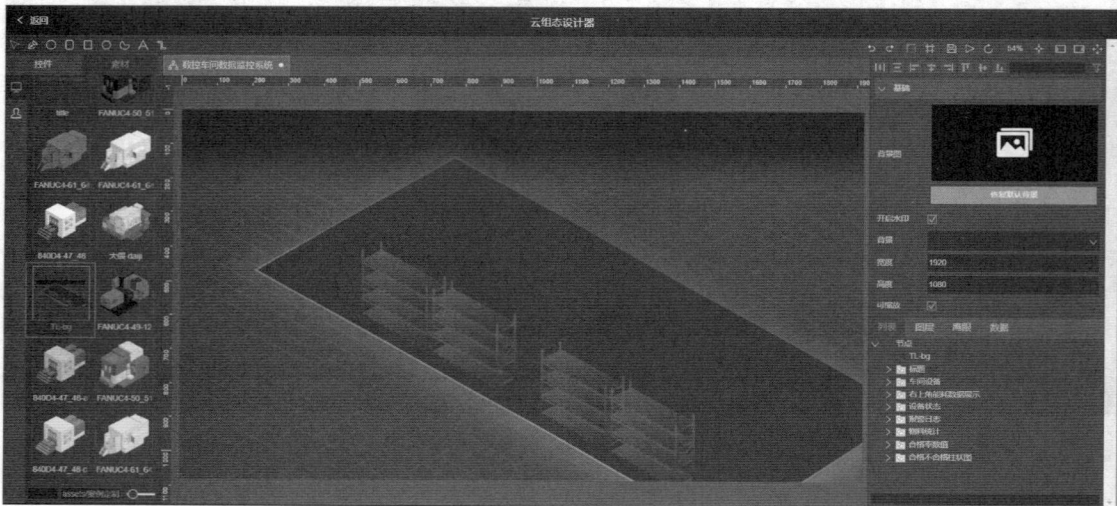

图 3-3　素材"TL-bg"

构建标题部分，这里使用的是素材选择区中的"2#标题"素材，如图 3-4 所示。

构建物料统计区域使用的是图表控件中的对比环形图控件。选中对应控件并将其拖曳到画布区域中设置好布局，如图 3-5 所示。

为实现图 3-5 所示的效果，还需要拖曳基础组件中的文本控件到画布中并设置文本为"物料统计"，最终将这两个控件选中并归为一组，命名为"物料统计"。

构建设备组状态占比部分需要使用基础组件中的文本控件和图表控件中的环形图控件，文本控件作为区域标题，环形图控件作为内容显示，如图 3-6 所示。最终将这两个控件选中归为一组，命名为"设备状态"。

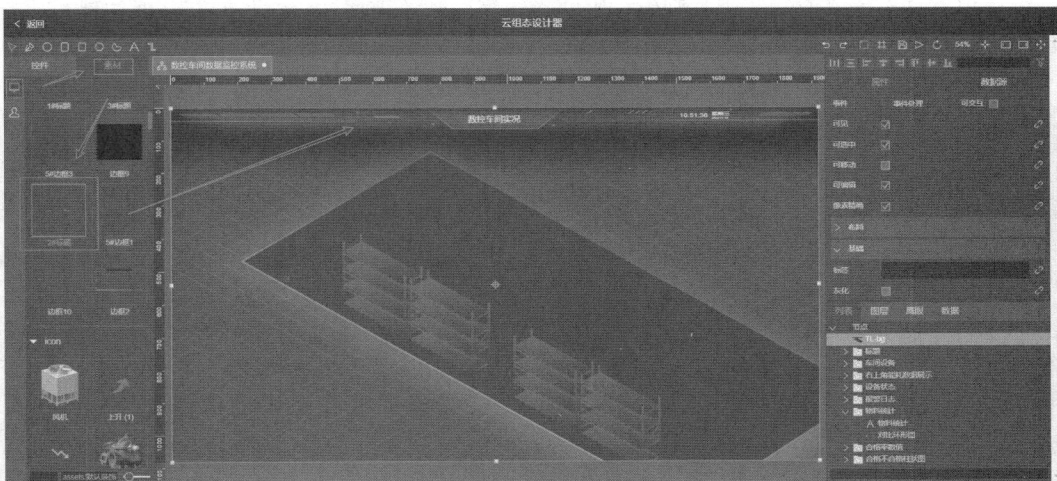

图 3-4　标题部分

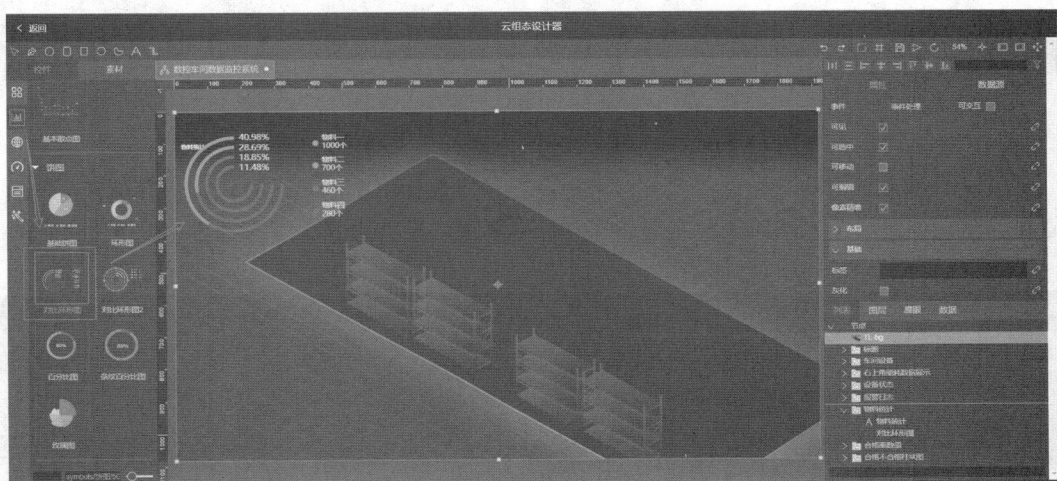

图 3-5　物料统计区域

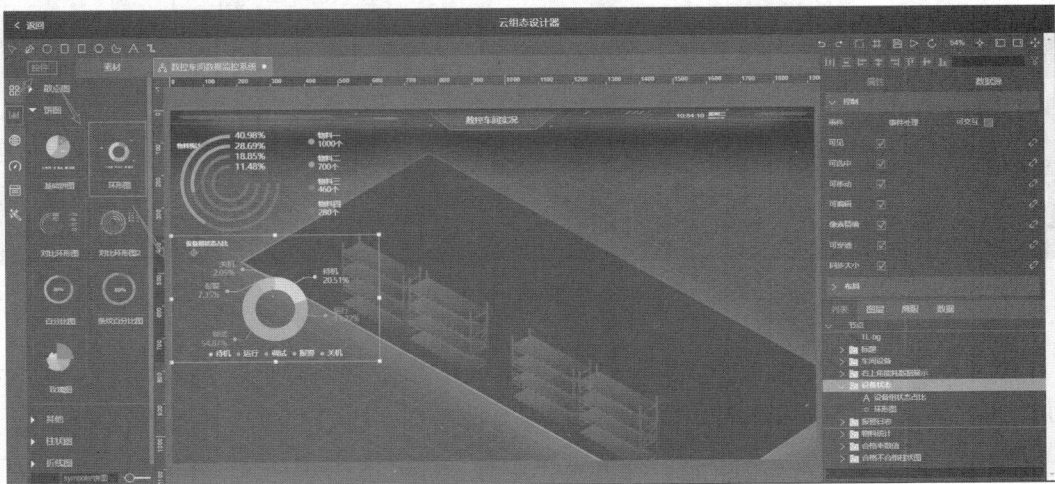

图 3-6　设备组状态占比部分

构建报警日志部分需要使用基础组件中的表格控件和文本控件，将它们合并成一组，命名为"报警日志"，如图 3-7 所示。

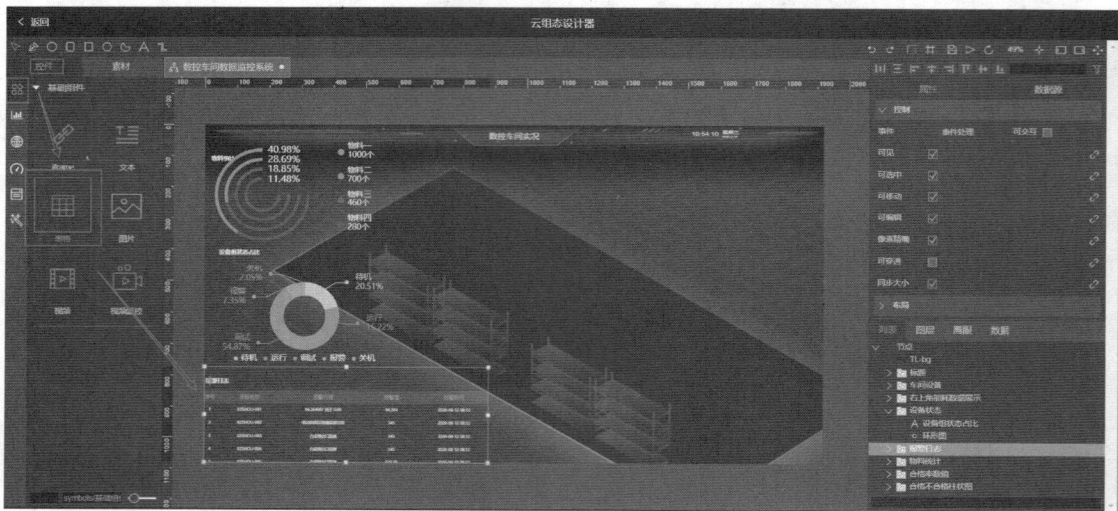

图 3-7　报警日志部分

要构建图 3-8 所示的车间设备部分，需要选择素材选择区中的指定素材，将其拖入画布并通过复制、粘贴生成多个，然后调整布局，将它们合并成一组并命名为"车间设备"。

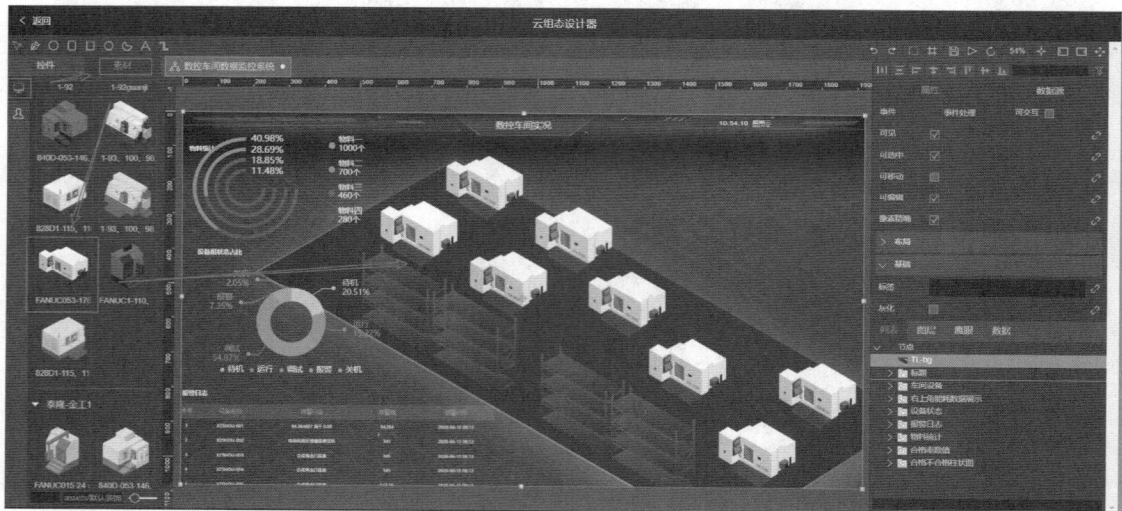

图 3-8　车间设备部分

构建产品合格/不合格数部分需要拖入图表控件中的双轴折线图控件并设置好参数，如图 3-9 所示。为了显示每个柱状条的数值，需要选中"图表选项"属性栏下的"值标签"复选框，如图 3-10 所示。

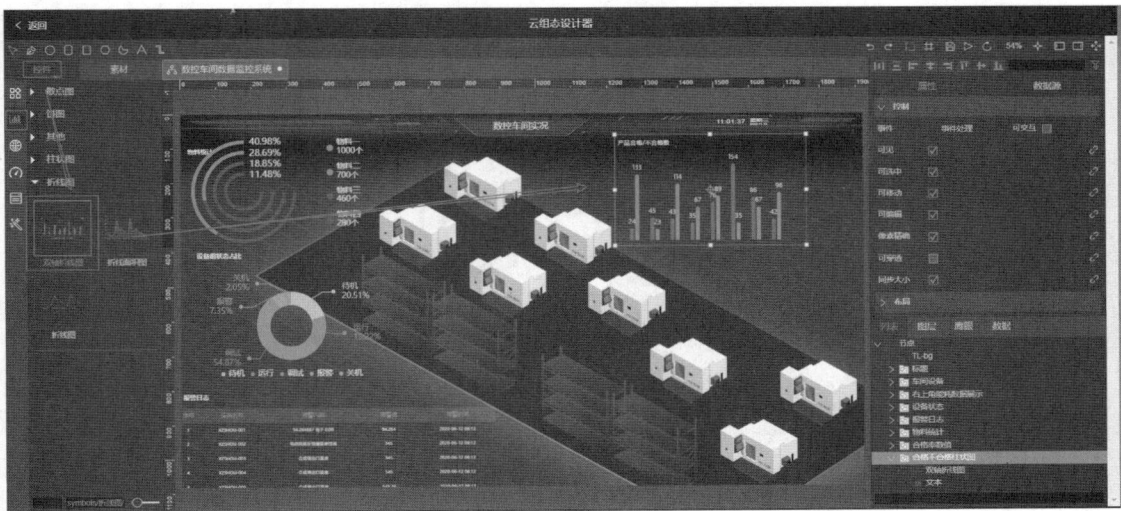

图 3-9 产品合格/不合格数部分

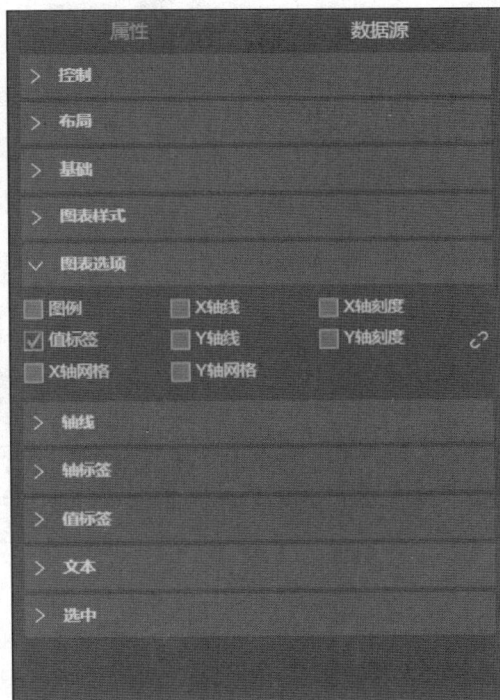

图 3-10 选中"值标签"复选框

构建合格率数值部分需要拖入仪表盘控件中的数字面板控件和基础组件中的文本控件。设置好数值之后将之合并成一组并命名为"合格率数值",如图 3-11 所示。

构建能耗数据部分需要拖入仪表盘控件中的圆环控件、电控件、燃气控件、水控件,以及基础组件中的文本控件,设置圆环控件的背景颜色为蓝色。将之合并成一组并命名为"能耗数据",如图 3-12 所示。

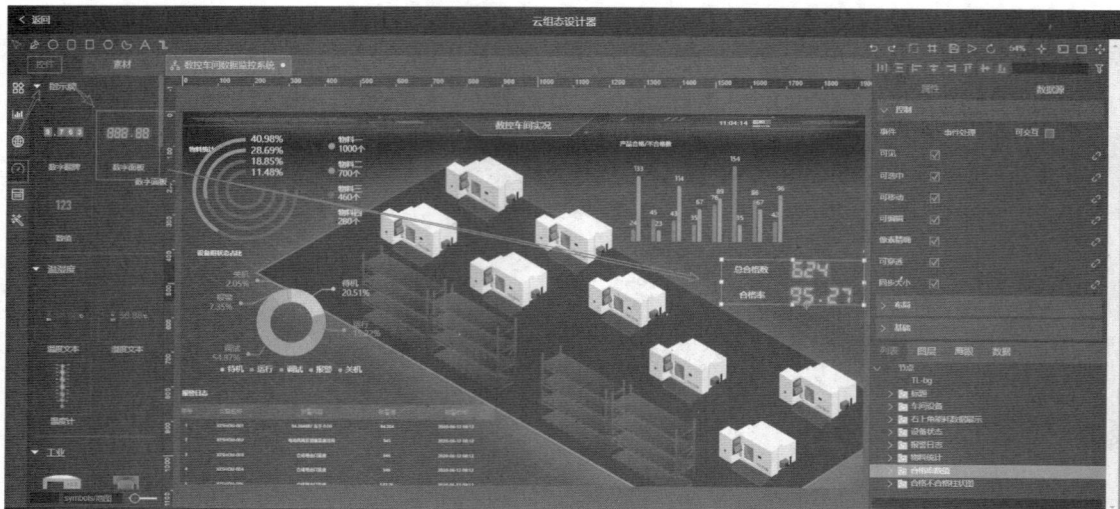

图 3-11　合格率数值部分

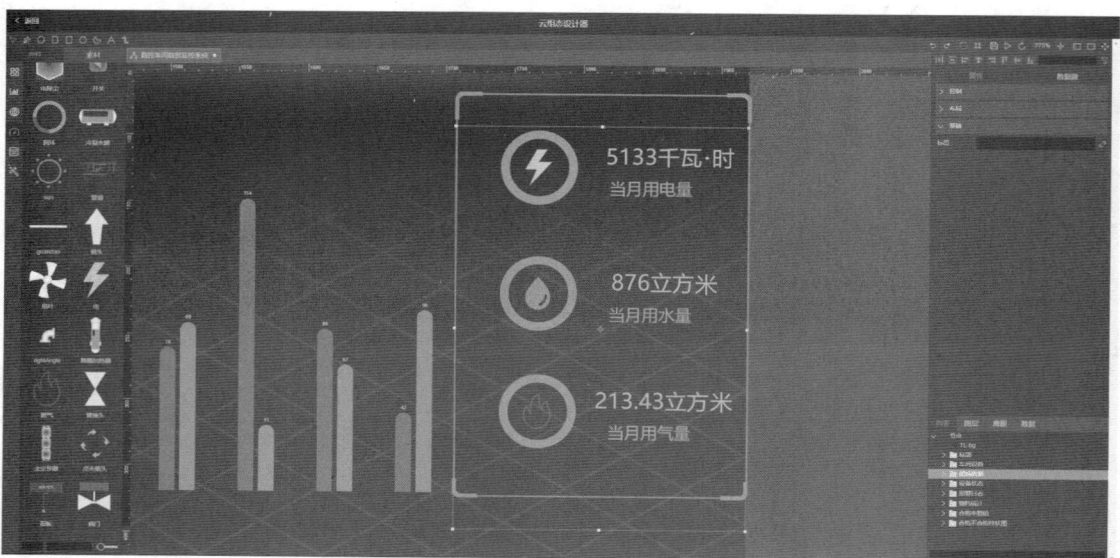

图 3-12　能耗数据部分

3. 模拟数据

这里只给报警日志表格控件绑定了数据库数据源，若需为其他控件绑定数据源，请自行设计数据源类型。根据以下表格数据格式设计数据库表和表格控件属性（可参照任务一中的表格控件数据库数据源绑定方法和数据库数据源设计方法进行设计）。

```
[
    {
        "machineName": "XZSHOU-001",
        "alarmDesc": "94.264687 高于 0.00",
        "curVariateValue": 94.264,
        "alarmDate": "2022-06-12 08:12"
    },
    {
        "machineName": "XZSHOU-002",
        "alarmDesc": "电动风阀反馈值温度过高",
```

```
    "curVariateValue": 345,
    "alarmDate": "2022-06-12 08:12"
  },
  {
    "machineName": "XZSHOU-003",
    "alarmDesc": "合成塔出口温度",
    "curVariateValue": 345,
    "alarmDate": "2022-06-12 08:12"
  },
  {
    "machineName": "XZSHOU-004",
    "alarmDesc": "合成塔出口温度",
    "curVariateValue": 545,
    "alarmDate": "2022-06-12 08:12"
  }
]
```

4. 屏幕适配

做好屏幕适配，选择根节点并设置参数，指定"宽度"为"1920"、"高度"为"1080"，"全屏"为"填充"，如图 3-13 所示。

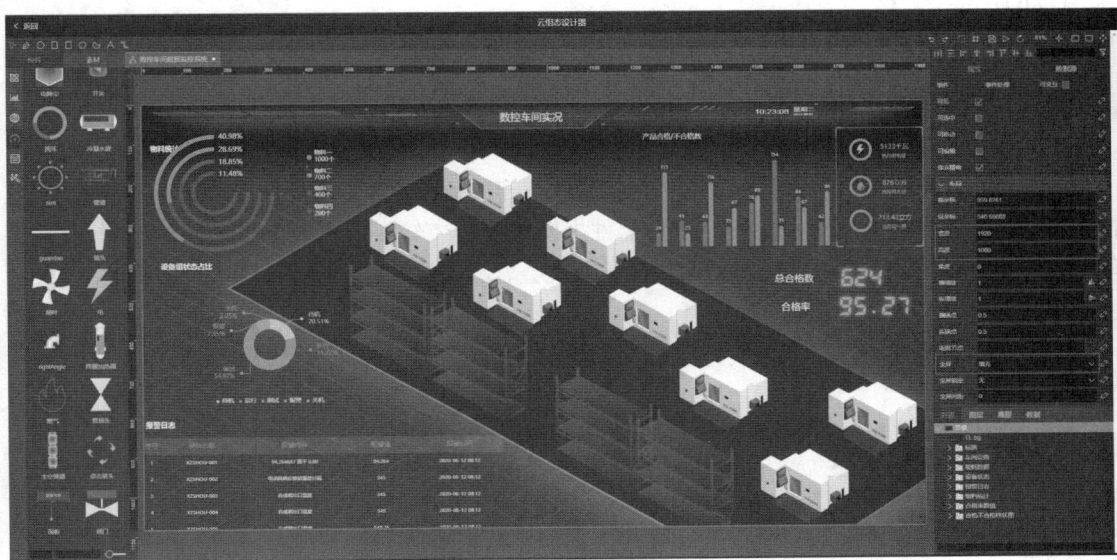

图 3-13　屏幕适配

【任务总结】

本任务通过介绍构建数控车间数据监控系统，帮助读者巩固各类控件和素材的使用方法。本任务引入了组合分组的概念来管理多个控件。本任务侧重于复杂的页面构建和控件管理。

【拓展练习】

要求：根据给出的需求构建生产制造类 App。

某汽车零件生产企业为了能够实时掌握生产现场的状况，并对生产排产进行控制，现需一款信息化系统加以支持。系统需实时展示生产车间所有设备的工作状况（运行、待机、故障、关机）、设备能耗、实时耗材信息、工件合格率等，还需允许用户手动对故障进行处理，对设备状态进行

控制从而控制产量。

提示：使用图表控件、基础组件、工控控件，可自行上传素材，自行选择数据源类型。

任务二　运维服务类 App 开发

【任务描述】

使用工业互联网 App 开发平台开发汽车数据监测中心大屏系统，使用控件编辑器自定义仪表盘控件并绑定 API 数据源。

【知识学习】

3.2.1　需求分析

汽车数据监测中心大屏系统的主要功能是监视汽车的行驶轨迹和各部件的状况。它可以实时监控车辆轨迹、车辆各个部件的情况、汽车器件报警次数、汽车零件维修情况及汽车当前行驶速度等，鼠标指针落在地图的某个省级行政区区域，就会显示当前车辆到达过该省级行政区的次数。

【任务实施】

3.2.2　App 开发

1．创建 App

创建一个 2D 的 App。在我的 App 页面单击"新增 App"按钮，弹出"新增 App"对话框，在其中输入相关信息，将之命名为"汽车数据监测中心大屏"，如图 3-14 所示。

图 3-14　"新增 App"对话框

2. 构建页面

创建一个根节点，这样在对整个页面进行操作时，只需对这个根节点进行操作，而不用费劲地选择当前页面的所有元素，如图 3-15 所示。

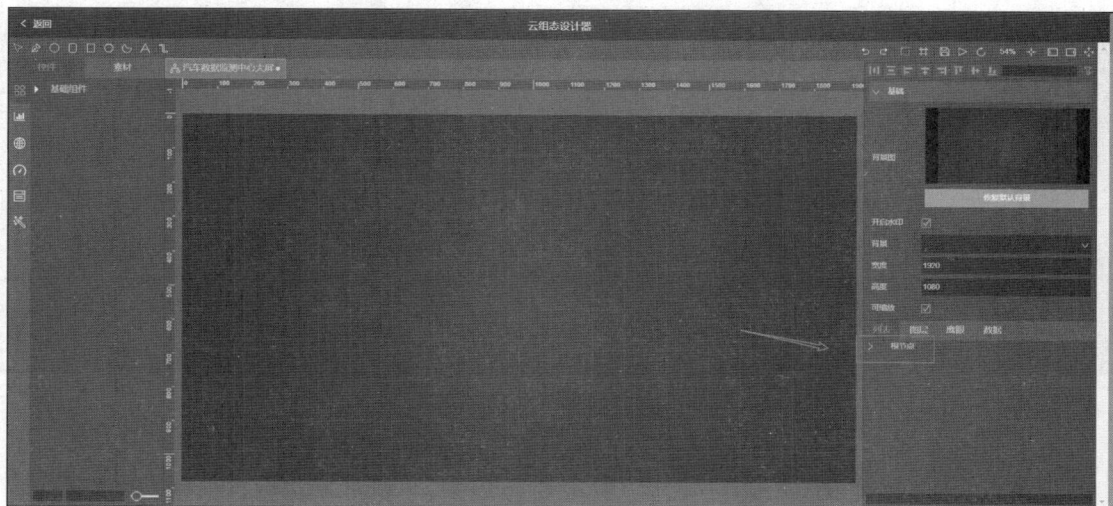

图 3-15 根节点

构建标题部分：选择"素材"→"默认装饰"下的"4#标题"素材并将其拖曳至画布区域，在"4#标题"素材之上添加文本控件，设置文本控件的内容为"汽车数据监测中心大屏"，最后将文本控件和"4#标题"素材合并为一组并命名为"标题"，如图 3-16 所示。

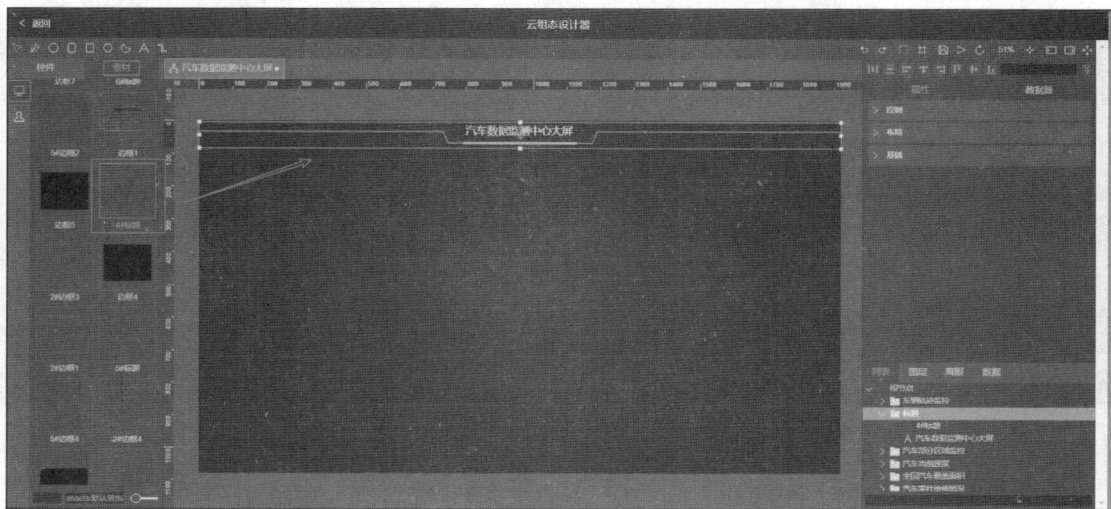

图 3-16 标题部分

构建车辆轨迹监控部分：找到基础组件中的表格控件，将其拖曳至画布区域中并设置相关属性。添加并编辑文本控件，最后将文本控件和表格控件合并为一组并命名为"车辆轨迹监控"，效果如图 3-17 所示。

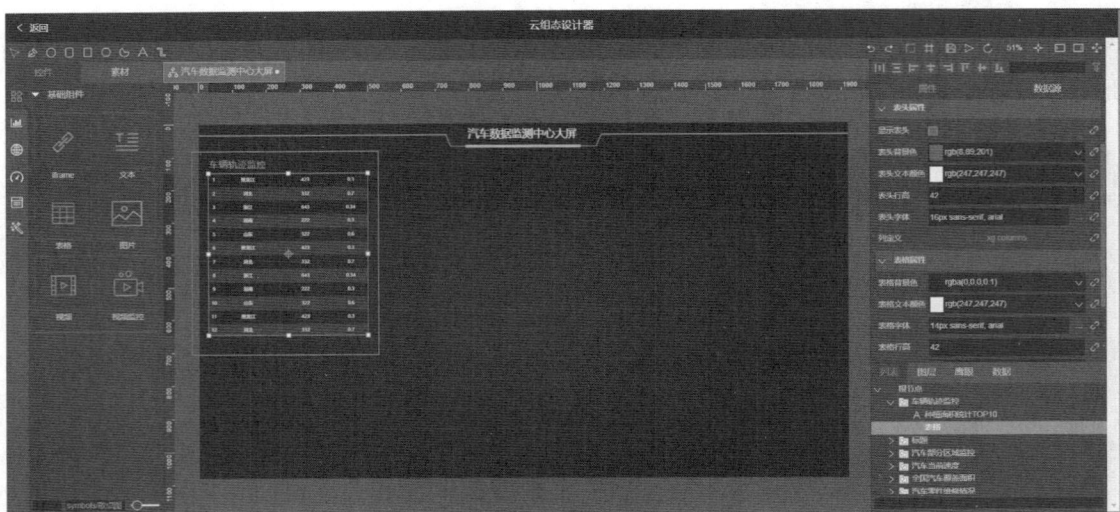

图 3-17 车辆轨迹监控部分

构建汽车零件维修情况部分：需要使用图表控件中的柱状图控件和文本控件，将柱状图控件和文本控件拖曳至画布区域中，设置图表控件的相关属性，设置文本控件的内容为"汽车零件维修情况"，如图 3-18 所示。

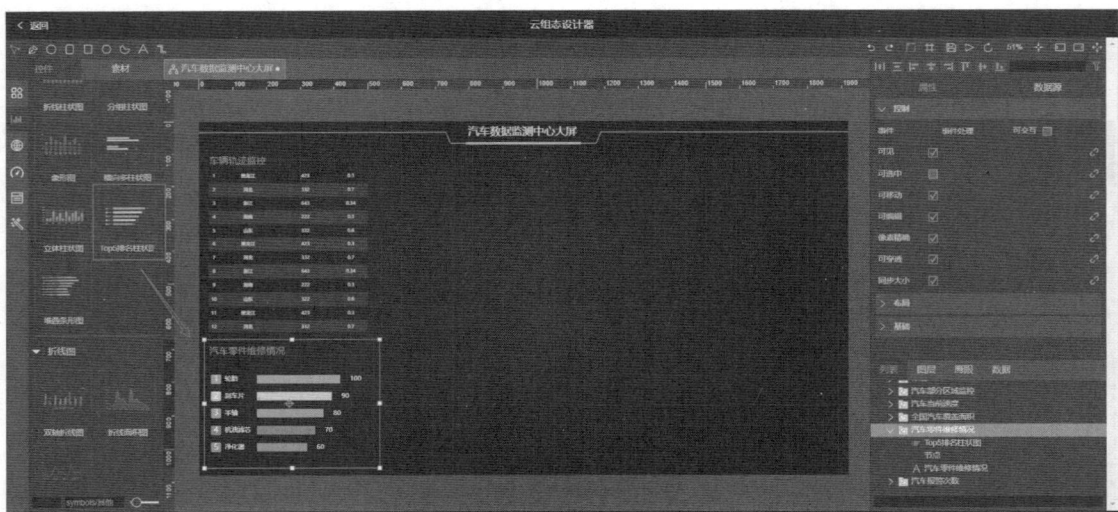

图 3-18 汽车零件维修情况部分

构建汽车局部监控部分：需要使用仪表盘控件中的"环形仪表盘 2"控件，将其拖曳至画布区域中并设置相应属性。在环形仪表盘 2 控件下方添加文本控件，为了达到图 3-19 所示的效果，需要选中两个控件，复制、粘贴 3 次并调整好布局。最后将这些控件合并为一组并命名为"汽车局部监控"。

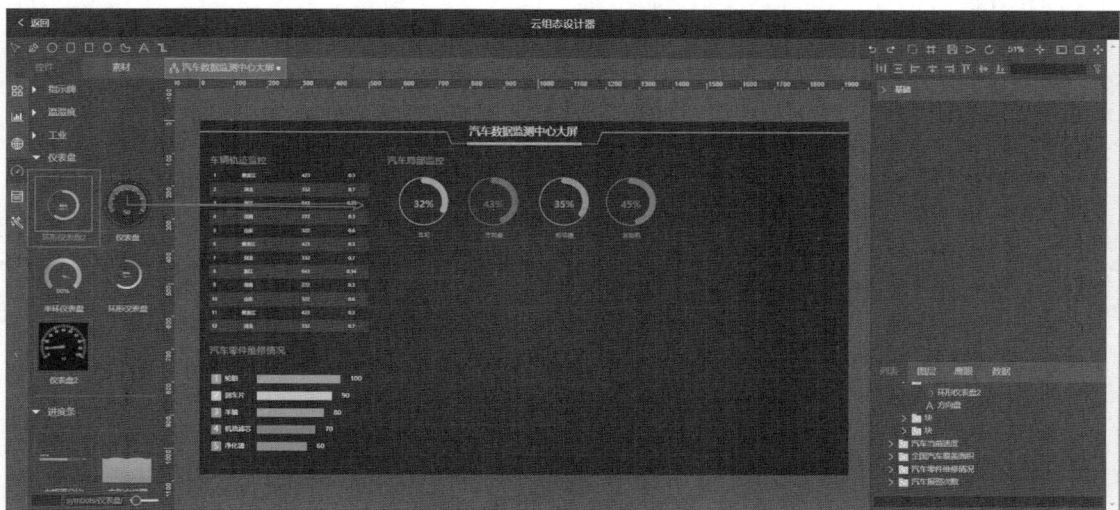

图 3-19　汽车局部监控部分

　　构建汽车报警部分：需要使用立体柱状图控件，选中立体柱状图控件并将其拖曳至画布区域中，添加文本控件并设置内容为"汽车报警"，调整布局，最后将文本控件和立体柱状图控件合并为一组并命名为"汽车报警"。

3.　自定义 Speed 仪表盘控件

　　使用工业互联网 App 开发平台提供的控件编辑器开发 Speed 仪表盘控件。Speed 仪表盘控件是基于 ECharts "阶段速度仪表盘"示例制作的，如图 3-20 所示。

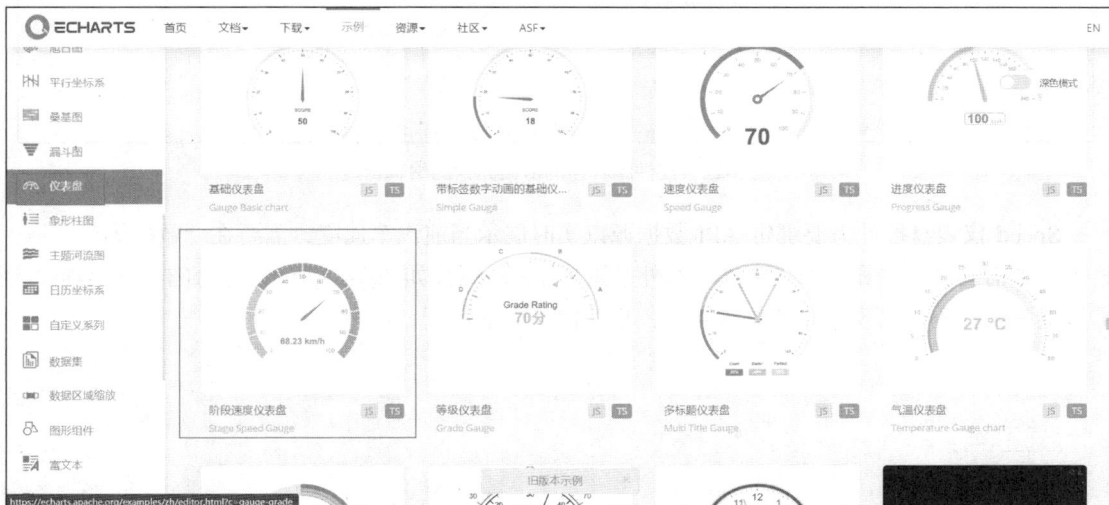

图 3-20　ECharts "阶段速度仪表盘"示例

　　要使控件编辑器支持这样的渲染元素，只需要将 option 部分的代码（见图 3-21）复制到控件编辑器的渲染元素的编辑窗口（见图 3-22）。

图 3-21　option 部分的代码

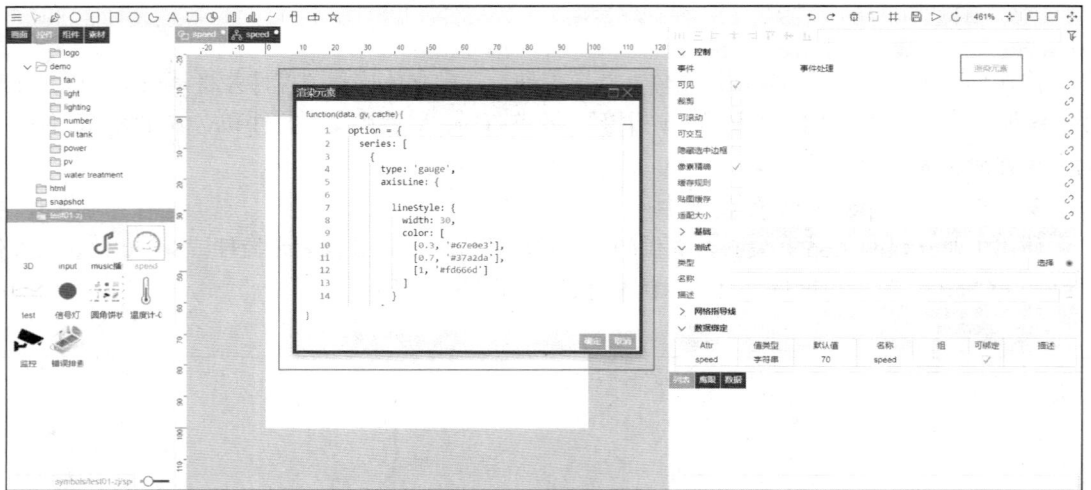

图 3-22　控件编辑器的渲染元素的编辑窗口

　　Speed 仪表盘控件需要绑定 API 数据源以实时展示当前汽车速度，需要在"数据绑定"属性栏下添加需要对外暴露的属性，这里对外暴露的 speed 属性如图 3-23 所示。在渲染元素编辑区还需添加相关代码来实现对外的数据绑定，相关代码如下。

```
option = {
 series: [
  {
   type: 'gauge',
   axisLine: {

   lineStyle: {
     width: 30,
     color: [
      [0.3, '#67e0e3'],
      [0.7, '#37a2da'],
      [1, '#fd666d']

    ]
   }
  }
 },
```

```
pointer: {
  itemStyle: {
    color: 'red'
  }
},
axisTick: {
  show: true,

},
splitLine: {
  distance: -30,
  length: 30,
  lineStyle: {
    color: '#fff',
    width: 4
  }
},
axisLabel: {
  show: false,
  color: 'auto',
  distance: 40,
  fontSize: 10
},
detail: {
  valueAnimation: true,
  formatter: '{value} km/h',
  color: 'auto',
  fontSize: 25
},
data: [
  {
    value: 70
  }
]
      }
    ]
}
if (!cache.htmlView) {
    cache.htmlView = document.createElement('div');
    cache.htmlChart = echarts.init(cache.htmlView);
    // layoutHTML will be called when the data needs to be drawing
    cache.htmlView.layoutHTML = function() {
      gv.layoutHTML(data, cache.htmlView, false);
      cache.htmlChart.resize();
    };
  }
  option.series[0].data[0].value = data.a('speed');
  cache.htmlChart.setOption(option);
  // html for showing
return cache.htmlView;
```

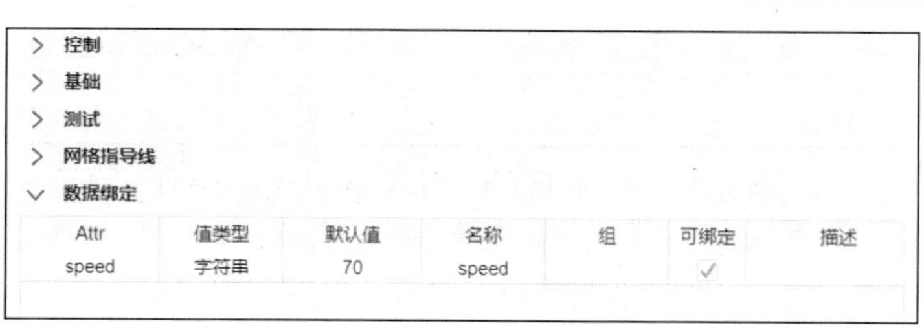

Attr	值类型	默认值	名称	组	可绑定	描述
speed	字符串	70	speed		✓	

> 控制
> 基础
> 测试
> 网格指导线
∨ 数据绑定

图 3-23　speed 属性

　　配置 Speed 仪表盘控件快照。由于通过代码渲染的控件没有控件图标，这里需要手动设置图标地址，也就是快照地址。单击控件找到"基础"属性栏下的"快照地址"，按图 3-24 所示进行配置。快照地址是基于控件编辑器运行环境路径。

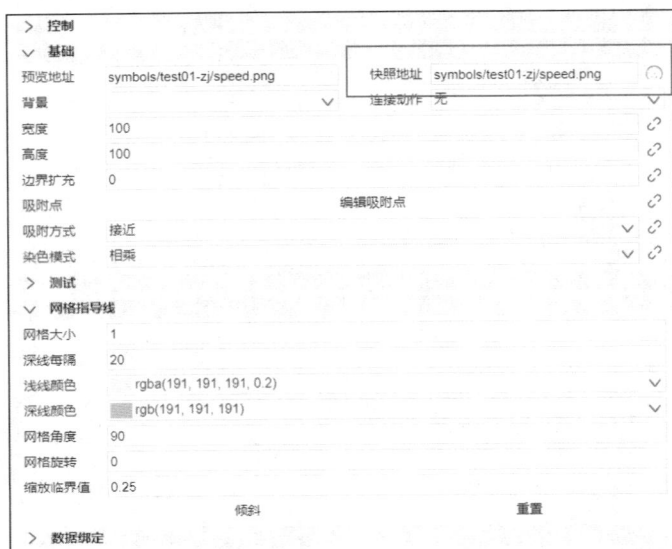

图 3-24　配置快照地址

配置完快照地址之后就可以对控件进行测试了。找到控件编辑器"画面"栏，新建画面，将 Speed 仪表盘控件拖曳至画面中并保存，运行进行测试。测试通过后将 Speed 仪表盘控件从控件编辑器中导出，单击鼠标右键，选择"导出"选项即可完成控件导出。向 App 开发平台导入 Speed 仪表盘控件，只需在控件管理页面中单击"导入"按钮即可实现，如图 3-25 所示。

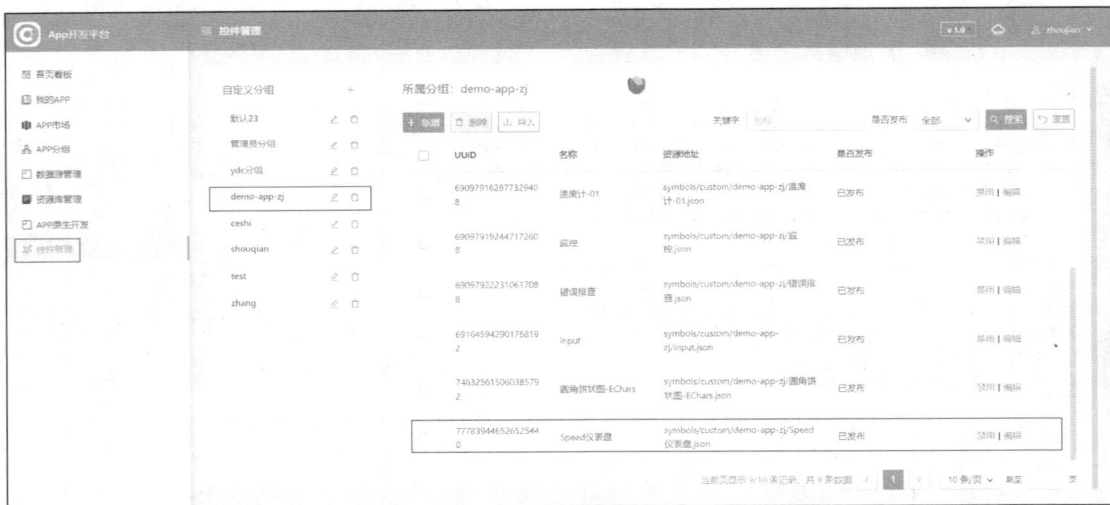

图 3-25　向 App 开发平台导入 Speed 仪表盘控件

4．模拟数据

为 Speed 仪表盘控件设计 API 数据源，控制器层、业务逻辑层接口方法和业务逻辑层的代码如下。最后将 API 数据源添加至 App 开发平台，如图 3-26 所示。

```
//控制器层
@Autowired
private CharService;
@GetMapping("/char/3")
public Response showChar3(){
    return charService.showCharThree();
```

```
}

//业务逻辑层接口方法
Response showCharThree();

//业务逻辑层
public static ScheduledExecutorService pool = Executors.newScheduledThreadPool(5);
int speed = 0;
@Override
public Response showCharThree() {
    Random random = new Random();
    pool.scheduleAtFixedRate(new Runnable() {
        @Override
        public void run() {
            speed = random.nextInt(100);
        }
    },2,2,TimeUnit.SECONDS);
    return new Response(200,"仪表盘数据" ,speed);
}
```

图 3-26　添加 API 数据源

构建汽车速度部分，拖入自定义的 Speed 仪表盘控件并调整布局，如图 3-27 所示。
配置数据源，这里选择 "API" "/char/3"，如图 3-28 所示。

图 3-27　汽车速度部分

5. 设置页面

选中根节点，设置根节点属性以适应屏幕的宽度和高度，如图 3-29 所示。

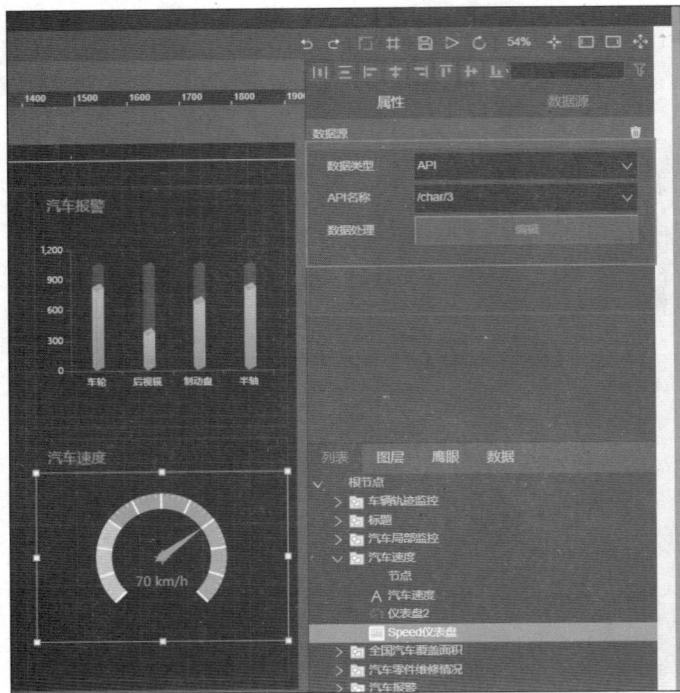

图 3-28　配置数据源

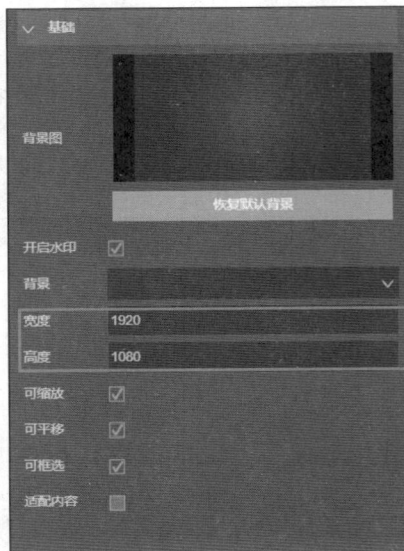

图 3-29　设置根节点属性

【任务总结】

本任务通过构建运维服务类 App "汽车数据监测中心大屏"，讲解了使用控件编辑器开发仪表盘控件及对外暴露数据属性，最终给自定义的控件绑定 API 数据源的全过程，帮助读者巩固了控件的开发方法及数据源的绑定方法。

【拓展练习】

要求：根据给出的需求构建运维服务类 App。

某工程设备企业为了对售卖之后的塔吊设备提供更好、更人性化的运维服务，现需一款信息化系统来加以支持。系统需满足实时展示设备地域分布状况、设备数量及设备运行状况。某台设备发生故障时会产生实时报警数据，报警数据包含各部件的工作状况和参数，当事人发起售后请求后系统会自动联系最近的售后人员与之联系。

提示：使用图表控件、基础组件、地图控件，涉及多个控件的数据交互知识，关于数据源类型可自行考虑。

任务三 经营管理类 App 开发

【任务描述】

使用工业互联网 App 开发平台开发可点奶茶经营管理平台，为多个控件绑定多种数据源，实现多个控件之间的数据交互。

【知识学习】

微课

经营管理类 App
开发

3.3.1 需求分析

可点奶茶经营管理平台需要具有预算分配、开销分析、人员出勤记录、品种分类统计、库料管理、热点分析、销量排行等相关功能，需要让用户直观地掌握库存、热点商品、销量排名、人员出勤等情况，在库料管理部分还需要让用户手动完成补料操作，效果如图 3-30 所示。

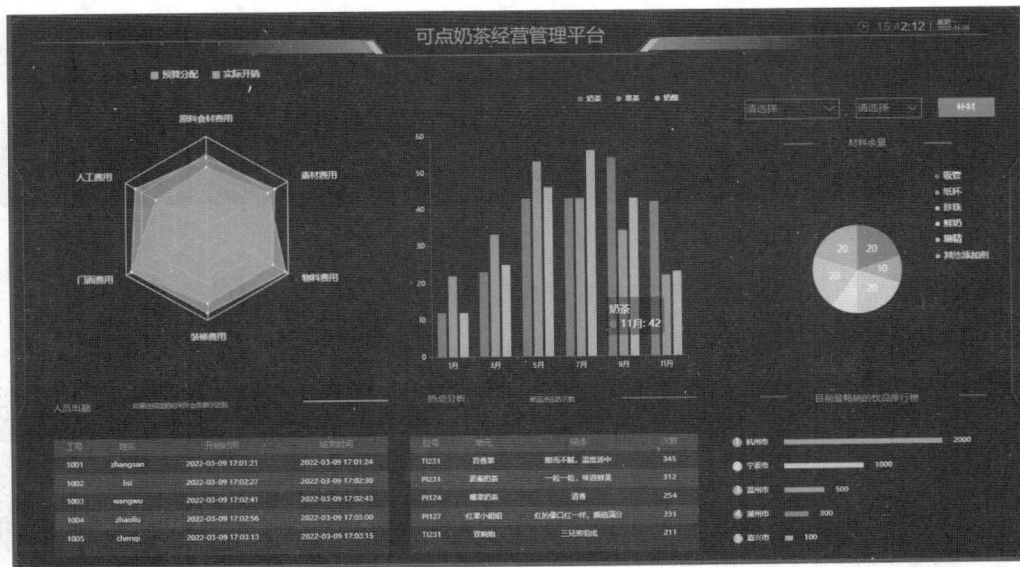

图 3-30 可点奶茶经营管理平台效果

【任务实施】

3.3.2 App 开发

1. 创建 App

创建一个 2D 的 App。在我的 App 页面单击"新增 App"按钮，弹出"新增 App"对话框，

在其中输入相关信息，将之命名为"可点奶茶经营管理平台"，如图 3-31 所示。

图 3-31　"新增 App"对话框

2. 构建页面

可点奶茶经营管理平台的页面由头部标题部分、预算分配部分、品种分类统计部分、人员出勤部分、库料管理部分、热点分析部分、销量排行部分构成。首先需要做的是创建一个根节点，设计标题部分需要使用标题素材和文本控件，将对应的控件和素材拖曳到画布区域并编辑属性，使其达到图 3-32 所示的效果。

图 3-32　标题部分效果

构建预算分配部分需要使用雷达图控件，找到图表控件中的雷达图控件，将其拖曳到画布区域并编辑静态数据源，效果如图 3-33 所示。

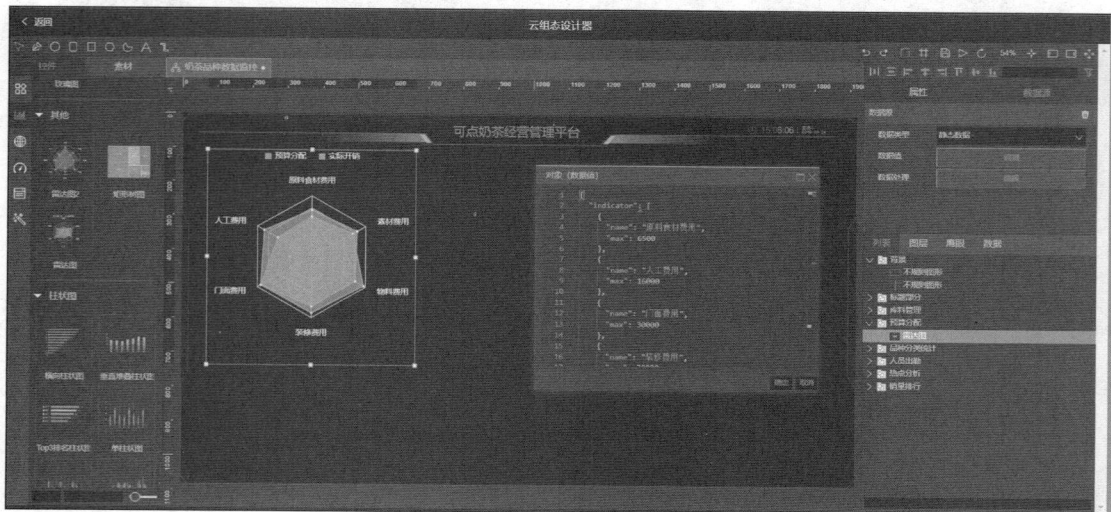

图 3-33　预算分配部分

构建品种分类统计部分需要使用图表控件中的分组柱状图控件，拖曳分组柱状图控件至画布区域并编辑静态数据源，效果如图 3-34 所示。

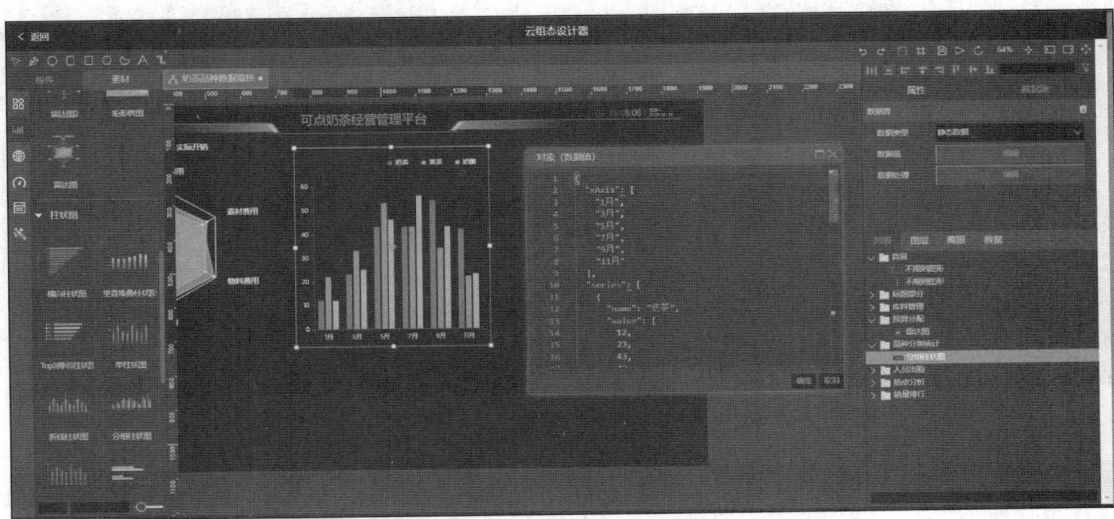

图 3-34　品种分类统计部分

构建人员出勤和热点分析部分需要使用基础组件中的表格控件和文本控件，拖曳所述控件至画布区域并编辑属性和数据源，使之达到图 3-35 所示的效果。

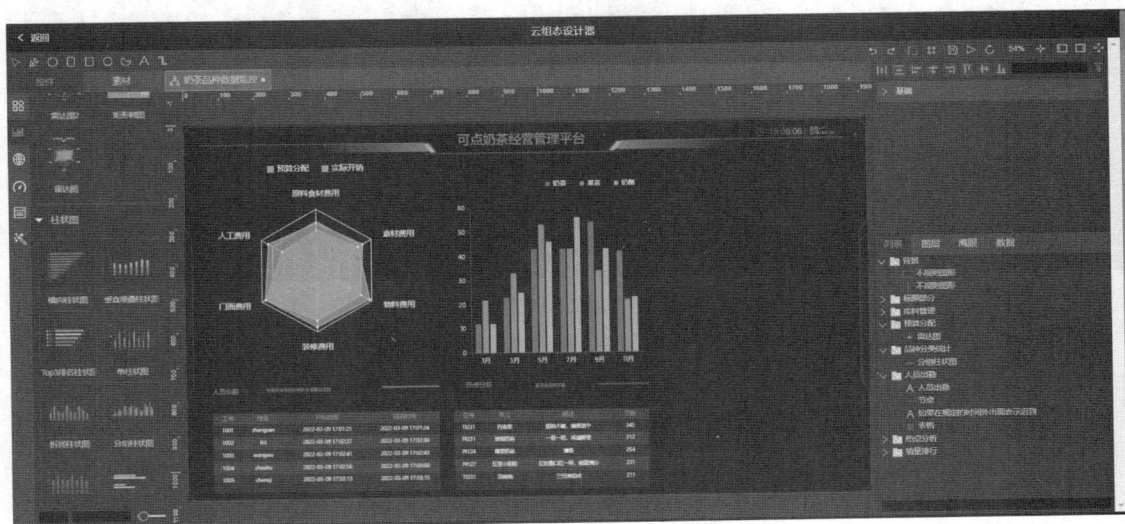

图 3-35　人员出勤和热点分析部分

构建销量排行部分需要使用图表控件中的 Top5 排名柱状图控件、基础组件中的文本控件和不规则图形，将所需控件拖曳至画布区域并编辑属性，使之达到图 3-36 所示的效果。

构建库料管理部分需要使用图表控件中的基础饼图控件、网页控件中的下拉框控件和按钮控件、基础组件中的文本控件和不规则图形，将所需控件拖曳至画布区域并编辑属性，使之达到图 3-37 所示的效果。

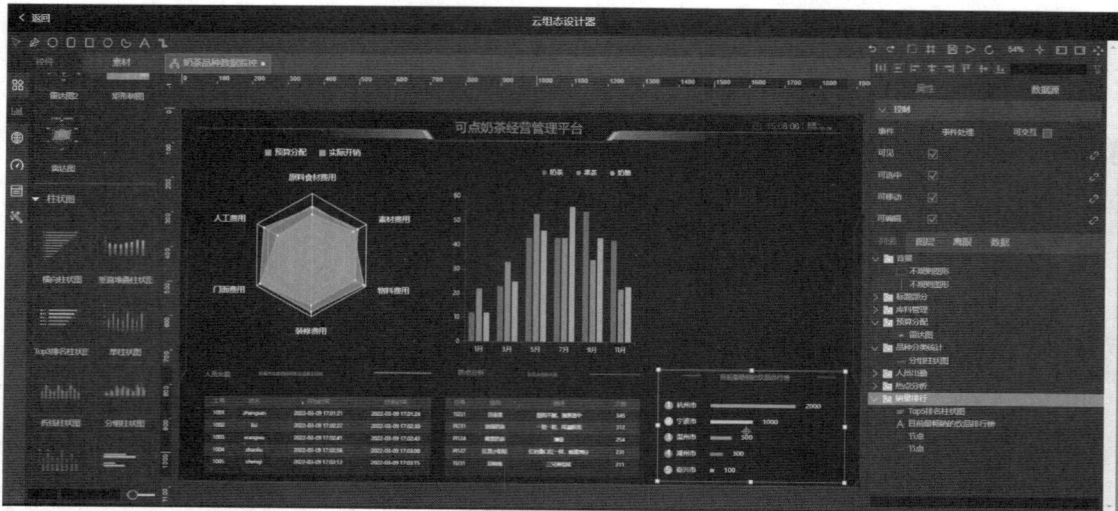

图 3-36 销量排行部分

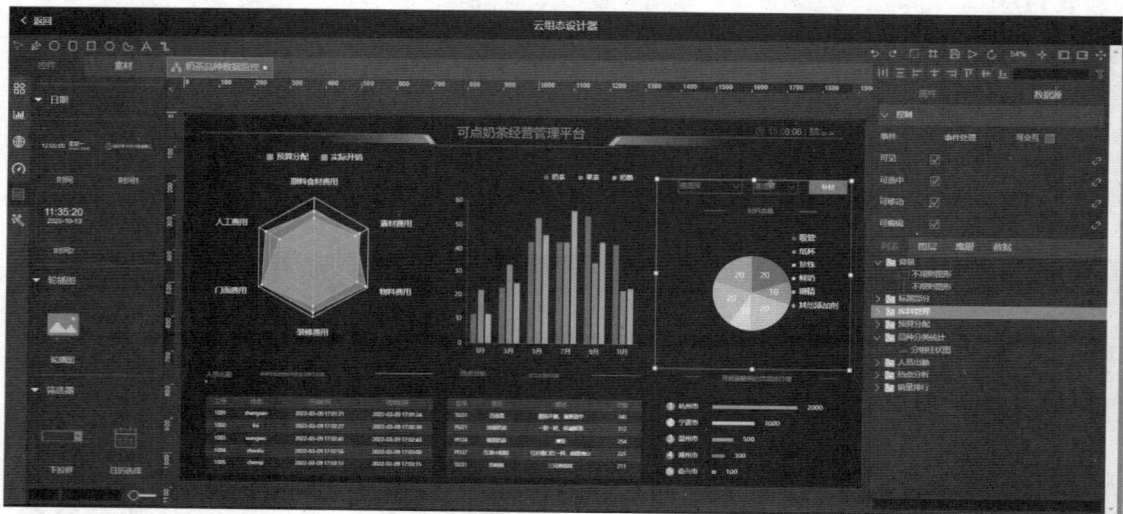

图 3-37 库料管理部分

3. 模拟数据

模拟静态数据源，这里给预算分配部分的雷达图控件绑定静态数据源，在数据源编辑区修改静态数据，代码如下。

```
{
  "indicator": [
    {
      "name": "原料食材费用",
      "max": 6500
    },
    {
      "name": "人工费用",
      "max": 16000
    },
…
  "series": [
    {
      "value": [
```

```
      4300,
      10000,
      …
    ],
    "name": "预算分配"
  },
  {
    "value": [
      5000,
      14000,
      …
    ],
    "name": "实际开销"
  }
]
}
```

　　模拟数据库数据源，为人员出勤和热点分析部分的表格控件绑定数据库数据源。选中表格控件，在数据源编辑区中，在"数据类型"下拉列表中选中"数据库"类型，选择预先准备好的数据库。单击"编辑"按钮，在弹出的"编写 SQL 语句"窗口中输入相应 SQL 语句即可，如图 3-38 所示。这里需要注意的是，表格的属性需要和数据库中的表属性一一对应，如图 3-39 和图 3-40 所示。

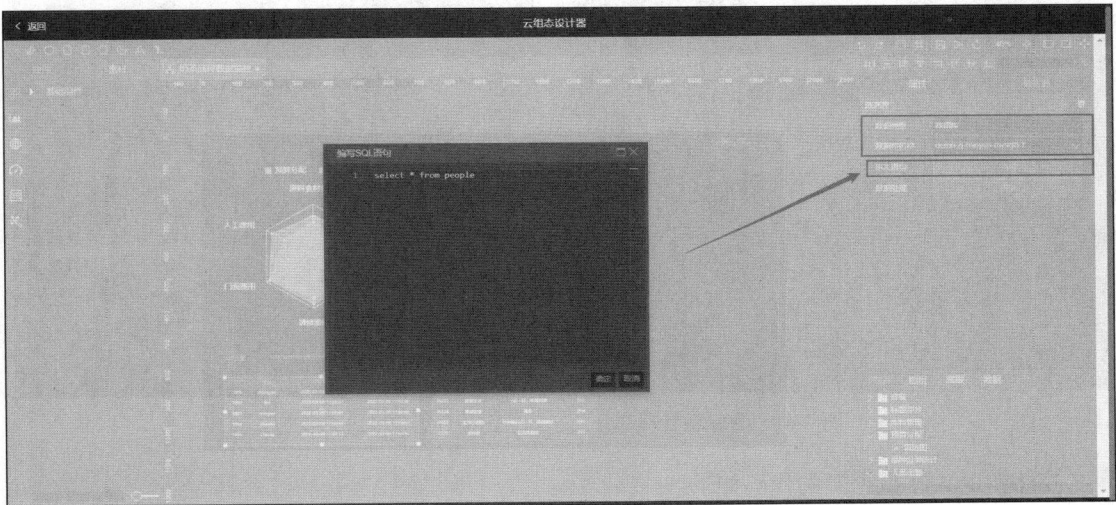

图 3-38　为表格控件绑定数据库数据源

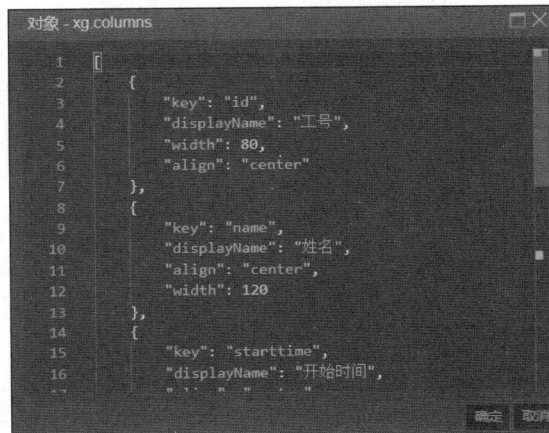

图 3-39　人员出勤表格控件属性

名	类型	长度	小数点	不是 null	虚拟	键	注释
id	int	11	0	☑	☐	🔑1	
name	varchar	255	0	☐	☐		
starttime	varchar	255	0	☐	☐		
endtime	varchar	255	0	☐	☐		

图 3-40　数据库中的人员出勤表

模拟 API 数据，这里给库料管理部分的基础饼图控件绑定 API 数据源。选中基础饼图控件，在数据源编辑区中，在"数据类型"下拉列表中选中"API"类型，选择预先准备好的 API 数据源，如图 3-41 所示。

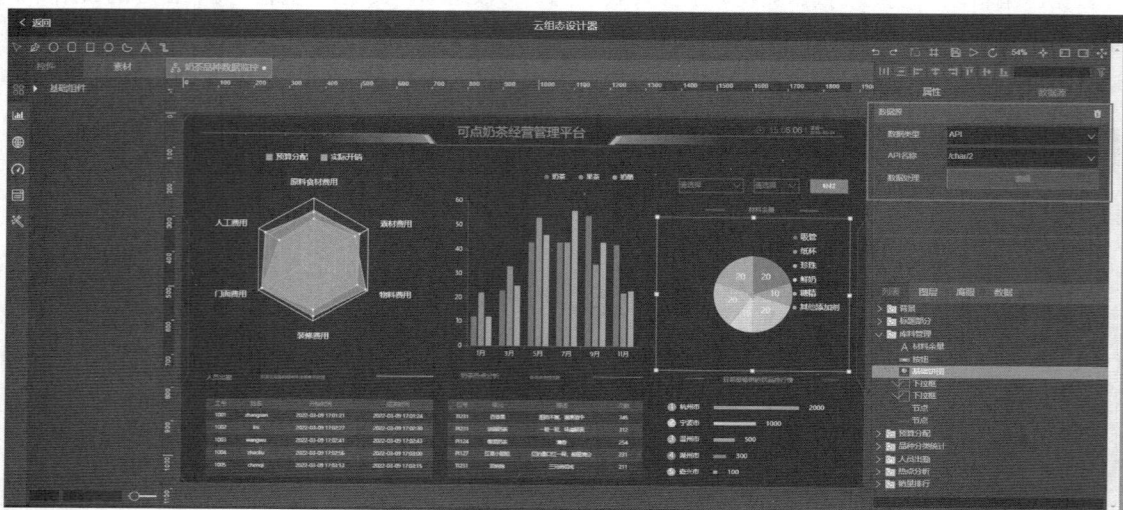

图 3-41　为库料管理部分的基础饼图控件绑定 API 数据源

控件绑定 API 数据源的代码如下。

```
@GetMapping("/char/2")
    public Response showChar2(){
        return charService.showCharTwo();
    }

@Override
    public Response showCharTwo() {
        ArrayList<Object> list = new ArrayList<>();
        HashMap<String, String> map1 = new HashMap<>(8);
        map1.put("value","20");
        map1.put("name","吸管");
        HashMap<String, String> map2 = new HashMap<>(8);
        map2.put("value","10");
        map2.put("name","纸杯");
        HashMap<String, String> map3 = new HashMap<>(8);
        map3.put("value","20");
        map3.put("name","珍珠");
        HashMap<String, String> map4 = new HashMap<>(8);
        map4.put("value","10");
        map4.put("name","鲜奶");
        HashMap<String, String> map5 = new HashMap<>(8);
        map5.put("value","20");
```

```
map5.put("name","糖精");
HashMap<String, String> map6 = new HashMap<>(8);
map6.put("value","20");
map6.put("name","其他添加剂");
list.add(map1);
list.add(map2);
list.add(map3);
list.add(map4);
list.add(map5);
list.add(map6);
HashMap<String, List> res = new HashMap<>();
res.put("series",list);
return new Response(200,"饼图数据" ,res);
}
```

4. 多控件数据交互

回顾需求分析，需让用户通过耗材类型下拉列表、数量下拉列表和"补材"按钮实现按量补材，最终将数据更新在基础饼图控件中，如图 3-42 所示。

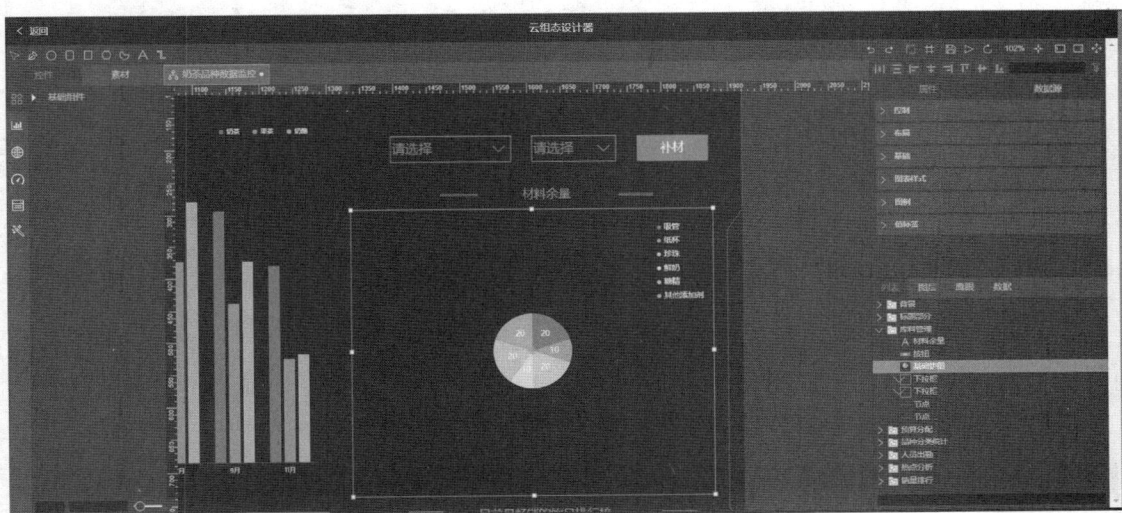

图 3-42　库料管理部分控件布局

接下来就需要考虑如何将两个下拉列表中的数据通过单击"补材"按钮更新到基础饼图控件中。耗材类型下拉列表中的数据可以通过两种方式实现：一是动态从 API 数据源获取，绑定的 API 数据源与分组柱状图控件的数据源一致，但需要经过数据处理；二是使用静态数据源，需预先填写好分组柱状图控件的属性。这里使用静态数据源，代码如下。

```
[
  {
    "name": "吸管",
    "value": "吸管"
  },
  {
    "name": "纸杯",
    "value": "纸杯"
  },
  …
]
```

为了获得在下拉列表中所选中的数据，需要为控件添加改变事件，如图 3-43 所示。这段代码的含义就是将下拉列表中选中的数据绑定到 xg.dataValue 的属性中，以方便其他控件后期通过方法获取相关数据。

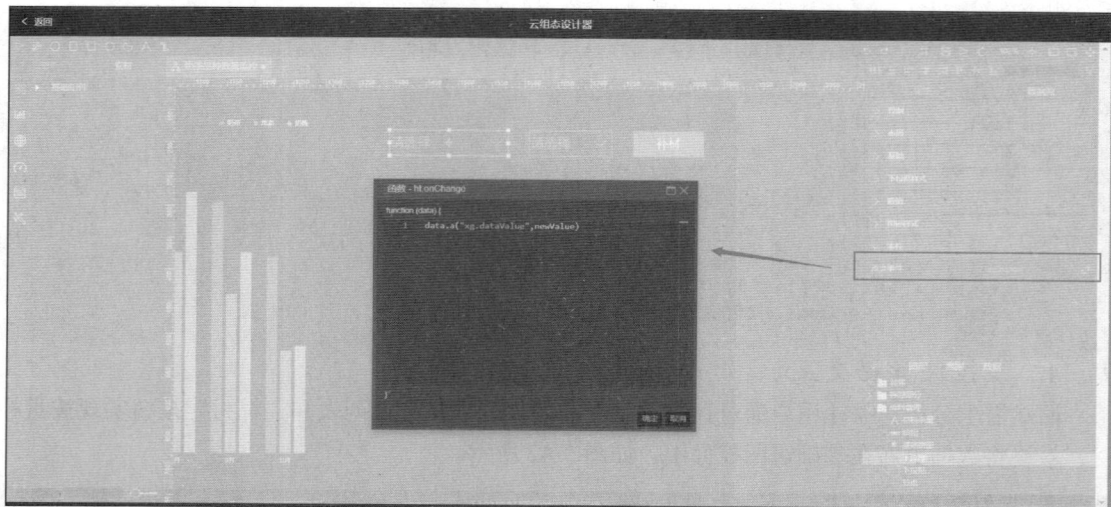

图 3-43　暴露数据属性（1）

这里对数量下拉列表也使用静态数据源，代码如下。

```
[
    {
        "name": "5",
        "value": "5"
    },
    {
        "name": "15",
        "value": "15"
    }
    …
]
```

同样暴露其数据属性，以方便其他控件获取其中的数据，如图 3-44 所示。

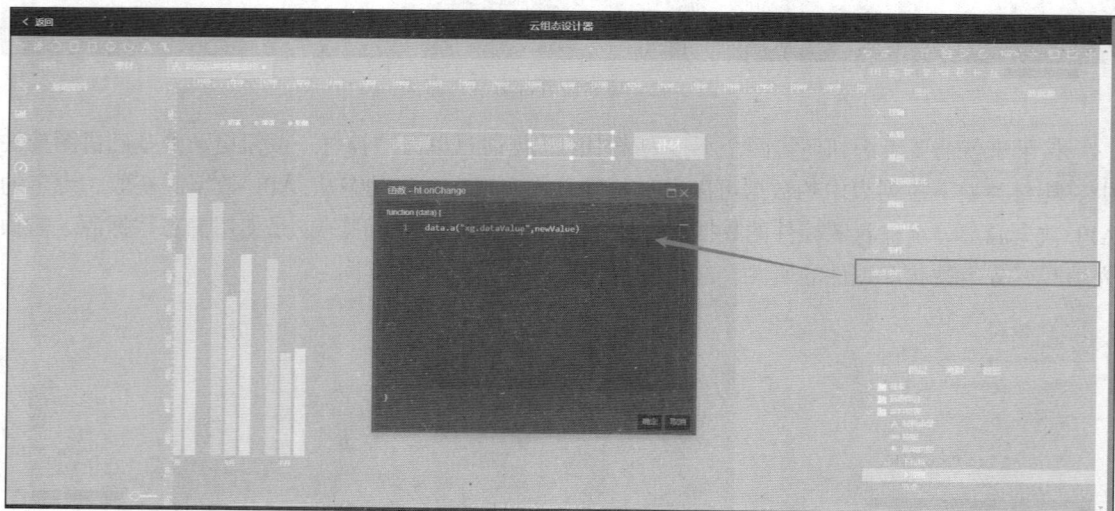

图 3-44　暴露数据属性（2）

最为核心的控件是"补材"按钮控件，这个控件需要做的事情是获取在前两个下拉列表中选中的数据（也就是对外暴露的属性），然后对应更新基础饼图控件中的数据，从而实现多个控件之间的数据交互。需要为"补材"按钮控件绑定事件，代码如下。

```
//获取对应 tag 的控件
var myBar =  view.dm().getDataByTag('mybar')
var mySelect =  view.dm().getDataByTag('mySelect')
var myInput =  view.dm().getDataByTag('myInput')
//获取饼状图中的数据对象
var barData = myBar.a('xg.dataValue')
var selectData = mySelect.a('xg.dataValue')
var inputData = myInput.a('xg.dataValue')
var newBarData = {
  series: [
      {
        "name": "吸管",
        "value": "20"
      },
      …
  ]
}
 newBarData.series.filter(item =>{
    if(item.name === selectData){
         item.value =parseInt(item.value)  + parseInt(inputData)
    }
    return  newBarData.series
})

myBar.a('xg.dataValue',newBarData)
mySelect.a('xg.dataValue',[
  {
    "name": "吸管",
    "value": "吸管"
  },
…
])

myInput.a('xg.dataValue',[
  {
    "name": "5",
    "value": "5"
  },
  …
])
```

【任务总结】

本任务通过介绍构建经营管理类 App，帮助读者掌握多种数据源的绑定方式，以及如何使多个控件进行数据交互，并让读者初步体验了在真实项目开发中对控件所做的处理的复杂程度。

【拓展练习】

要求：根据给出的需求构建经营管理类 App。

某白茶企业为了更好地分析实时市场行情和各个门店信息，现需一款信息化系统。系统需实时展示各地域销售数量、各门店销售数量和库存数量，可对指定的门店进行补货操作，可统计各地域消费者数量并加以分析。

提示：使用图表控件、基础组件、地图控件，涉及多个控件的数据交互知识，可自行考虑数据源类型。

【项目总结】

　　本项目介绍了构建 3 类真实应用场景下的典型 App，帮助读者巩固了工业互联网 App 开发平台的应用知识；还对数据源绑定、数据处理、控件自定义、多控件数据交互进行了拓展。

项 目 四

工业互联网 App 开发前端技术进阶

【项目概述】

本项目对 Vue 进阶知识及第三方组件库的使用方法进行讲解，涉及第三方组件库 Element UI 和 View UI、Vue 路由、状态管理、注册组件、自定义事件、插槽、混入等知识。

【项目目标】

【知识目标】

（1）了解 Vue 插件的开发方式。
（2）掌握 Vue 路由、状态管理方法。
（3）掌握注册组件、自定义事件的方法。
（4）掌握使用 Vue 配合第三方组件库构建页面的方法。

【能力目标】

（1）能够独立使用 Vue 路由进行页面跳转。
（2）能够独立开发自定义事件。
（3）能够独立使用第三方组件库构建页面。

【素养目标】

（1）培养读者的自主独立意识和动手创造能力。

（2）培养读者为科学献身的精神。

【思维导图】

项目四　工业互联网App开发前端技术进阶

- 【项目概述】
- 【项目目标】
- 【思维导图】
- 任务一　Vue进阶知识
  - 【任务描述】
  - 【知识学习】
    - 4.1.1 Vue路由
    - 4.1.2 状态管理
    - 4.1.3 Vue服务端渲染
    - 4.1.4 注册组件
    - 4.1.5 自定义事件
    - 4.1.6 插槽
    - 4.1.7 混入
    - 4.1.8 过滤器
    - 4.1.9 插件
  - 【任务实施】
    - 4.1.10 生产环境部署
  - 【任务总结】
  - 【拓展练习】
- 任务二　UI组件库的使用
  - 【任务描述】
  - 【知识学习】
    - 4.2.1 UI组件库介绍
  - 【任务实施】
    - 4.2.2 Element UI组件库的使用
    - 4.2.3 View UI组件库的使用
  - 【任务总结】
  - 【拓展练习】
- 【项目总结】

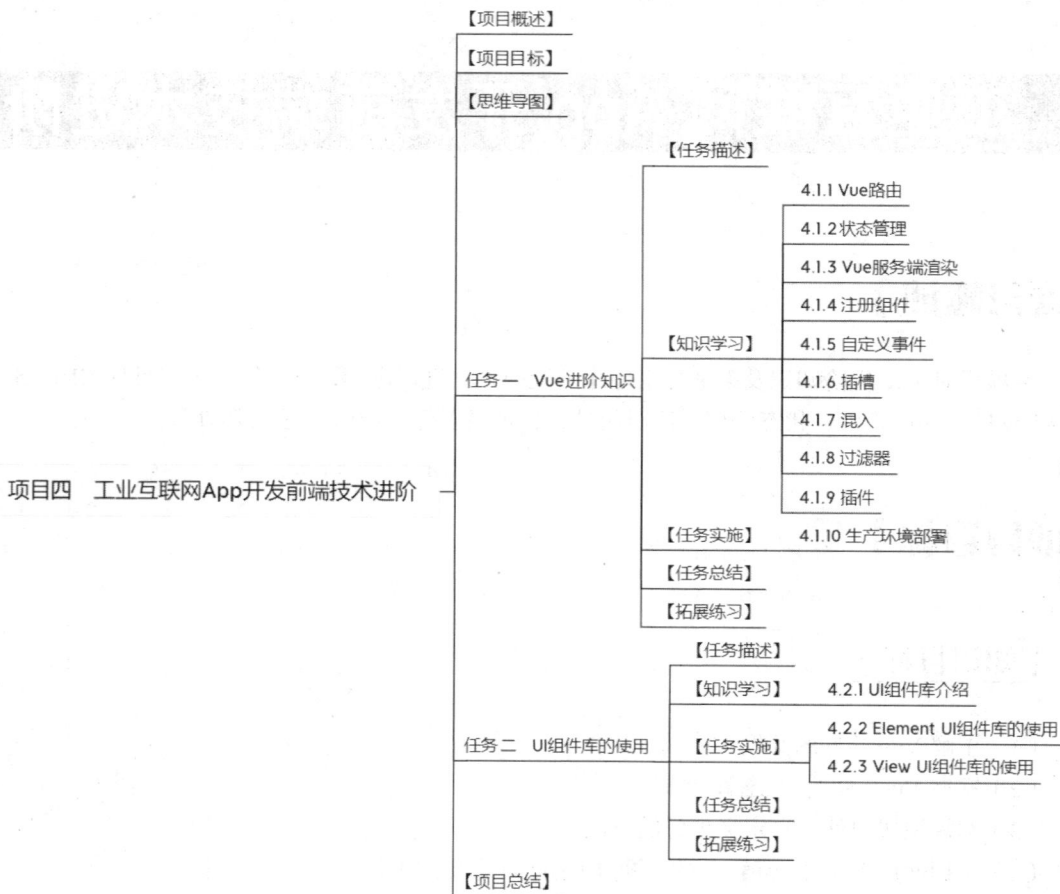

任务一　Vue 进阶知识

【任务描述】

本任务讲解 Vue 路由、状态管理、Vue 服务端渲染、注册组件、自定义事件、插槽、混入、过滤器、插件及生产环境部署。

【知识学习】

4.1.1　Vue 路由

1.　客户端路由和服务端路由

服务端路由是指服务器根据用户访问的统一资源定位符（Uniform Resource Locator，URL）路径返回不同的响应结果。当在一个传统的服务端渲染的 Web 应用中单击一个链接时，浏览器会从服务端获得全新的 HTML（Hyper Text Markup Language，超文本标记语言）代码，然后重新加载整个页面。

然而，在单页面应用中，客户端的 JavaScript 代码可以拦截页面的跳转请求，动态获取新的数据，然后在不需要重新加载的情况下更新当前页面。这样通常可以带来更流畅的用户体验，尤其是在更偏向"应用"的场景下，因为在这类场景下用户通常会在很长的一段时间中进行多次交互。

在这类单页面应用中，路由是在客户端执行的。客户端路由的职责就是利用诸如 History API 或 HashChange 事件这样的浏览器 API 来管理应用当前应该渲染的视图。

2.　Vue Router

Vue 很适合用来构建单页面应用。对于大多数此类应用，都推荐使用官方支持的路由库。

用 Vue + Vue Router 创建单页面应用非常简单，通过 Vue.js 用组件组成应用即可。当加入 Vue Router 时，我们需要做的就是将组件映射到路由上，让 Vue Router 知道在哪里渲染它们。下面是一个基本的示例。

```
<script src="https://unpkg.com/vue@3"></script>
<script src="https://unpkg.com/vue-router@4"></script>

<div id="app">
  <h1>Hello App!</h1>
  <p>
    <!--使用 router-link 组件进行导航 -->
    <!--通过传递'to'来指定链接 -->
    <!--<router-link>将呈现一个带有正确'href'属性的<a>元素-->
    <router-link to="/">Go to Home</router-link>
    <router-link to="/about">Go to About</router-link>
  </p>
  <!-- 路由出口 -->
  <!-- 路由匹配到的组件将渲染在这里 -->
  <router-view></router-view>
</div>
```

这里没有使用常规的<a>元素，而是使用一个自定义组件<router-link>来创建链接。这使得 Vue Router 可以在不重新加载页面的情况下更改 URL，处理 URL 的生成及编码。后文将展示如何从这些功能中获益。

<router-view>将显示与 URL 对应的组件，可以把它放在任何地方以适应布局。代码如下。

```
// 1. 定义路由组件
// 也可以从其他文件导入
const Home = { template: '<div>Home</div>' }
const About = { template: '<div>About</div>' }
// 2. 定义一些路由
// 每个路由都需要映射到一个组件
```

```
const routes = [
  { path: '/', component: Home },
  { path: '/about', component: About },
]
// 3. 创建路由实例并传递'routes'配置
// 可以在这里进行更多的配置，此处暂时保持简单配置
const router = VueRouter.createRouter({
// 4. 内部提供了 history 模式的实现。为了简单，此处使用 hash 模式
  history: VueRouter.createWebHashHistory(),
  routes, // 'routes: routes'的缩写
})
// 5. 创建并挂载根实例
const app = Vue.createApp({})
//确保_use_路由实例使整个应用支持路由
app.use(router)
app.mount('#app')
// 现在，应用已经启动了
```

通过调用 app.use()方法，可以在任意组件中以 this.$router 的形式访问，并且以 this.$route 的形式访问当前路由。代码如下。

```
// Home.vue
export default {
  computed: {
    username() {
      // 我们很快就会看到'params'是什么
      return this.$route.params.username
    },
  },
  methods: {
    goToDashboard() {
      if (isAuthenticated) {
        this.$router.push('/dashboard')
      } else {
        this.$router.push('/login')
      }
    },
  },
}
```

后文会经常使用 router 实例，请记住 this.$router 与直接通过 createRouter 创建的 router 实例完全相同。这里使用 this.$router 的原因是不想在每个需要操作路由的组件中都导入路由。

（1）动态路由匹配。

很多时候需要将给定匹配模式的路由映射到同一个组件。例如，可能有一个 User 组件，它应该对所有用户进行渲染，但用户 ID 不同。可以在 Vue Router 的路径中使用一个动态字段来实现，这个字段称为路径参数，代码如下。

```
const User = {
  template: '<div>User</div>',
}

// 这些都会传递给'createRouter'
const routes = [
  // 动态字段以冒号开始
  { path: '/users/:id', component: User },
]
```

现在像"/users/johnny"和"/users/jolyne"这样的 URL 都会映射到同一个路由。路径参数用冒号表示。当一个路由被匹配时，它的 params 值将在每个组件中以 this.$route.params 的形式暴露出来。因此，可以通过更新 User 的模板来呈现当前的用户 ID，代码如下。

```
const User = {
  template: '<div>User {{ $route.params.id }}</div>',
}
```

也可以在同一个路由中设置多个路径参数，如表 4-1 所示，它们会映射到 $route.params 上的相应字段。

表 4-1　多个路径参数

匹配模式	匹配路径	$route.params
/users/:username	/users/eduardo	{ username: 'eduardo' }
/users/:username/posts/:postId	/users/eduardo/posts/123	{ username: 'eduardo', postId: '123' }

使用带有参数的路由时需要注意，当用户从 "/users/johnny" 导航到 "/users/jolyne" 时，相同的组件实例将被重复使用。因为两个路由都渲染同一个组件，比起销毁再创建，复用显得更加高效。不过，这也意味着组件的生命周期钩子函数不会被调用。如果要对同一个组件中参数的变化做出响应，可以简单地使用 watch $route 对象上的任意属性，在这个场景中就是 $route.params，代码如下。

```
const User = {
  template: '...',
  created() {
    this.$watch(
      () => this.$route.params,
      (toParams, previousParams) => {
        // 对路由变化做出响应
      }
    )
  },
}
```

或者，使用 beforeRouteUpdate 导航守卫，它可以取消导航，代码如下。

```
const User = {
  template: '...',
  async beforeRouteUpdate(to, from) {
    // 对路由变化做出响应
    this.userData = await fetchUser(to.params.id)
  },
}
```

大多数应用都会使用 "/about" 这样的静态路由和 "/users/:userId" 这样的动态路由，就像在动态路由匹配中看到的那样，但是 Vue Router 可以提供更多的方式。

在参数中自定义正则表达式，当定义像 ":userId" 这样的参数时，内部使用正则表达式 "[^/]+"（至少有一个字符不是斜线）来从 URL 中提取参数。这很好用，除非需要根据参数的内容来区分两个路由。想象一下，有两个路由 "/:orderId" 和 "/:productName"，两者会匹配完全相同的 URL，所以需要用一种方法来区分它们。最简单的方法就是在路径中添加一个静态部分，代码如下。

```
const routes = [
  // 匹配 /o/3549
  { path: '/o/:orderId' },
  // 匹配 /p/books
  { path: '/p/:productName' },
]
```

但在某些情况下，我们并不想添加静态的 "/o" "/p" 部分。由于 ordered 总是一个数字，而 productName 可以是任何东西，所以我们可以在括号中为参数指定一个自定义的正则表达式，代码如下。

```
const routes = [
  // /:orderId -> 仅匹配数字
  { path: '/:orderId(\\d+)' },
  // /:productName -> 匹配其他任何内容
  { path: '/:productName' },
]
```

现在，转到 "/25" 将匹配 "/:orderId"，其他情况将会匹配 "/:productName"。routes 数组的

顺序并不重要。

如果需要匹配有多个部分的路由，如"/first/second/third"，应该用"*"（0 个或多个）和"+"（1 个或多个）将参数标记为可重复，代码如下。

```
const routes = [
  // /:chapters ->  匹配 /one、/one/two、/one/two/three 等
  { path: '/:chapters+' },
  // /:chapters -> 匹配 /、/one、/one/two、/one/two/three 等
  { path: '/:chapters*' },
]
```

默认情况下，所有路由是不区分大小写的，并且能匹配带有或不带有尾部斜线的路由。例如，路由"/users"将匹配"/users""/users/"，甚至"/Users/"。这种行为可以通过 strict 和 sensitive 选项来修改，它们既可以应用在全局路由上，又可以应用于当前路由上，代码如下。

```
const router = createRouter({
  history: createWebHistory(),
  routes: [
    // 将匹配 /users/posva 而非:
    // - /users/posva/ 当 strict: true
    // - /Users/posva 当 sensitive: true
    { path: '/users/:id', sensitive: true },
    // 将匹配 /users、/Users，以及 /users/42，而非 /users/ 或 /users/42/
    { path: '/users/:id?' },
  ],
  strict: true, // applies to all routes
})
```

（2）嵌套路由。

一些应用程序的 UI 由多层嵌套的组件组成。在这种情况下，URL 的片段通常对应于特定的嵌套组件结构，如图 4-1 所示。

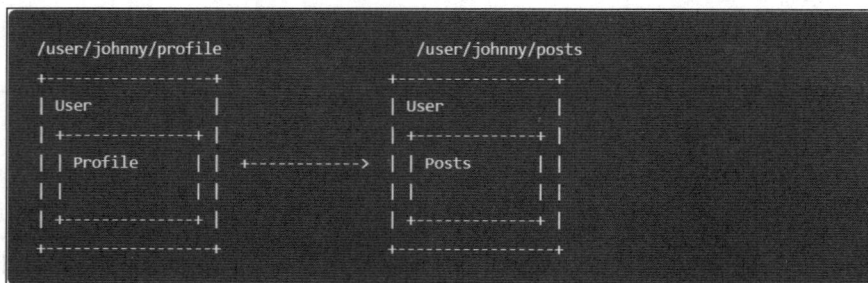

图 4-1　嵌套组件结构

通过 Vue Router，可以使用嵌套路由配置来表达这种关系，需要在路由中配置 children，代码如下。

```
const routes = [
  {
    path: '/user/:id',
    component: User,
    children: [
      {
        // 当 /user/:id/profile 匹配成功
        // UserProfile 将被渲染到 User 的 <router-view> 内部
        path: 'profile',
        component: UserProfile,
      },
      {
        // 当 /user/:id/posts 匹配成功
        // UserPosts 将被渲染到 User 的 <router-view> 内部
```

```
      path: 'posts',
      component: UserPosts,
    },
  ],
},
]
```

注意，以 "/" 开头的嵌套路径将被视为根路径。这意味着允许使用嵌套组件，而不必使用嵌套的 URL。

children 配置只是另一个路由数组，就像 routes 本身一样。因此，可以根据需要不断地嵌套视图。此时，按照上面的配置，当访问 "/user/eduardo" 时，User 的<router-view>里面什么都不会呈现，因为没有匹配到嵌套路由（也许确实想在那里渲染一些东西）。在这种情况下，可以提供一个空的嵌套路径，代码如下。

```
const routes = [
  {
    path: '/user/:id',
    component: User,
    children: [
      // 当 /user/:id 匹配成功
      // UserHome 将被渲染到 User 的 <router-view> 内部
      { path: '', component: UserHome },
      // 省略其他子路由
    ],
  },
]
```

（3）编程式导航。

除了使用 <router-link> 创建<a>元素来定义导航链接，还可以借助 router 的实例方法通过编写代码来实现。

在 Vue 实例中，可以通过$router 访问路由实例，因此可以调用 this.$router.push。

想要导航到不同的 URL，可以使用 router.push()方法。这个方法会向 history 栈添加一个新的记录，所以当用户单击浏览器的后退按钮时，会回到之前的 URL。当单击<router-link>时，内部会调用这个方法，所以单击<router-link :to="...">相当于调用 router.push()方法。该方法的参数既可以是一个字符串路径，也可以是一个描述地址的对象。示例如下。

```
// 字符串路径
router.push('/users/eduardo')
// 带有路径的对象
router.push({ path: '/users/eduardo' })
// 命名的路由，并加上参数，让路由建立 URL
router.push({ name: 'user', params: { username: 'eduardo' } })
// 带查询参数，结果是 /register?plan=private
router.push({ path: '/register', query: { plan: 'private' } })
// 带 hash，结果是 /about#team
router.push({ path: '/about', hash: '#team' })
```

router.replace()的作用类似于 router.push()，唯一不同的是在导航时不会向 history 栈添加新记录，而会如它的名字所暗示的那样取代当前的条目。也可以直接在传递给 router.push()的routeLocation 中增加一个属性 replace: true，代码如下。

```
router.push({ path: '/home', replace: true })
// 相当于
router.replace({ path: '/home' })
```

router.go()方法采用一个整数作为参数，表示在 history 栈中前进或后退多少步，类似于window.history.go(n)，示例如下。

```
// 向前移动一条记录，与 router.forward() 相同
router.go(1)
```

```
// 返回一条记录，与 router.back() 相同
router.go(-1)
// 前进 3 条记录
router.go (3)
// 如果没有那么多记录
router.go(-100)
router.go(100)
```

（4）重定向和别名。

重定向也是通过 routes 配置来完成，下面示例是从"/home"重定向到"/"。

```
const routes = [{ path: '/home', redirect: '/' }]
```

重定向的目标也可以是一个命名的路由，示例如下。

```
const routes = [{ path: '/home', redirect: { name: 'homepage' } }]
```

甚至是一个方法，动态返回重定向目标，示例如下。

```
const routes = [
  {
    // /search/screens -> /search?q=screens
    path: '/search/:searchText',
    redirect: to => {
      // 方法接收目标路由作为参数
      // return 重定向的字符串路径/路径对象
      return { path: '/search', query: { q: to.params.searchText } }
    },
  },
  {
    path: '/search',
    // ...
  },
]
```

在写 redirect 的时候，可以省略 component 配置，因为它从来没有被直接访问过，所以没有组件要渲染。唯一的例外是嵌套路由：如果一个路由记录有 children 和 redirect 属性，它也应该有 component 属性。也可以重定向到相对位置，示例如下。

```
const routes = [
  {
    // 总是把/users/123/posts 重定向到/users/123/profile
    path: '/users/:id/posts',
    redirect: to => {
      // 该函数接收目标路由作为参数
      // 相对位置不以'/'开头
      // 或 { path: 'profile'}
      return 'profile'
    },
  },
]
```

重定向是指当用户访问"/home"时，URL 会被"/"替换，然后匹配成"/"。那么什么是别名呢？若"/"的别名为"/home"，意味着当用户访问"/home"时，URL 仍然是"/home"，但会被匹配为用户正在访问"/"。上面对应的路由配置如下。

```
const routes = [{ path: '/', component: Homepage, alias: '/home' }]
```

通过别名，可以自由地将 UI 结构映射到任意的 URL，而不受配置的嵌套结构的限制。别名以"/"开头可使嵌套路径中的路径成为绝对路径。甚至可以将两者结合起来，用一个数组提供多个别名，示例如下。

```
const routes = [
  {
    path: '/users',
    component: UsersLayout,
    children: [
      // 为这 3 个 URL 呈现 UserList
      // - /users
```

```
      // - /users/list
      // - /people
      { path: '', component: UserList, alias: ['/people', 'list'] },
    ],
  },
]
```

如果路由有参数，请确保在任何绝对别名中包含它们，示例如下。

```
const routes = [
  {
    path: '/users/:id',
    component: UsersByIdLayout,
    children: [
      // 为这 3 个 URL 呈现 UserDetails
      // - /users/24
      // - /users/24/profile
      // - /24
      { path: 'profile', component: UserDetails, alias: ['/:id', ''] },
    ],
  },
]
```

（5）导航守卫。

正如其名，vue-router 提供的导航守卫主要用来以跳转或取消的方式守卫导航。有很多方式可将之植入路由导航中：全局、单个路由独享或组件级。

可以使用 router.beforeEach 注册全局前置守卫，如下所示。

```
const router = createRouter({ ... })
router.beforeEach((to, from) => {
  // 返回 false 以取消导航
  return false
})
```

当触发一个导航时，创建的多个全局前置路由守卫。守卫是异步解析执行的，此时导航在所有守卫解析完之前一直处于等待状态。每个守卫的方法接收如下两个参数。

- to：即将要进入的目标。
- from：当前导航正要离开的路由。

可以返回的值如下。

- false：取消当前的导航。如果浏览器的 URL 改变了（可能是用户手动改变，或者单击了浏览器的后退按钮），那么 URL 地址会重置到 from 路由对应的地址。
- 一个路由地址：通过一个路由地址跳转到一个不同的地址，就像调用 router.push() 一样，可以进行诸如 replace: true 或 name: 'home' 之类的配置。当前的导航被中断，然后进行一个新的导航，就和 from 一样。

```
router.beforeEach(async (to, from) => {
    if (
      // 检查用户是否已登录
      !isAuthenticated &&
      // 避免无限重定向
      to.name !== 'Login'
    ) {
      // 将用户重定向到登录页面
      return { name: 'Login' }
    }
})
```

可选的第三个参数 next 在之前的 Vue Router 版本中，也是可以被使用的。这是一个常见的错误来源，可以通过 RFC 消除错误。然而，它仍然是被支持的，这意味着你可以向任何导航守卫传递第三个参数。在这种情况下，确保 next 在任何给定的导航守卫中都被严格调用一次。它可以出现多于一次，但前提是所有的逻辑路径都不重叠，否则钩子永远都不会被解析或报错。如下是一个在用户未能验证身份时重定向到 "/login" 的错误用例。

```
// BAD
router.beforeEach((to, from, next) => {
  if (to.name !== 'Login' && !isAuthenticated) next({ name: 'Login' })
  // 如果用户未能验证身份，则'next'会被调用两次
  next()
})
```

下面是正确的版本。

```
// GOOD
router.beforeEach((to, from, next) => {
  if (to.name !== 'Login' && !isAuthenticated) next({ name: 'Login' })
  else next()
})
```

可以用 router.beforeResolve 注册全局解析守卫。这和 router.beforeEach 类似，因为它在每次导航时都会被触发，但是应确保在导航被确认之前，同时在所有组件内守卫和异步路由组件被解析之后，全局解析守卫就被正确调用。确保用户可以访问自定义 meta 属性 requiresCamera 的路由的示例如下。

```
router.beforeResolve(async to => {
  if (to.meta.requiresCamera) {
    try {
      await askForCameraPermission()
    } catch (error) {
      if (error instanceof NotAllowedError) {
        // 处理错误，然后取消导航
        return false
      } else {
        // 意料之外的错误，取消导航并把错误传给全局处理器
        throw error
      }
    }
  }
})
```

router.beforeResolve 是获取数据或执行任何其他操作（用户无法进入页面时希望避免执行的操作）的理想位置。

和守卫不同的是，全局后置钩子不会接收 next 函数也不会改变导航本身，如下所示。

```
router.afterEach((to, from) => {
  sendToAnalytics(to.fullPath)
})
```

它们对于实现分析、更改页面标题、声明页面等辅助功能，以及许多其他功能都很有用。它们使用 failure 作为第三个参数，如下所示。

```
router.afterEach((to, from, failure) => {
  if (!failure) sendToAnalytics(to.fullPath)
})
```

4.1.2　状态管理

什么是状态管理？从理论上来说，每个 Vue 组件实例都已经在管理它自己的响应式状态了。这里以一个简单的计数器组件为例。

```
<script>
export default {
  // 状态
  data() {
    return {
      count: 0
    }
  },
```

```
  // 动作
  methods: {
    increment() {
      this.count++
    }
  }
}
</script>

<!-- 视图 -->
<template>{{ count }}</template>
```

计数器组件是一个独立的单元，由以下几个部分组成。

- 状态：驱动整个应用的数据源。
- 视图：对状态的一种声明式映射。
- 交互：状态根据用户在视图中的输入而做出相应变更的可能方式。

图 4-2 所示为单向数据流示意。然而，当有多个组件共享一个状态时，就没有这么简单了，如以下这两个情景。

情景一：多个视图可能都依赖于同一个状态。

情景二：来自不同视图的交互也可能需要更改同一个状态。

对于情景一，一个可行的办法是将共享状态提升到共同的祖先组件上去，再通过 props 传递下来。如果在深层次的组件树结构中这么做，很快就会使得代码变得烦琐冗长。这会导致另一个问题：prop 逐级透传问题。

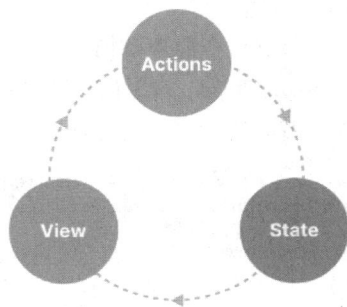

图 4-2　单向数据流示意

对于情景二，常有直接通过模板引用获取父/子实例，或者通过触发的事件尝试改变和同步多个状态的副本的模式。但这些模式的健壮性都不甚理想，很容易导致代码难以维护。

一个更简单直接的解决方案是抽取出组件间的共享状态，将其放在一个全局单例中来管理。这样的组件树就变成了一个大的"视图"，而任何位置上的组件都可以访问其中的状态或触发动作。

1. 用响应式 API 做简单状态管理

在响应式 API 中，响应式数据是用 data() 声明的。在内部，data() 的返回值对象会通过 reactive() 这个公开的 API 函数转为响应式。如果有一部分状态需要在多个组件实例间共享，可以使用 reactive() 来创建一个响应式对象，并将它导入多个组件，如下所示。

```
// store.js
import { reactive } from 'vue'
export const store = reactive({
  count: 0
})

<!-- ComponentA.vue -->
<script>
import { store } from './store.js'
export default {
  data() {
    return {
      store
    }
  }
}
</script>
<template>From A: {{ store.count }}</template>
```

121

```
<!-- ComponentB.vue -->
<script>
import { store } from './store.js'
export default {
  data() {
    return {
      store
    }
  }
}
</script>
<template>From B: {{ store.count }}</template>
```

现在每当 store 对象被更改时，<ComponentA>与<ComponentB>都会自动更新它们的视图。即现在有了单一的数据源。然而，这也意味着任意一个导入了 store 对象的组件都可以随意修改它的状态，如下所示。

```
<template>
  <button @click="store.count++">
    From B: {{ store.count }}
  </button>
</template>
```

虽然这在简单的情况下是可行的，但从长远来看，可以被任何组件任意改变的全局状态是不太容易维护的。为了确保改变状态的逻辑像状态本身一样集中，建议在 store 对象上定义方法，方法的名称要能表达出行动的意图，如下所示。

```
// store.js
import { reactive } from 'vue'
export const store = reactive({
  count: 0,
  increment() {
    this.count++
  }
})

<template>
  <button @click="store.increment()">
    From B: {{ store.count }}
  </button>
</template>
```

这里除了可以将单个响应式对象作为 store 对象，还可以使用其他响应式 API，如 ref()、computed()。甚至可以通过一个组合式函数来返回全局状态，如下所示。

```
import { ref } from 'vue'
// 全局状态，创建在模块作用域下
const globalCount = ref(1)
export function useCount() {
  // 局部状态，每个组件都会创建
  const localCount = ref(1)
  return {
    globalCount,
    localCount
  }
}
```

事实上，Vue 的响应系统与组件层是解耦的，这使得它非常灵活。

2. 用 Vuex 做状态管理

每个 Vuex 应用的核心就是 store（仓库）。store 基本上就是一个容器，它包含着应用中大部分的状态（state）。Vuex 和单纯的全局对象有以下两点不同。

- Vuex 的状态存储是响应式的。当 Vue 组件从 store 中读取状态的时候，若 store 中的状态发生变化，那么相应的组件也会得到高效更新。
- 不能直接改变 store 中的状态。改变 store 中的状态的唯一途径就是显式地提交（commit）

mutation。这样可以方便地跟踪每个状态的变化，从而能够实现使用一些工具帮助用户更好地了解应用的目的。

最简单的 store 使用，就是在安装 Vuex 之后，创建一个 store。创建过程直截了当，仅需要提供一个初始 state 对象和一些 mutation，如下所示。

```
import { createApp } from 'vue'
import { createStore } from 'vuex'
// 创建一个新的 store 实例
const store = createStore({
  state () {
    return {
      count: 0
    }
  },
  mutations: {
    increment (state) {
      state.count++
    }
  }
})
const app = createApp({ /* 根组件 */ })
// 将 store 实例作为插件安装
app.use(store)
```

现在可以通过 store.state 来获取状态对象，并通过 store.commit()方法触发状态变更，如下所示。

```
store.commit('increment')
console.log(store.state.count) // -> 1
```

在 Vue 组件中可以通过 this.$store 访问 store 实例。现在可以通过组件的方法提交变更，如下所示。

```
methods: {
  increment() {
    this.$store.commit('increment')
    console.log(this.$store.state.count)
  }
}
```

再次强调，这里使用提交 mutation 的方式，而非直接改变 store.state.count 的方式，是因为想要更明确地追踪到状态的变化。这个简单的约定能够让意图更加明显，这样在阅读代码的时候能更容易地解读应用内部的状态改变。此外，这样有机会去实现一些能记录每次状态改变、保存状态快照的调试工具。

由于 store 中的状态是响应式的，在组件中调用 store 中的状态简单到仅需要在计算属性中返回即可。触发变化也仅需在组件的 methods 中提交 mutation。

4.1.3　Vue 服务端渲染

1．什么是服务器端渲染

Vue.js 是一个用于构建客户端应用的框架。默认情况下，Vue 组件的职责是在浏览器中生成和操作 DOM。Vue 支持将组件在服务端直接渲染成 HTML 字符串，并作为服务端响应返回给浏览器，最后在浏览器将静态的 HTML 字符串"激活"（Hydrate）为能够交互的客户端应用。

一个由服务端渲染的 Vue.js 应用可以被认为是"同构的"（Isomorphic）或"通用的"（Universal），因为应用的大部分代码同时运行在服务端和客户端。

2．为什么要用服务端渲染

与客户端的单页面应用（Single Pageweb Application，SPA）相比，服务端渲染（Server Side

Render，SSR）的优势主要如下。

（1）更快的首屏加载。这一点在慢网速或运行缓慢的设备上尤为重要。服务端渲染的 HTML 代码无须等到所有的 JavaScript 代码都下载并执行完成之后才显示，所以用户将会更快地看到完整渲染的页面。除此之外，首次访问时数据获取在服务端完成，相比从客户端获取，从服务端获取连接数据库的速度可能更快。这通常可以带来更高的核心 Web 指标评分和更好的用户体验，对于那些"首屏加载速度与转化率直接相关"的应用来说，这点至关重要。

（2）统一的心智模型。可以使用相同的语言，以及相同的声明式、面向组件的心智模型来开发整个应用，而不需要在后端模板系统和前端框架之间来回切换。

（3）更好的搜索引擎优化（Search Engine Optimization，SEO）。搜索引擎爬虫可以直接看到完全渲染的页面。

使用服务端渲染时还有如下需权衡之处。

（1）开发中的限制。客户端特定的代码只能在某些生命周期钩子中使用，一些外部库可能需要特殊处理才能在服务端渲染的应用中运行。

（2）更多的与构建配置和部署相关的要求。服务端渲染的应用需要一个能让 Node.js 服务器运行的环境，它不像完全静态的 SPA 那样可以部署在任意的静态文件服务器上。

（3）更高的服务端负载。在 Node.js 中渲染一个完整的应用要比仅托管静态文件更加占用计算机资源，因此，如果预期有高流量，应为相应的服务器负载做好准备，并采用合理的缓存策略。

在为应用使用 SSR 之前，首先应该确定是否真的需要它。这主要取决于首屏加载速度对应用的重要程度。例如，如果正在开发一个内部的管理面板，初始加载时的那额外几百毫秒并不重要，这种情况下使用 SSR 就没有太多必要了。然而，在内容展示速度极其重要的场景下，SSR 可以尽可能地实现最优的初始加载性能。

3. SSR 和 SSG

静态站点生成（Static Site Generation，SSG）也被称为预渲染，是另一种流行的构建快速网站的技术。如果用服务端渲染一个页面所需的数据对每个用户来说都是相同的，那么我们可以只渲染一次，提前在构建过程中完成，而不是每次收到请求都重新渲染页面。预渲染的页面生成后作为静态 HTML 文件被服务器托管。

SSG 保留了和 SSR 应用相同的性能表现，它带来了优秀的首屏加载性能。同时，它比 SSR 应用的花销更小，也更容易部署，因为它输出的是静态 HTML 文件和资源文件。这里的关键词是"静态"：SSG 仅可以用于消费静态数据的页面，即数据在构建期间就是已知的，并且在多次部署期间不会改变。每当数据变化，都需要重新部署。

如果调研 SSR 只是为了优化为数不多的营销页面的 SEO（如"/""/about""/contact"等），那么可能需要 SSG 而不是 SSR。SSG 也非常适于构建基于内容的网站，如文档站点或博客。

4. 渲染一个应用

下面来看一个 Vue SSR 的基础实战示例。

（1）创建一个新的文件夹，执行 cd 命令进入该文件夹。

（2）执行 npm init -y 命令。

（3）在 package.json 中添加 "type": "module"，使 Node.js 以 ES modules mode 运行。

（4）执行 npm install vue 命令。

（5）创建一个 example.js 文件，其代码如下。

```
// 此文件运行在 Node.js 服务器上
import { createSSRApp } from 'vue'
// Vue 的服务端渲染 API 位于'vue/server-renderer'路径下
import { renderToString } from 'vue/server-renderer'
const app = createSSRApp({
  data: () => ({ count: 1 }),
  template: `<button @click="count++">{{ count }}</button>`
})
renderToString(app).then((html) => {
  console.log(html)
})
```

接着执行如下命令。

```
node example.js
```

输出内容如下。

```
<button>1</button>
```

renderToString()接收一个 Vue 应用实例作为参数，返回一个 Promise，当 Promise 解析时得到应用渲染的 HTML 代码。当然也可以使用 Node.js Stream API 或 Web Streams API 来执行流式渲染。

然后可以把 Vue SSR 的代码移动到一个服务器请求处理函数里，它将应用的 HTML 片段包装为完整的 HTML 页面。接下来的几步将会使用 express。

① 执行 npm install express 命令。

② 创建 server.js 文件，其代码如下。

```
import express from 'express'
import { createSSRApp } from 'vue'
import { renderToString } from 'vue/server-renderer'
const server = express()
server.get('/', (req, res) => {
  const app = createSSRApp({
    data: () => ({ count: 1 }),
    template: '<button @click="count++">{{ count }}</button>'
  })
  renderToString(app).then((html) => {
    res.send('
    <!DOCTYPE html>
    <html>
      <head>
        <title>Vue SSR Example</title>
      </head>
      <body>
        <div id="app">${html}</div>
      </body>
    </html>
    ')
  })
})
server.listen(3000, () => {
  console.log('ready')
})
```

最后，执行 node server.js 命令，访问 http://localhost:3000，应该可以看到页面中的按钮。

如果单击该按钮，会发现数字并没有改变。这段 HTML 代码在客户端是完全静态的，因为没有在浏览器中加载 Vue。为了使客户端的应用可交互，Vue 需要执行一个激活步骤。在激活过程中，Vue 会创建一个与服务端完全相同的应用实例，然后将每个组件与它应该控制的 DOM 节点相匹配，并添加 DOM 事件监听器。

为了在激活模式下挂载应用，应该使用 createSSRApp()而不是 createApp()，如下所示。

```
// 该文件运行在浏览器中
```

```
import { createSSRApp } from 'vue'
const app = createSSRApp({
  // 与服务端完全一致的应用实例
})
// 在客户端挂载一个 SSR 应用时
// 会假定 HTML 是预渲染的，然后执行激活步骤，
// 而不是挂载新的 DOM 节点
app.mount('#app')
```

通用的解决方案从上面的示例到一个生产就绪的 SSR 应用还需要很多工作，如下所示。

- 支持 Vue SFC 且满足其他构建步骤要求。事实上，需要为同一个应用执行两次构建过程：一次用于客户端，另一次用于服务器端。
- 在服务器请求处理函数中，确保返回的 HTML 代码包含正确的客户端资源链接和最优的资源加载提示（如 prefetch 和 preload）。可能还需要在 SSR 和 SSG 模式之间切换，甚至在同一个应用中混合使用这两种模式。
- 以一种通用的方式管理路由、数据获取和状态存储。

完整的实现会非常复杂，并且取决于使用的构建工具链。因此，强烈建议使用一种更通用的、更集成化的解决方案。下面推荐几个 Vue 生态系统中的 SSR 解决方案。

① Nuxt：Nuxt 是一个构建于 Vue 生态系统之上的全栈框架，它为编写 Vue SSR 应用提供了“丝滑”的开发体验。更棒的是，还可以把它当作一个静态站点生成器来用。

② Quasar：Quasar 是一个基于 Vue 的完整解决方案，它可以用同一套代码库构建目标不同的应用，如 SPA、SSR、PWA、移动端应用、桌面端应用及浏览器插件。除此之外，它还提供了一整套 Material Design 风格的组件库。

4.1.4　注册组件

在使用 Vue 组件前需要先注册，这样 Vue 才能在渲染模板时找到其对应的实现。注册组件有两种方式：全局注册和局部注册。

1．全局注册

可以使用 Vue 应用实例的 app.component() 方法，让组件在当前 Vue 应用中全局可用，代码如下。

```
import { createApp } from 'vue'
const app = createApp({})
app.component(
  // 注册的名字
  'MyComponent',
  // 组件的实现
  {
    /* ... */
  }
)
```

如果使用单文件组件，可以注册被导入的 .vue 文件，代码如下。

```
import MyComponent from './App.vue'
app.component('MyComponent', MyComponent)
```

app.component() 方法可以被链式调用，如下所示。

```
app
  .component('ComponentA', ComponentA)
  .component('ComponentB', ComponentB)
  .component('ComponentC', ComponentC)
```

全局注册的组件可以在此应用的任意组件中使用，所有的子组件也可以使用全局注册的组件，

这意味着这 3 个组件可以在彼此内部使用，如下所示。

```
<!-- 全局注册的组件在当前应用的任意组件中都可用 -->
<ComponentA/>
<ComponentB/>
<ComponentC/>
```

2. 局部注册

全局注册虽然很方便，但有以下两个问题。

（1）全局注册后，没有被使用的组件无法在生产打包时被自动移除（也称为 tree-shaking）。如果全局注册了一个组件，即使它并没有被实际使用，它仍然会出现在打包后的.js 文件中。

（2）全局注册在大型项目中会使项目的依赖关系变得不那么明确。在父组件中使用子组件时，不太容易定位子组件的实现。和使用过多的全局变量一样，这可能会影响应用的长期可维护性。

相比之下，局部注册的组件需要在使用它的父组件中被显式导入，并且只能在该父组件中使用。它的优点是可以使组件之间的依赖关系更加明确，并且对 tree-shaking 更加友好。局部注册需要使用 components 选项，如下所示。

```
<script>
  import ComponentA from './ComponentA.vue'
  export default {
    components: {
      ComponentA
    }
  }
</script>
<template>
  <ComponentA />
</template>
```

4.1.5 自定义事件

1. 触发与监听事件

在组件的模板表达式中，可以直接使用 $emit()方法触发自定义事件（例如，在 v-on 的处理函数中），如下所示。

```
<!-- MyComponent -->
<button @click="$emit('someEvent')">click me</button>
```

$emit() 方法在组件实例上也同样以 this.$emit() 的形式被调用，如下所示。

```
export default {
  methods: {
    submit() {
      this.$emit('someEvent')
    }
  }
}
```

父组件可以通过 v-on（用@替代）来监听事件，如下所示。

```
<MyComponent @some-event="callback" />
```

同样，组件的事件监听器也支持事件修饰符，如.once 修饰符，如下所示。

```
<MyComponent @some-event.once="callback" />
```

像组件与 prop 一样，事件的名称也支持自动的格式转换。注意，这里触发了一个以 camelCase 形式命名的事件，但在父组件中可以使用 kebab-case 形式来监听。与 prop 大小写格式一样，在模板中推荐使用 kebab-case 形式来编写监听器。

2. 事件参数

有时候会需要在触发事件时附带一个特定的值。举例来说，想用 \<BlogPost\> 组件来管理文本缩放到多大，在这个场景下可以给 $emit()提供一个额外的参数，如下所示。

```
<button @click="$emit('increaseBy', 1)">
  Increase by 1
</button>
```

在父组件中监听事件，可以先简单写一个内联的箭头函数作为监听器，此函数会接收到事件附带的参数，如下所示。

```
<MyButton @increase-by="(n) => count += n" />
```

或者，也可以用一个组件方法来作为事件处理函数，如下所示。

```
<MyButton @increase-by="increaseCount" />
```

该方法也会接收到事件所传递的参数，如下所示。

```
methods: {
  increaseCount(n) {
    this.count += n
  }
}
```

所有传入$emit()的额外参数都会被直接传向监听器。举例来说，$emit('foo', 1, 2, 3)被触发后，监听器函数将会收到这 3 个参数值。

3. 声明触发的事件

组件要触发的事件可以显式地通过 emits 选项来声明，如下所示。

```
export default {
  emits: ['inFocus', 'submit']
}
```

emits 选项还支持对象语法，它允许对触发事件的参数进行验证，如下所示。

```
export default {
  emits: {
    submit(payload) {
      // 通过返回值为'true'或'false'来判断验证是否通过
    }
  }
}
```

如果一个原生事件的名称（如 click）被定义在 emits 选项中，则监听器只会监听组件触发的 click 事件，而不会再响应原生的 click 事件。

4. 事件校验

所有触发的事件可以使用对象形式来描述。如果要为事件添加校验，那么事件可以被赋值为一个函数，接收的参数就是抛出事件时传入 this.$emit()的内容，返回一个布尔值来表明事件是否合法，如下所示。

```
export default {
  emits: {
    // 没有校验
    click: null,
    // 校验 submit 事件
    submit: ({ email, password }) => {
      if (email && password) {
        return true
      } else {
        console.warn('Invalid submit event payload!')
        return false
      }
    }
  },
  methods: {
    submitForm(email, password) {
```

```
    this.$emit('submit', { email, password })
    }
  }
}
```

5. 配合 v-model 使用

自定义事件可以用于开发支持 v-model 的自定义表单组件。v-model 在原生元素上的用法，如下所示。

```
<input v-model="searchText" />
```

上面的代码其实等价于下面这段代码（编译器会对 v-model 进行展开）。

```
<input
  :value="searchText"
  @input="searchText = $event.target.value"
/>
```

而当使用在一个组件上时，v-model 会被展开为如下的形式。

```
<CustomInput
  :modelValue="searchText"
  @update:modelValue="newValue => searchText = newValue"
/>
```

要让这个示例实际工作起来，<CustomInput> 组件内部需要做如下两件事。

- 将内部原生 input 元素的 value attribute 绑定到 modelValue prop。
- 输入新的值时在 input 元素上触发 update:modelValue 事件。

代码如下。

```
<!-- CustomInput.vue -->
<script>
export default {
  props: ['modelValue'],
  emits: ['update:modelValue']
}
</script>
<template>
  <input
    :value="modelValue"
    @input="$emit('update:modelValue', $event.target.value)"
  />
</template>
```

现在 v-model 也可以在这个组件上正常工作了，如下所示。

```
<CustomInput v-model="searchText" />
```

另一种在组件内实现 v-model 的方式是使用一个可写的同时具有 get() 和 set() 的计算属性。get() 方法需返回 modelValue，而 set() 方法需触发相应的事件，如下所示。

```
<!-- CustomInput.vue -->
<script>
export default {
  props: ['modelValue'],
  emits: ['update:modelValue'],
  computed: {
    value: {
      get() {
        return this.modelValue
      },
      set(value) {
        this.$emit('update:modelValue', value)
      }
    }
  }
}
</script>
<template>
  <input v-model="value" />
</template>
```

4.1.6　插槽

1．插槽内容与出口

前文已经介绍过组件能够接收任意类型的 JavaScript 值作为 props，但组件要如何接收模板内容呢？在某些场景中可能想要为子组件传递一些模板片段，让子组件在它们的组件中渲染这些片段。

举例来说，这里有一个 <FancyButton> 组件，可以像如下这样使用。

```
<FancyButton>
  Click me! <!-- 插槽内容 -->
</FancyButton>
```

而 <FancyButton> 的模板如下。

```
<button class="fancy-btn">
  <slot></slot> <!-- 插槽出口 -->
</button>
```

<slot> 元素是一个插槽出口（slot outlet），标示了父元素提供的插槽内容（slot content）将在哪里被渲染，如图 4-3 所示。

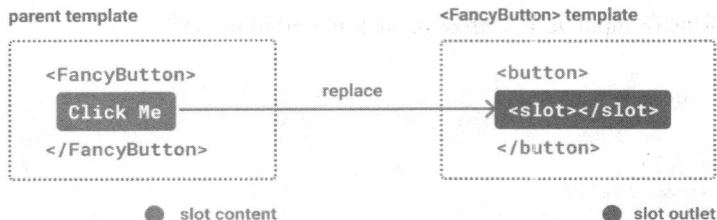

图 4-3　插槽

最终渲染出的 DOM 如下。

```
<button class="fancy-btn">
  <slot></slot> <!-- 插槽出口 -->
</button>
```

通过使用插槽，<FancyButton> 仅负责渲染外层的 <button>（以及相应的样式），而其内部的内容由父组件提供。理解插槽的另一种方式是将之和下面的 JavaScript 函数进行类比，其概念是类似的。

```
// 父元素传入插槽内容
FancyButton('Click me!')
// <FancyButton>在自己的模板中渲染插槽内容
function FancyButton(slotContent) {
  return `<button class="fancy-btn">
      ${slotContent}
    </button>`
}
```

插槽内容可以是任意合法的模板内容，不局限于文本。例如，可以传入多个元素，甚至是组件，如下所示。

```
<FancyButton>
  <span style="color:red">Click me!</span>
  <AwesomeIcon name="plus" />
</FancyButton>
```

通过使用插槽，<FancyButton> 组件更加灵活，具有可复月性。现在组件可以用在不同的地方渲染各异的内容，同时保证都具有相同的样式。

2.　渲染作用域

插槽内容可以访问到父组件的数据作用域，因为插槽内容本身是在父组件模板中定义的。举例如下。

```
<span>{{ message }}</span>
<FancyButton>{{ message }}</FancyButton>
```

这里的两个{{ message }}插值表达式渲染的内容都是一样的。插槽内容无法访问子组件的数据。Vue 模板中的表达式只能访问其被定义时所处的作用域，这和 JavaScript 的词法作用域规则是一致的。换言之，父组件模板中的表达式只能访问父组件的作用域，子组件模板中的表达式只能访问子组件的作用域。

3.　具名插槽

有时一个组件中包含多个插槽出口是很有用的。举例来说，在一个 <BaseLayout> 组件中，有如下模板。

```
<div class="container">
  <header>
    <!-- 标题内容放这里 -->
  </header>
  <main>
    <!-- 主要内容放这里 -->
  </main>
  <footer>
    <!-- 底部内容放这里 -->
  </footer>
</div>
```

对于这种场景，<slot> 元素可以有一个特殊的 attribute name，用来分别给各个插槽分配唯一的 ID，以确定每处要渲染的内容，如下所示。

```
<div class="container">
  <header>
    <slot name="header"></slot>
  </header>
  <main>
    <slot></slot>
  </main>
  <footer>
    <slot name="footer"></slot>
  </footer>
</div>
```

这类带 name 的插槽被称为具名插槽（named slots）。没有提供 name 的插槽出口会被隐式地命名为 "default"。

在父组件中使用<BaseLayout>时，需要用一种方式将多个插槽内容传入各自目标插槽的出口，此时就需要用到具名插槽了。要为具名插槽传入内容，需要使用一个含 v-slot 指令的<template>元素，并将目标插槽的名称传给该指令，如下所示。

```
<BaseLayout>
  <template v-slot:header>
    <!-- header 插槽的内容放这里 -->
  </template>
</BaseLayout>
```

v-slot：可以用#替代，因此<template v-slot:header>可以写为<template #header>，其意思就是将这部分模板片段传入子组件的 header 插槽中，如图 4-4 所示。

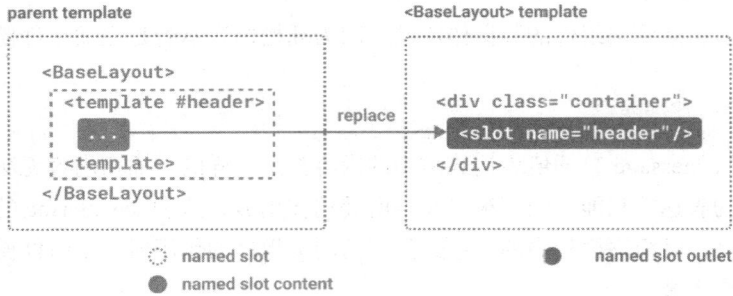

图 4-4　具名插槽

named slot
named slot content
named slot outlet

4. 动态插槽名

动态指令参数在 v-slot 上也是有效的，即可以定义下面这样的动态插槽名，注意这里的表达式和动态指令参数受相同的语法限制。

```
<base-layout>
  <template v-slot:[dynamicSlotName]>
    ...
  </template>
  <!-- 替代 -->
  <template #[dynamicSlotName]>
    ...
  </template>
</base-layout>
```

4.1.7　混入

混入（Mixin）提供了一种非常灵活的方式来分发 Vue 组件中的可复用功能。一个混入对象可以包含任意组件选项。当组件使用混入对象时，所有混入对象的选项将混合进入该组件本身的选项，如下所示。

```
// 定义一个混入对象
var myMixin = {
  created: function () {
    this.hello()
  },
  methods: {
    hello: function () {
      console.log('hello from mixin!')
    }
  }
}
// 定义一个使用混入对象的组件
var Component = Vue.extend({
  mixins: [myMixin]
})
var component = new Component() // => "hello from mixin!"
```

当组件和混入对象含有同名选项时，这些选项将以恰当的方式合并。例如，数据对象在内部会进行递归合并，并在发生冲突时以组件数据优先，如下所示。

```
var mixin = {
  data: function () {
    return {
      message: 'hello',
      foo: 'abc'
    }
  }
```

```
}
new Vue({
  mixins: [mixin],
  data: function () {
    return {
      message: 'goodbye',
      bar: 'def'
    }
  },
  created: function () {
    console.log(this.$data)
    // => { message: "goodbye", foo: "abc", bar: "def" }
  }
})
```

同名钩子函数将合并为一个数组，因此都将被调用。另外，混入对象的钩子将在组件自身钩子之前被调用，如下所示。

```
var mixin = {
  created: function () {
    console.log('混入对象的钩子被调用')
  }
}

new Vue({
  mixins: [mixin],
  created: function () {
    console.log('组件钩子被调用')
  }
})

// => "混入对象的钩子被调用"
// => "组件钩子被调用"
```

值为对象的选项，如 methods、components 和 directives，将被合并为同一个对象。两个对象键名冲突时，取组件对象的键值对，如下所示。

```
var mixin = {
  methods: {
    foo: function () {
      console.log('foo')
    },
    conflicting: function () {
      console.log('from mixin')
    }
  }
}

var vm = new Vue({
  mixins: [mixin],
  methods: {
    bar: function () {
      console.log('bar')
    },
    conflicting: function () {
      console.log('from self')
    }
  }
})

vm.foo() // => "foo"
vm.bar() // => "bar"
vm.conflicting() // => "from self"
```

混入也可以进行全局注册，使用时要格外小心。一旦使用全局混入，它将影响之后创建的每一个 Vue 实例。使用恰当时，这可以用来为自定义选项注入处理逻辑，如下所示。

```
// 为自定义的选项 'myOption' 注入一个处理器
Vue.mixin({
  created: function () {
    var myOption = this.$options.myOption
    if (myOption) {
      console.log(myOption)
    }
  }
})
new Vue({
  myOption: 'hello!'
})
// => "hello!"
```

请谨慎使用全局混入，因为它会影响每个单独创建的 Vue 实例（包括第三方组件）。大多数情况下，全局混入只应用于自定义选项，就像上面示例一样。

自定义选项将使用默认策略，即简单地覆盖已有值。如果想让自定义选项以自定义逻辑合并，可以向 Vue.config.optionMergeStrategies 添加一个函数，如下所示。

```
Vue.config.optionMergeStrategies.myOption = function (toVal, fromVal) {
  // 返回合并后的值
}
```

对于大多数值为对象的选项，可以使用与 methods 相同的合并策略，如下所示。

```
var strategies = Vue.config.optionMergeStrategies
strategies.myOption = strategies.methods
```

4.1.8　过滤器

Vue.js 允许自定义过滤器，可被用于一些常见的文本格式化。过滤器可以用在双花括号和 v-bind 中（后者从 2.1.0+ 版本开始支持）。过滤器应该被添加在 JavaScript 表达式的尾部，由管道符号指示，如下所示。

```
<!-- 在双花括号中 -->
{{ message | capitalize }}

<!-- 在'v-bind'中 -->
<div v-bind:id="rawId | formatId"></div>
```

可以在一个组件的选项中定义本地的过滤器，如下所示。

```
filters: {
  capitalize: function (value) {
    if (!value) return ''
    value = value.toString()
    return value.charAt(0).toUpperCase() + value.slice(1)
  }
}
```

或者在创建 Vue 实例之前定义全局过滤器，如下所示。

```
Vue.filter('capitalize', function (value) {
  if (!value) return ''
  value = value.toString()
  return value.charAt(0).toUpperCase() + value.slice(1)
})
new Vue({
  // ...
})
```

当全局过滤器和局部过滤器重名时，会采用局部过滤器。过滤器函数接收表达式的值（之前的操作链的结果）作为第一个参数。在上述示例中，capitalize()过滤器函数将会接收 message 的值作为第一个参数。过滤器可以串联，如下所示。

```
{{ message | filterA | filterB }}
```

在这个示例中，filterA()被定义为接收单个参数的过滤器函数，表达式 message 的值将作为参数传入函数。继续调用同样被定义为接收单个参数的过滤器函数 filterB()，将 filterA()的结果传递到 filterB()中。过滤器是 JavaScript 函数，因此可以接收多个参数，如下所示。

```
{{ message | filterA('arg1', arg2) }}
```

这里，filterA()被定义为接收 3 个参数的过滤器函数。其中 message 的值作为第一个参数，普通字符串'arg1'作为第二个参数，表达式 arg2 的值作为第三个参数。

4.1.9 插件

插件（plugins）是一种能为 Vue 添加全局功能的工具代码。下面是安装一个插件的示例。

```
import { createApp } from 'vue'
const app = createApp({})
app.use(myPlugin, {
  /* 可选的选项 */
})
```

一个插件可以是一个拥有 install() 方法的对象，也可以是一个安装函数本身。安装函数会接收安装它的应用实例和传递给 app.use() 的额外选项作为参数，如下所示。

```
const myPlugin = {
  install(app, options) {
    // 配置此应用
  }
}
```

插件没有严格定义的使用范围，但是插件发挥作用的常见场景主要包括以下几种。

（1）通过 app.component() 和 app.directive() 注册一个到多个全局组件或自定义指令。

（2）通过 app.provide() 使一个资源可被注入整个应用。

（3）向 app.config.globalProperties 中添加一些全局实例属性或方法。

（4）一个可能包含上述 3 种场景的功能库（如 vue-router）。

为了更好地理解如何构建 Vue.js 插件，可以试着编写一个简单的 i18n（internationalization 的缩写）插件，从设置插件对象开始，建议在一个单独的文件中创建并导出它，如下所示。

```
// plugins/i18n.js
export default {
  install: (app, options) => {
    // 在这里编写插件代码
  }
}
```

希望有一个翻译函数，这个函数会接收一个以 "." 作为分隔符的 key 字符串，用来在用户提供的翻译字典中查找对应语言的文本。期望的使用方式如下。

```
<h1>{{ $translate('greetings.hello') }}</h1>
```

这个函数应当能够在任意模板中被全局调用。这一点可以通过在插件中将它添加到 app.config.globalProperties 中来实现，如下所示。

```
// plugins/i18n.js
export default {
  install: (app, options) => {
    // 注入一个全局可用的 $translate() 方法
    app.config.globalProperties.$translate = (key) => {
      // 获取'options'对象的深层属性
      // 使用'key'作为索引
      return key.split('.').reduce((o, i) => {
        if (o) return o[i]
```

```
    }, options)
  }
 }
}
```

$translate()方法会接收形如 greetings.hello 的字符串，在用户提供的翻译字典中查找，并返回翻译得到的值。用于查找的翻译字典对象则应当在插件被安装时作为 app.use()的额外参数被传入，如下所示。

```
import i18nPlugin from './plugins/i18n'
app.use(i18nPlugin, {
  greetings: {
    hello: 'Bonjour!'
  }
})
```

这样一开始的表达式 $translate('greetings.hello') 就会在运行时被替换为 Bonjour!了。

【任务实施】

4.1.10　生产环境部署

在开发环境下，Vue 会提供很多警告语句来帮助用户对付常见的错误与陷阱。而在生产环境下，这些警告语句却没有用，反而会增加应用的体积。此外，有些警告语句还有一些小的运行时开销，这在生产环境下是可以避免的。这里介绍两种方式开启 Vue 的生产环境模式。

1．不使用构建工具

如果用 Vue 完整独立版本，即直接用 <script> 元素引入 Vue 而不提前进行构建，请记得在生产环境下使用压缩后的版本（vue.min.js）。两种版本都可以在安装指导中找到。

2．使用构建工具

当使用类似 webpack 或 browserify 的构建工具时，Vue 源码会根据 process.env.NODE_ENV 决定是否启用生产环境模式，默认启用开发环境模式。webpack 与 browserify 中都有方法来覆盖此变量，以启用 Vue 的生产环境模式，同时在构建过程中警告语句也会被压缩工具去除。这些在 vue-cli 模板中都预先配置好了，但了解一下怎样配置会更好。

在 webpack 4+ 中，可以使用 mode 选项，如下所示。

```
module.exports = {
  mode: 'production'
}
```

但是在 webpack 3 及更低版本中，需要使用 DefinePlugin，如下所示。

```
var webpack = require('webpack')

module.exports = {
  // ...
  plugins: [
    // ...
    new webpack.DefinePlugin({
      'process.env.NODE ENV': JSON.stringify('production')
    })
  ]
}
```

当使用 DOM 内的模板或 JavaScript 内的字符串模板时，模板会在运行时被编译为渲染函数。

通常情况下这个过程已经足够快了，但对性能敏感的应用最好避免使用这种用法。

预编译模板最简单的方式就是使用单文件组件，相关的构建设置会自动把预编译处理好，所以构建好的代码已经包含编译出来的渲染函数而不是原始的字符串模板。如果使用 webpack，并且喜欢分离 JavaScript 和模板文件，可以使用 vue-template-loader，它也可以在构建过程中把模板文件转换成为 JavaScript 渲染函数。

提取组件的 CSS（Cascading Style Sheets，层叠样式表），当使用单文件组件时，组件内的 CSS 会以<style>元素的方式通过 JavaScript 代码动态注入。这有一些小小的运行时开销。如果使用服务端渲染，这会导致一段"无样式内容闪烁"（fouc）。将所有组件的 CSS 提取到同一个文件可以避免出现这个问题，也会让 CSS 更好地进行压缩和缓存。

【任务总结】

本任务通过知识学习部分对 Vue 路由、状态管理、注册组件、插槽、混入、插件等知识进行了讲解，有深度地向大家展示了 Vue 的魅力所在；通过任务实施部分充分地展示了如何将前端工程代码在生产环境下部署。

【拓展练习】

1．填空题

（1）使用一个自定义组件_____来创建链接。这使得 Vue Router 可以在不重新加载页面的情况下更改 URL，处理 URL 的生成及编码。

（2）通过调用_____，可以在任意组件中以_____的形式访问当前路由。

（3）使用带有参数的路由时需要注意，当用户从"/users/one"导航到"/users/two"时，相同的组件实例将被_____。

（4）每个 Vuex 应用的核心就是_____，它本质上就是一个容器。

（5）改变 store 中的状态的唯一途径是显式地提交_____，这样可以方便地跟踪每个状态的变化。

2．判断题

（1）在 Vue 中注册组件有两种方式：全局注册和局部注册。（　　　）

（2）在组件的模板表达式中，可以直接使用"$."方法触发自定义事件。（　　　）

（3）当组件和混入对象含有同名选项时，这些选项将以恰当的方式合并。例如，数据对象在内部会进行递归合并，并在发生冲突时以对象数据优先。（　　　）

（4）当全局过滤器和局部过滤器重名时，会采用全局过滤器。（　　　）

（5）一个插件可以是一个拥有 install() 方法的对象，也可以是一个安装函数本身。（　　　）

3．简答题

（1）简述客户端路由和服务端路由的区别。

（2）什么是服务端渲染，为什么要用服务端渲染？

（3）简述插件发挥作用的常见场景。

任务二 UI 组件库的使用

【任务描述】

本任务介绍 UI 组件库 Element UI、View UI 各自的特点，以及如何在项目中使用。

【知识学习】

4.2.1　UI 组件库介绍

UI 组件即用户页面组件，用于将一个或几个具有各自功能的代码段封装为一个或几个独立的部分，最终完成用户页面的展示。这里介绍 Element UI 和 View UI 这两个组件库。

Element UI 是一套为开发者、设计师和产品经理准备的、基于 Vue 2.0 的桌面端组件库，它的设计原则如图 4-5 所示。

一致 Consistency	反馈 Feedback	效率 Efficiency	可控 Controllability

图 4-5　设计原则

1.　一致

- 与现实生活一致：与现实生活中的流程、逻辑保持一致，使用用户习惯的语言和概念。
- 在页面中一致：所有的元素和结构需保持一致，如设计样式、图标和文本、元素的位置等。

2.　反馈

- 控制反馈：通过页面样式和交互动效让用户可以清晰地感知自己的操作。
- 页面反馈：操作后，通过页面元素的变化清晰地展现当前状态。

3.　效率

- 简化流程：设计简洁、直观的操作流程。
- 清晰明确：语言表达清晰且表意明确，可让用户快速理解进而做出决策。
- 帮助用户识别：页面简单直白，可让用户快速识别而无须回忆，减少用户记忆负担。

4.　可控

- 用户决策：根据场景可给予用户操作建议或安全提示，但不能代替用户进行决策。

- 结果可控：用户可以自由地进行操作，包括撤销、回退和终止当前操作等。

View UI 是基于 Vue.js 3 的企业级 UI 组件库和前端解决方案，提供了超过 80 个常用底层组件（如 Button、Input、DatePicker 等）及业务组件（如 City、Auth、Login 等），如图 4-6 所示。

图 4-6　View UI

其特性如下。

- 丰富的组件和功能，能满足绝大部分网站场景需求。
- 提供开箱即用的 Admin 系统和快速增加、删除、修改、查询表格组件，可极大程度节省开发成本。
- 友好的 API、自由灵活的使用空间。
- 细致、漂亮的 UI。
- 详细的文档。
- 可自定义主题。

【任务实施】

4.2.2　Element UI 组件库的使用

1. 安装

推荐使用 npm 的方式安装，它能更好地和 webpack 打包工具配合使用。只需在命令提示符窗口执行以下命令即可。

```
npm i element-ui -S
```

可以通过 CDN 的方式从 unpkg.com/element-ui 中获取到最新版本的资源，在页面上引入.js 和.css 文件即可开始使用，代码如下所示。

```
<!-- 引入样式 -->
<link rel="stylesheet" href="https://unpkg.com/element-ui/lib/theme-chalk/index.css">
<!-- 引入组件库 -->
<script src="https://unpkg.com/element-ui/lib/index.js"></script>
```

建议使用 CDN 方式引入 Element UI 的用户在链接地址上锁定版本，以免将来 Element UI 升级时受到非兼容性更新的影响。锁定版本的方法请查看 unpkg.com。

2. 在项目中使用 Element UI

使用 vue-cli@3 构建项目时，Element UI 为新版的 vue-cli 准备了相应的 Element 插件，如图 4-7 所示，可以用它们快速地搭建基于 Element UI 的项目。

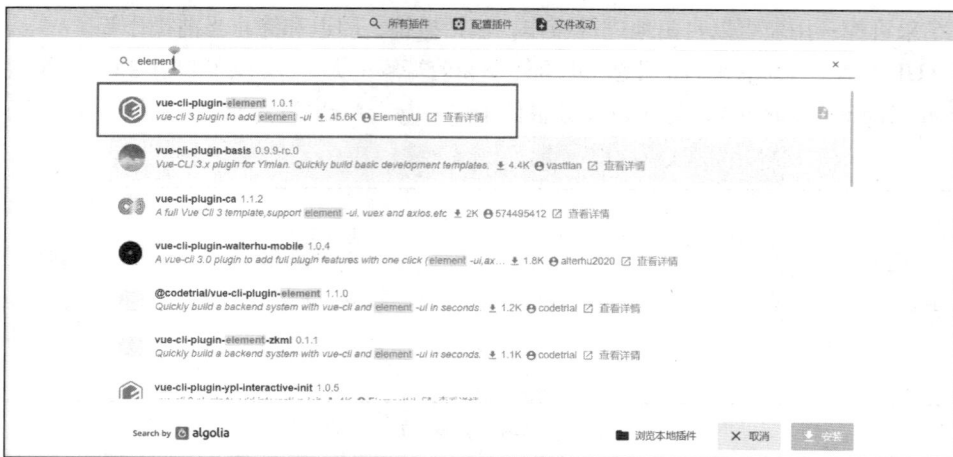

图 4-7　vue-cli-plugin-element

可以引入整个 Element UI，或者根据需要仅引入部分组件。引入完整的 Element UI 仅需在 main.js 中写入以下内容。

```
import Vue from 'vue';
import ElementUI from 'element-ui';
import 'element-ui/lib/theme-chalk/index.css';
import App from './App.vue';

Vue.use(ElementUI);

new Vue({
  el: '#app',
  render: h => h(App)
});
```

需要注意的是，样式文件需要单独引入。

按需引入需借助 babel-plugin-component（见图 4-8）安装依赖，可以只引入需要的组件，以达到减小项目体积的目的。

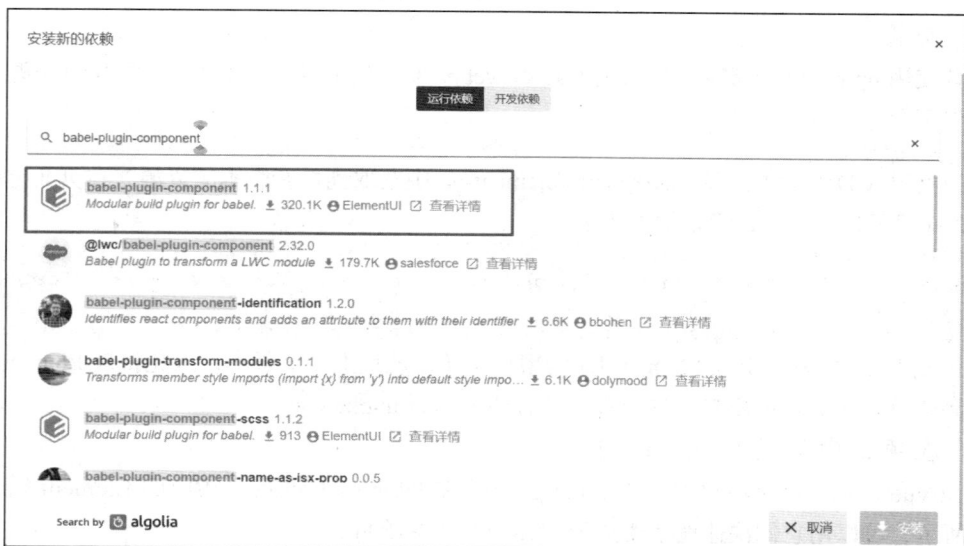

图 4-8　babel-plugin-component

安装完依赖之后将项目下的.babelrc 文件的内容修改为如下内容。

```
{
  "presets": [["es2015", { "modules": false }]],
  "plugins": [
    [
      "component",
      {
        "libraryName": "element-ui",
        "styleLibraryName": "theme-chalk"
      }
    ]
  ]
}
```

接下来，如果只希望引入部分组件，如 Button 和 Select，那么需要在 main.js 中写入以下内容。

```
import Vue from 'vue';
import { Button, Select } from 'element-ui';
import App from './App.vue';

Vue.component(Button.name, Button);
Vue.component(Select.name, Select);
/* 或写为
 * Vue.use(Button)
 * Vue.use(Select)
 */
new Vue({
  el: '#app',
  render: h => h(App)
});
```

至此，一个基于 Vue 和 Element UI 的开发环境就搭建完毕了，接下来就可以编写代码了。各个组件的使用方法请参阅它们各自的官方文档。

4.2.3 View UI 组件库的使用

1. 安装

推荐使用 npm 的方式来安装，以享受生态圈和工具带来的便利，更好地和 webpack 配合使用。命令如下。

```
$ npm install view-ui-plus-save
```

通过 CDN 的方式引入，在 unpkg.com/view-ui-plus 中可以看到 View UI Plus 最新版本的资源，也可以切换版本选择需要的资源，在页面上引入.js 和.css 文件即可开始使用，如下所示。

```
<!-- import Vue.js -->
<script src="https://unpkg.com/vue@next"></script>
<!-- import stylesheet -->
<link rel="stylesheet" href="https://unpkg.com/view-ui-plus/dist/styles/viewuiplus.css">
<!-- import View UI Plus -->
<script src="https://unpkg.com/view-ui-plus"></script>
```

2. 在项目中使用 View UI

使用 vue-cli@3 创建项目，在 main.js 中进行如下配置。

```
import { createApp } from 'vue'
import ViewUIPlus from 'view-ui-plus'
import App from './App.vue'
import router from './router'
import store from './store'
import 'view-ui-plus/dist/styles/viewuiplus.css'
```

```
const app = createApp(App)
app.use(store)
  .use(router)
  .use(ViewUIPlus)
  .mount('#app')
```

借助插件 babel-plugin-import 可以实现按需加载组件，以减小文件占用空间。安装 babel-plugin-import，并在.babelrc 文件或在 webpack babel-loader 中进行如下配置。

```
npm install babel-plugin-import --save-dev
// .babelrc or babel-loader
{
  "plugins": [
    [
      "import",
      {
        "libraryName": "view-ui-plus",
        "libraryDirectory": "src/components"
      },
      "view-ui-plus"
    ]
  ]
}
```

这样按需引入组件，就可以减小文件占用空间。按需引入仍然需要导入样式，代码如下所示。

```
import 'view-ui-plus/dist/styles/viewuiplus.css';
import { Button, Table } from 'view-ui-plus';
app.component('Button', Button);
app.component('Table', Table);
```

【任务总结】

本任务讲解了较为流行的组件库在项目中的使用方式，基于 vue-cli 创建 Vue 项目并集成第三方组件库可大大提升后续项目的开发效率。

【拓展练习】

1. 填空题

（1）UI 组件即_____，用于将一个或几个具有各自功能的代码段封装为一个或几个独立的部分。

（2）Element UI 是一套为开发者、设计师和产品经理准备的、基于 Vue 2.0 的桌面端组件库，它的设计原则是_____、_____、_____、_____。

（3）推荐使用_____的方式安装 Element UI，它能更好地和_____打包工具配合使用。

2. 简答题

（1）简述什么是 UI 组件。

（2）简述 Element UI 和 View UI 各自的特点。

【项目总结】

本项目对 Vue 路由、状态管理、自定义事件、插槽、混入等 Vue 进阶知识以及整合第三方组件库等相关知识进行了讲解，还介绍了两个不同类型的 UI 组件库及其各自在项目中的实际使用方法。

项目五

工业互联网 App 开发后端技术进阶

【项目概述】

本项目讲解分布式架构及分布式系统的 CAP 原则，从分布式架构到微服务治理方案，分别介绍服务注册和发现、远程调用、负载均衡、服务网关、远程配置、服务熔断、流量治理等组件，并介绍微服务较基础的解决方案。

【项目目标】

【知识目标】

（1）了解分布式架构。
（2）了解 CAP 原则。
（3）掌握成熟的微服务治理方案。
（4）掌握微服务中各组件的使用方法。

【能力目标】

（1）能够将传统的单体架构改造成分布式架构。
（2）能够将微服务治理方案应用到实际开发场景中去。

【素养目标】

（1）培养读者的发散性思维。
（2）培养读者为科学献身的精神。

【思维导图】

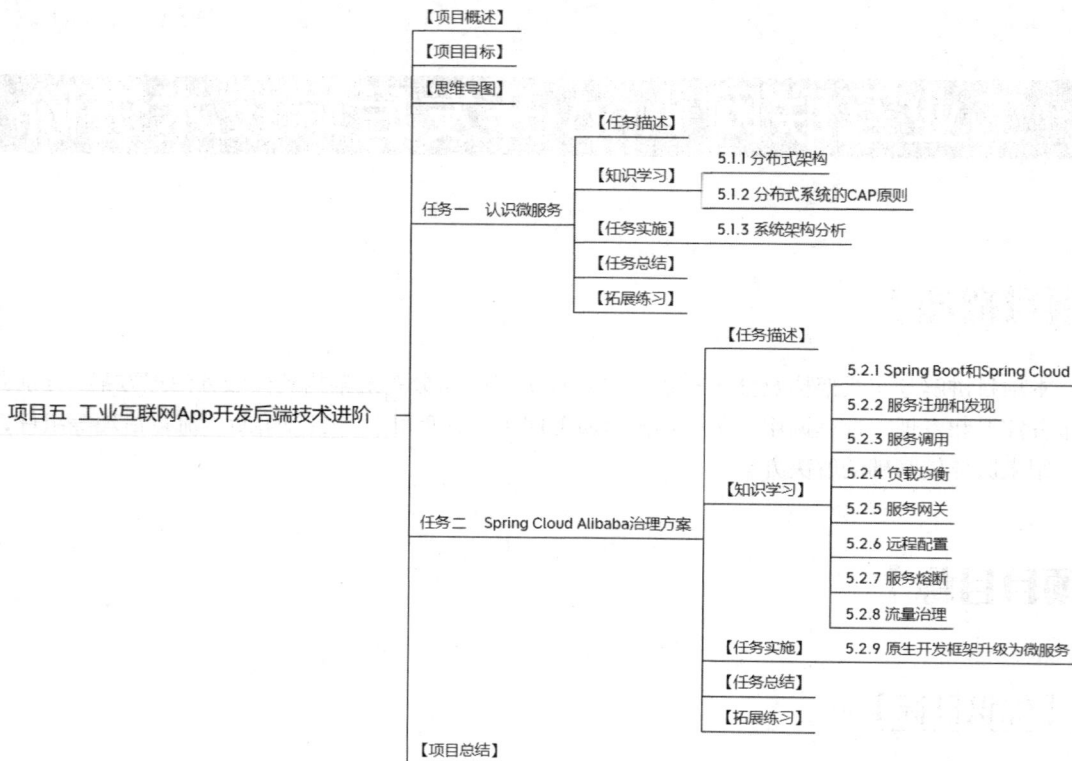

任务一　认识微服务

【任务描述】

本任务讲解分布式架构的原理，分析在什么情况下需要使用分布式架构、分布式架构的优缺点、分布式架构在实际应用中出现的一些问题，以及分布式系统的 CAP 原则。

【知识学习】

5.1.1　分布式架构

架构是有关软件整体结构与组件的抽象描述，用于指导大型软件系统各个方面的设计。分布式架构是分布式计算技术的应用和工具，是建立在网络之上的软件系统。分布式系统具有高度的内聚性和透明性。内聚性是指每个分布节点高度自治。

1. 技术形成

CORBA（Common Object Request Broker Architecture，通用对象请求代理体系结构）是在 1992 年由 OMG（Object Management Group，对象管理组）提出的。那时的分布式应用环境都采用客户—服务器体系结构，CORBA 的应用很大程度地提高了分布式应用软件的开发效率。

当时的另一种分布式系统开发工具是 Microsoft 公司的 DCOM（Distributed Component Object Model，分布式组件对象模型）。Microsoft 公司为了使在 Windows 平台上开发的各种应用软件产品的功能能够在运行时相互调用（比如在 Microsoft Word 中直接编辑 Excel 文件），采用了 OLE（Object Linking and Embedding，对象链接与嵌入）技术，后来这个技术衍生为 COM（Component Object Model，组件对象模型）。

随着 Internet 的普及和网络服务（Web Service）的广泛应用，浏览器—服务器体系结构逐渐体现出它的优势。于是，Sun 公司在其 Java 技术的基础上推出了应用于浏览器—服务器体系结构的 J2EE 开发和应用平台；Microsoft 公司也在其 DCOM 技术的基础上推出了主要面向浏览器—服务器体系结构应用的.NET 开发和应用平台。

2. 发展历史

大型主机自 20 世纪 60 年代被发明出来之后，凭借其超强的计算和 I/O（Input/Output，输入/输出）处理能力，以及在稳定性和安全性方面的卓越表现，在很长一段时间内引领了计算机行业以及商业计算领域的发展。在大型主机的研发上最知名的当属 IBM 公司，其主导研发的革命性产物 System/360 系列大型主机是计算机发展史上的一个里程碑。

伴随着大型主机时代的到来，集中式的计算机系统架构也成了主流。但从 20 世纪 80 年代以来，计算机系统向网络化和微型化的发展趋势日趋明显，传统的集中式处理模式愈来愈不能适应人们的需求。

3. 分布式系统的特点

分布式系统是硬件或软件组件分布在不同的网络计算机上，彼此之间仅通过消息传递进行通信和协调的系统。其具有如下特点。

（1）分布性。分布式系统中的多台计算机都会在空间中随意分布，同时，计算机的分布情况也会随时变动。

（2）对等性。分布式系统中的计算机没有主从之分，既没有控制整个系统的主机，也没有被控制的从机。组成分布式系统的所有计算机都是对等的。副本指的是分布式系统对数据和服务提供的冗余方式。为了对外提供高效可用的服务，往往会对数据和服务进行副本处理。数据副本是指在不同的节点上持久化同一份数据，当某个节点上存储的数据丢失时，可以从副本上读取到该数据，这是解决分布式系统数据丢失问题最为有效的手段。服务副本是指多个节点提供同样的服务，每个节点都有能力接收来自外部的请求并进行相应的处理。

（3）并发性。同一个分布式系统中的多个节点可能会并发地操作一些共享资源，如数据库或分布式存储等。如何高效地协调分布式并发操作成了分布式系统架构与设计中最大的挑战之一。

（4）缺乏全局时钟。典型的分布式系统由一系列在空间上随意分布的多个进程组成，具有明显的分布性，这些进程之间通过交换消息来进行互相通信。因此在分布式系统中，很难定义两个时间究竟谁先谁后，原因就是分布式系统缺乏全局的时钟序列控制。

（5）故障常会发生。组成分布式系统的所有计算机都有可能发生任何形式的故障。任何在设计阶段考虑到的异常情况，常会在系统实际运行中发生。

4．分布式系统的问题

（1）通信异常。从集中式到分布式，必然引入了网络因素，而由于网络本身的不可靠性，因此产生了额外的问题。分布式系统各节点之间的网络通信能够正常进行，其时延也会远大于单机操作，在消息的收发过程中，消息丢失和消息延迟变得十分普遍。

（2）网络分区。当网络发生异常情况时，分布式系统中部分节点之间的网络时延会不断增大，最终导致在组成分布式系统的所有节点中，只有部分节点之间能够正常通信，而另一些节点则不能通信，这种现象称为网络分区。当网络分区出现时，分布式系统会出现局部小集群，在极端情况下，这些局部小集群会独立完成原本需要整个分布式系统才能完成的任务，包括对数据进行事务处理，这就对分布式系统的一致性提出了非常大的挑战。

（3）三态。由于网络可能会出现各种各样的问题，因此分布式系统的每次请求与响应都存在特有的三态概念：成功、失败、超时。当网络异常时，可能会出现超时现象，通常有以下两种情况：①因网络原因，该请求并没有被成功地发送到接收方，而是在发送过程中丢失了；②该请求被接收方成功接收后，接收方对其进行了处理，但是在将响应反馈给发送方时产生了消息丢失现象。

（4）节点故障。节点故障是指组成分布式系统的服务器节点出现宕机或僵死现象。每个节点都有可能出现故障，在没有熔断机制的分布式系统中，节点故障可能导致整个分布式系统瘫痪。

5.1.2　分布式系统的 CAP 原则

CAP 原则又称 CAP 定理，是指分布式系统的一致性（Consistency）、可用性（Availability）、分区容错性（Partition Tolerance）。CAP 原则的精髓就是要么 AP，要么 CP，要么 CA，但是不存在CAP。在分布式系统的设计中，没有一种设计可以同时满足一致性、可用性、分区容错性这 3 个特性，如图 5-1 所示。

1998 年，加州大学的计算机科学家 Eric Brewer 提出，分布式系统有以下 3 个指标。

- 一致性：分布式系统中的所有数据备份在同一时刻应是同样的值，即写操作之后的读操作必须返回相同的值（分为弱一致性、强一致性和最终一致性）。
- 可用性：在集群中，一部分节点发生故障后，集群整体应还能响应客户端的读写请求（对数据更新具备高可用性）。
- 分区容错性：以实际效果而言，分区相当于对通信的时限要求。系统如果不能在时限内达成数据一致性，就意味着发生了分区的情况，必须就当前操作在 C 和 A 之间做出选择。

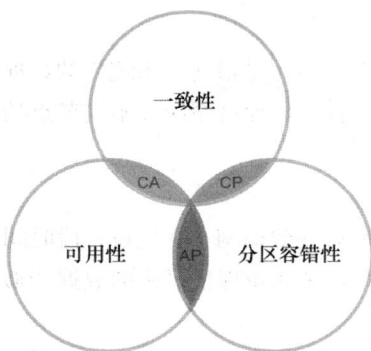

图 5-1　CAP 原则

1.　取舍策略

如果只能满足 CAP 的 3 个特性中的 2 个，那么取舍的策略就共有以下 3 种。

- CA：如果不要求 P（分区容错性），那么 C（一致性）和 A（可用性）是可以保证的。但放弃 P 的同时也就意味着放弃了系统的扩展性，也就是分布式节点受限，没办法部署子节点，这是违背分布式系统的设计初衷的。传统的关系数据库如 Oracle、MySQL 就是 CA。
- CP：如果不要求 A（可用性），相当于每个请求都需要在服务器之间保持强一致性，而 P（分区容错性）会导致同步时间无限延长（也就是等待数据同步完才能正常访问服务），一旦发生网络故障或消息丢失等情况，就要等待所有数据全部一致之后再让用户访问系统。设计成 CP 的系统其实有不少，最典型的就是分布式数据库，如 Redis、HBase 等。对这些分布式数据库来说，数据的一致性是最基本的要求，因为如果连这个标准都达不到，那么直接采用关系数据库就好，没必要再浪费资源来部署分布式数据库。
- AP：要有高可用性并允许分区，则需放弃一致性。一旦分区发生，节点之间可能会失去联系，为了有高可用性，每个节点只能用本地数据提供服务，而这样会导致全局数据不一致。如某电商平台的抢购手机场景，可能前几秒你浏览商品的时候页面提示是有库存的，当你选择完商品准备下单的时候，系统提示下单失败，商品已售完。这其实就是先在 A（可用性）方面保证系统可以正常提供服务，然后在数据的一致性方面做了些牺牲，虽然多少会影响一些用户体验，但也不至于造成用户购物流程的严重阻塞。

2.　解决方案 BASE

BASE 是 Basically Available（基本可用）、Soft state（软状态）和 Eventually consistent（最终一致性）3 个短语的缩写，BASE 是对 CAP 中一致性和可用性权衡的结果。

（1）基本可用。

基本可用是指分布式系统在出现不可预知故障的时候，允许损失部分可用。但注意，这绝不等价于系统不可用，以下是两个基本可用的典型例子。

- 响应时间上的损失：正常情况下，一个在线搜索引擎需要在 0.5s 内给用户返回相应的查询结果；但由于出现异常（如系统部分机房发生断电或断网故障），查询结果的响应时间增加了 1 ~ 2s。
- 功能上的损失：正常情况下，在一个电子商务网站上进行购物，消费者几乎能够顺利地完成每笔订单；但是在一些节日大促销购物高峰的时候，由于消费者的购物行为激增，为了保护购物系统的稳定性，部分消费者可能会被引导到降级页面。

（2）软状态。

软状态也称弱状态，与硬状态相对，是指允许系统中的数据存在中间状态，并认为该中间状态的存在不会影响系统的整体可用性，即允许系统在不同节点的数据副本之间进行数据同步时存在时延。

（3）最终一致性。

最终一致性强调的是系统中所有的数据副本在经过一段时间的同步后，最终能够达到一致的状态。因此，最终一致性的本质是需要系统保证最终的数据能够达到一致，而不需要实时保证系统数据的强一致性。

【任务实施】

5.1.3　系统架构分析

选择多个工业互联网系统进行系统架构分析，要求选择的系统具有多样性，能够了解该系统使用的架构以及分析该架构应用于该系统是否合理，并分析其优缺点。最终生成系统架构分析报告。报告模板如下所示。

系统架构分析报告

工业互联网系统架构分析：

系统业务与架构匹配度分析：

【任务总结】

本任务讲解了分布式架构的定义、技术形成、特点及 CAP 原则；为解决分布式架构中存在的问题，又讲解了 BASE 解决方案，为后续讲解微服务的相关知识做好铺垫。

【拓展练习】

1. 填空题

（1）随着 Internet 的普及和网络服务的广泛应用，_____逐渐体现出它的优势。

（2）分布式架构是分布式计算技术的_____和_____，是建立在网络之上的软件系统。

（3）分布式系统的特点有_____、_____、_____、_____、_____等。

（4）由于网络可能会出现各种各样的问题，因此分布式系统的每次请求与响应都存在特有的三态概念：_____、_____、_____。

（5）CAP 原则又称 CAP 定理，是指分布式系统的_____、_____、_____。

2. 判断题

（1）分布式系统具有高度的内聚性和透明性。内聚性是指每个分布节点高度自治。（   ）

（2）分布式系统是硬件或软件组件分布在不同的网络计算机上，彼此之间仅通过消息传递进行通信和协调的系统。（   ）

（3）CAP 原则的精髓就是要么 AP，要么 CP，要么 CA，要么 CAP。（   ）

（4）基本可用是指分布式系统在出现不可预知故障的时候，允许损失部分可用。（   ）

（5）最终一致性强调的是系统中所有的数据副本在经过一段时间的同步后，最终能够达到一致的状态。（   ）

3. 简答题

（1）简述什么是分布式架构。

（2）简述分布式架构在什么场景下使用。

（3）简述 CAP 原则。

（4）简述 CAP 的取舍策略。

（5）简述应如何进行一致性和可用性的权衡。

任务二 Spring Cloud Alibaba 治理方案

微课
Spring Cloud Alibaba 治理方案

【任务描述】

本任务讲解成熟的微服务治理方案 Spring Cloud Alibaba，从治理方案中的各个组件开始，讲解服务注册和发现组件、服务调用组件、负载均衡组件、服务网关组件、远程配置组件、服务熔断组件、流量治理组件。在介绍微服务相关治理组件之后，带领大家将传统的单体架构升级为分布式架构。

【知识学习】

5.2.1 Spring Boot 和 Spring Cloud

Spring Boot 是一个快速开发框架，通过用 Maven 依赖的继承方式，帮助我们快速整合第三方

常用框架，完全采用注解化（使用注解方式启动 Spring MVC），简化 XML（eXtensible Markup Language，可扩展标记语言）配置，内置 HTTP 服务器（Tomcat、Jetty），最终以 Java 应用程序进行执行。

  Spring Cloud 是目前一套完整的微服务框架，它是一系列框架的有序集合。它将目前各家公司开发的比较成熟、经得起实际考验的服务框架组合起来，通过 Spring Boot 的开发风格进行再封装，屏蔽了复杂的配置和实现原理，最终给开发者留了一套简单易懂、易部署和易维护的分布式系统开发工具包。它利用 Spring Boot 的开发便利性巧妙地简化了分布式系统基础设施的开发，如服务注册和发现、服务调用、服务网关等，如图 5-2 所示，都可以用 Spring Boot 的开发风格做到一键启动和部署。

图 5-2　分布式系统基础设施

  Spring Boot 只是一个快速开发框架，算不上微服务框架。Spring Cloud + Spring Boot 可实现微服务开发。具体来说是 Spring Cloud 具备微服务开发的核心技术——RPC（Remote Procedure Call，远程过程调用）技术，Spring Boot 的 Web 组件默认集成了 Spring MVC，可以实现 HTTP + JSON 的轻量级传输，编写微服务接口，所以 Spring Cloud 依赖 Spring Boot 框架实现微服务开发，并且它们具有版本依赖关系，如图 5-3 所示。

Release Train	Boot Version
2022.0.x aka Kilburn	3.0.x
2021.0.x aka Jubilee	2.6.x, 2.7.x (Starting with 2021.0.3)
2020.0.x aka Ilford	2.4.x, 2.5.x (Starting with 2020.0.3)
Hoxton	2.2.x, 2.3.x (Starting with SR5)
Greenwich	2.1.x
Finchley	2.0.x
Edgware	1.5.x
Dalston	1.5.x

图 5-3　版本依赖关系（1）

Spring Cloud Alibaba 为分布式应用程序开发提供了一站式解决方案。它包含开发分布式应用程序所需的所有组件，可以轻松地使用 Spring Cloud 开发应用程序。使用 Spring Cloud Alibaba 只需添加一些注解和少量配置，就可以将 Spring Cloud 应用程序连接到 Spring Cloud Alibaba 的分布式解决方案中，还可以使用 Spring Cloud Alibaba 提供的中间件去构建分布式应用程序系统。Spring Cloud Alibaba、Spring Cloud 和 Spring Boot 也有对应的版本依赖关系，如图 5-4 所示。

Spring Cloud Alibaba 版本	Spring Cloud 版本	Spring Boot 版本
2.2.9.RELEASE*	Spring Cloud Hoxton.SR12	2.3.12.RELEASE
2.2.8.RELEASE	Spring Cloud Hoxton.SR12	2.3.12.RELEASE
2.2.7.RELEASE	Spring Cloud Hoxton.SR12	2.3.12.RELEASE
2.2.6.RELEASE	Spring Cloud Hoxton.SR9	2.3.2.RELEASE
2.2.1.RELEASE	Spring Cloud Hoxton.SR3	2.2.5.RELEASE
2.2.0.RELEASE	Spring Cloud Hoxton.RELEASE	2.2.X.RELEASE
2.1.4.RELEASE	Spring Cloud Greenwich.SR6	2.1.13.RELEASE
2.1.2.RELEASE	Spring Cloud Greenwich	2.1.X.RELEASE
2.0.4.RELEASE (停止维护，建议升级)	Spring Cloud Finchley	2.0.X.RELEASE
1.5.1.RELEASE (停止维护，建议升级)	Spring Cloud Edgware	1.5.X.RELEASE

图 5-4　版本依赖关系（2）

5.2.2　服务注册和发现

这里介绍 Nacos 服务注册和发现组件。Nacos 是一个更易于构建云原生应用的动态服务发现、配置管理和服务管理平台。Nacos 致力于帮助用户发现、配置和管理微服务。Nacos 提供了一组简单易用的特性集，帮助用户快速实现动态服务发现、服务配置、服务元数据及流量管理。Nacos 还可帮助用户更敏捷和更容易地构建、交付和管理微服务平台。Nacos 是构建以"服务"为中心的现代应用架构（如微服务范式、云原生范式）的服务基础设施，图 5-5 所示为 Nacos 服务注册和发现功能示意。

服务注册和发现是微服务架构体系中最关键的组件之一。以手动的方式来给每个客户端配置所有服务提供者的服务列表是一件非常困难的事，而且也不利于服务的动态扩、缩容。Nacos Discovery 可以将服务自动注册到 Nacos 服务端，并且能够动态感知和刷新某个服务实例的服务列表。除此之外，Nacos Discovery 也会将服务实例自身的一些元数据信息（如 host、port、健康检查 URL、主页等内容）注册到 Nacos。

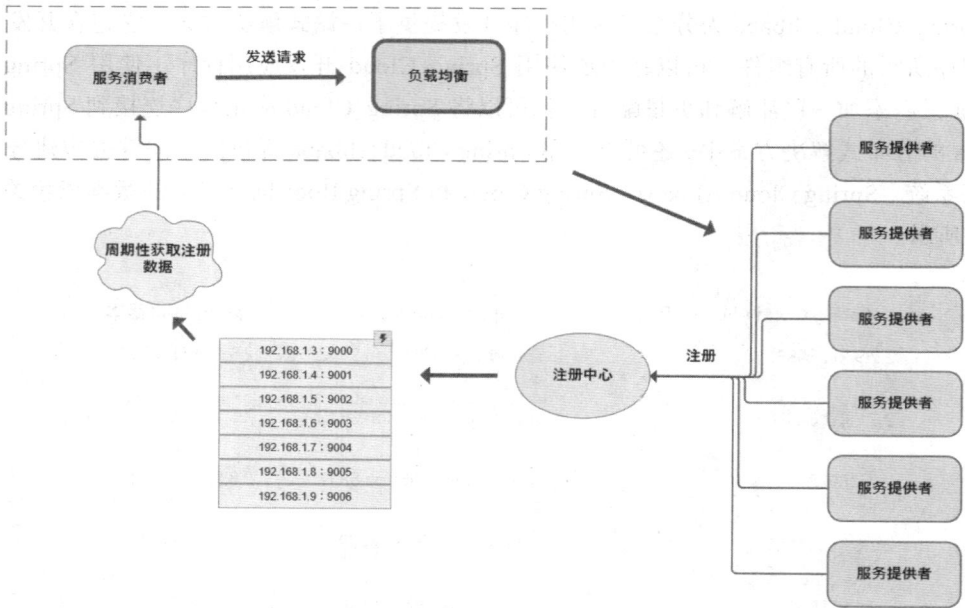

图 5-5　Nacos 服务注册和发现功能示意

1．下载安装 Nacos 服务

Nacos 的 GitHub 页面有下载链接，单击该链接可以下载编译好的 Nacos 服务端或者源代码。

解压之后的目录中，bin 目录放置的是 Nacos 服务的启动脚本文件，conf 目录放置的是 Nacos 的配置文件，如图 5-6 所示。Nacos 的默认端口号是 8848，如果其他进程占用了 8848 端口，就先尝试关闭该进程。如果无法关闭占用 8848 端口的进程，也可以进入 Nacos 的 conf 目录，修改配置文件中的端口号，如图 5-7 所示。

图 5-6　Nacos 目录

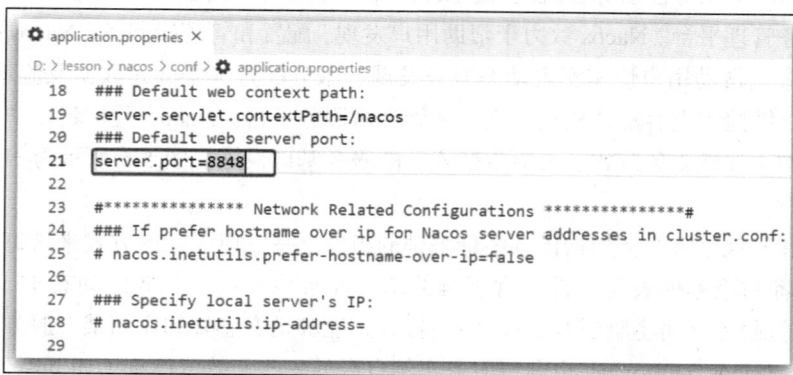

图 5-7　Nacos 配置文件

安装配置好 Nacos 服务之后，启动非常容易，找到 bin 目录下的相应操作系统启动脚本文件并执行即可。例如，操作系统为 Windows，执行 startup.cmd 脚本文件即可启动，执行 shutdown.cmd 脚本文件即可停止，如图 5-8 所示。启动成功之后，在浏览器中输入指定的 IP 地址和端口号，即可访问 Nacos 服务端页面，如图 5-9 所示，默认访问地址为 "http://localhost:8848/nacos/"（默认账号/密码为 nacos/nacos）。

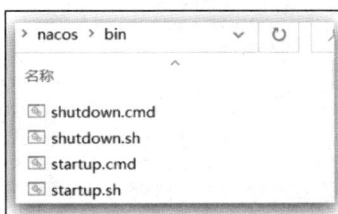

图 5-8 脚本文件

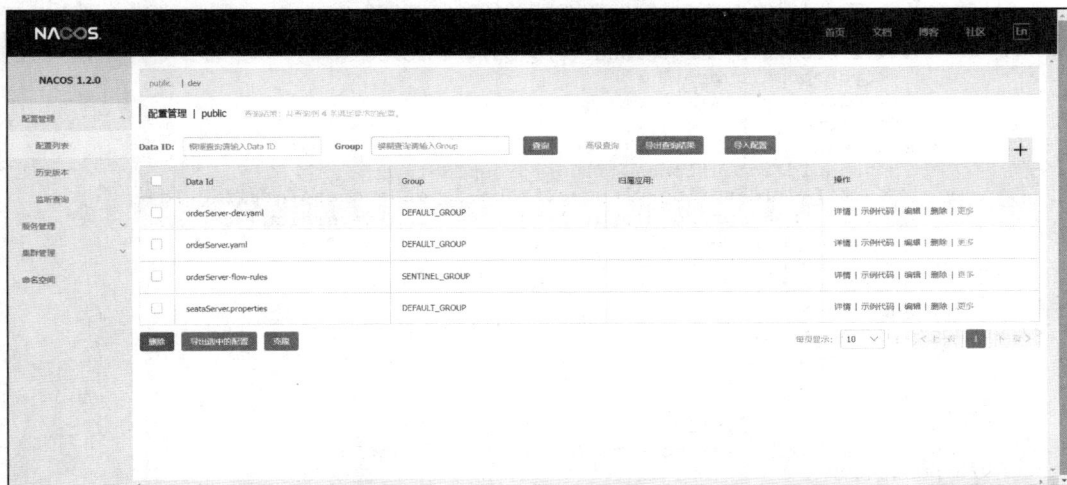

图 5-9 Nacos 服务端页面

2. 在项目中引入 Nacos Discovery 进行服务注册和发现

如果要在项目中使用 Nacos 来实现服务注册和发现，使用 groupId 为 com.alibaba.cloud 和 artifactId 为 spring-cloud-starter-alibaba-nacos-discovery 的 starter 即可，如下所示。

```xml
<dependency>
    <groupId>com.alibaba.cloud</groupId>
    <artifactId>spring-cloud-starter-alibaba-nacos-discovery</artifactId>
</dependency>
```

3. 构建服务注册和发现案例

Nacos Discovery 适配了 Netflix Ribbon，可以使用 RestTemplate 或 OpenFeign 进行服务的调用。

（1）构建服务提供者。以下步骤展示了如何构建服务提供者并将其注册到 Nacos。

① 服务提供者 pom.xml 的配置。一个完整的 pom.xml 配置如下所示。

```xml
<?xml version="1.0" encoding="UTF-8"?>
<project xmlns="http://maven.apache.org/POM/4.0.0" xmlns:xsi="http://www.w3.org/2001/
XMLSchema-instance"
        xsi:schemaLocation="http://maven.apache.org/POM/4.0.0 http://maven.apache.org/
xsd/maven-4.0.0.xsd">
    <modelVersion>4.0.0</modelVersion>

    <groupId>open.source.test</groupId>
    <artifactId>nacos-discovery-test</artifactId>
    <version>1.0-SNAPSHOT</version>
    <name>nacos-discovery-test</name>

    <parent>
        <groupId>org.springframework.boot</groupId>
        <artifactId>spring-boot-starter-parent</artifactId>
```

153

```
        <version>${spring.boot.version}</version>
        <relativePath/>
    </parent>

    <properties>
        <project.build.sourceEncoding>UTF-8</project.build.sourceEncoding>
        <project.reporting.outputEncoding>UTF-8</project.reporting.outputEncoding>
        <java.version>1.8</java.version>
    </properties>

    <dependencyManagement>
        <dependencies>
            <dependency>
                <groupId>org.springframework.cloud</groupId>
                <artifactId>spring-cloud-dependencies</artifactId>
                <version>${spring.cloud.version}</version>
                <type>pom</type>
                <scope>import</scope>
            </dependency>
            <dependency>
                <groupId>com.alibaba.cloud</groupId>
                <artifactId>spring-cloud-alibaba-dependencies</artifactId>
                <version>${spring.cloud.alibaba.version}</version>
                <type>pom</type>
                <scope>import</scope>
            </dependency>
        </dependencies>
    </dependencyManagement>

    <dependencies>
        <dependency>
            <groupId>org.springframework.boot</groupId>
            <artifactId>spring-boot-starter-web</artifactId>
        </dependency>

        <dependency>
            <groupId>org.springframework.boot</groupId>
            <artifactId>spring-boot-starter-actuator</artifactId>
        </dependency>

        <dependency>
            <groupId>com.alibaba.cloud</groupId>
            <artifactId>spring-cloud-starter-alibaba-nacos-discovery</artifactId>
        </dependency>
    </dependencies>

    <build>
        <plugins>
            <plugin>
                <groupId>org.springframework.boot</groupId>
                <artifactId>spring-boot-maven-plugin</artifactId>
            </plugin>
        </plugins>
    </build>
</project>
```

② 服务提供者 application.properties 的配置。一些关于 Nacos 的基本配置需在 application.properties（也可以是 application.yaml）中配置，如下所示。

```
server.port=8081
spring.application.name=nacos-provider
spring.cloud.nacos.discovery.server-addr=127.0.0.1:8848
management.endpoints.web.exposure.include=*
```

③ 服务提供者启动类以及控制器的编写，如下所示。

```
@SpringBootApplication
@EnableDiscoveryClient
public class NacosProviderDemoApplication {
    public static void main(String[] args) {
        SpringApplication.run(NacosProviderDemoApplication.class, args);
```

```
    }
@RestController
public class EchoController {
    @GetMapping(value = "/echo/{string}")
    public String echo(@PathVariable String string) {
        return "Hello Nacos Discovery " + string;
    }
}
}
```

这个时候就可以在 Nacos 的控制台上看到注册的服务信息了。

（2）构建服务消费者。以下步骤展示了如何构建服务消费者并将其注册到 Nacos。

启动服务消费者应用可能没有启动服务提供者应用那么简单，因为在服务消费者端需要去调用服务提供者端提供的 REST 服务。下例中使用一种较原始的方式，即显性地使用 LoadBalancerClient 和 RestTemplate 结合的方式来访问。pom.xml 和 application.properties 的配置可以参考服务提供者配置，这里消费者端口号为 8082。启动一个服务消费者应用的示例代码如下所示。

```
@SpringBootApplication
@EnableDiscoveryClient
public class NacosConsumerApp {

    @RestController
    public class NacosController{

        @Autowired
        private LoadBalancerClient loadBalancerClient;
        @Autowired
        private RestTemplate restTemplate;

        @Value("${spring.application.name}")
        private String appName;

        @GetMapping("/echo/app-name")
        public String echoAppName(){
            //使用 LoadBalancerClient 和 RestTemplate 结合的方式来访问
            ServiceInstance serviceInstance = loadBalancerClient.choose("nacos-provider");
            String url = String.format("http://%s:%s/echo/%s",serviceInstance.getHost(),
serviceInstance.getPort(),appName);
            System.out.println("request url:"+url);
            return restTemplate.getForObject(url,String.class);
        }
    }
    //实例化 RestTemplate 实例
    @Bean
    public RestTemplate restTemplate(){
        return new RestTemplate();
    }

    public static void main(String[] args) {
        SpringApplication.run(NacosConsumerApp.class,args);
    }
}
```

这个示例中注入了一个 LoadBalancerClient 的实例，并且手动实例化了一个 RestTemplate，同时将 spring.application.name 的配置注入应用中，目的是在调用服务提供者提供的服务时，希望将当前配置的应用名显示出来，如下所示。

```
访问地址: http://127.0.0.1:8082/echo/app-name
访问结果: Hello Nacos Discovery nacos-consumer
```

4. Nacos Discovery 对外暴露的 Endpoint

Nacos Discovery 内部提供了一个 Endpoint，对应的 endpoint ID 为 nacosdiscovery。Endpoint 暴露的 JSON 数据中包含了如下两种属性。

- subscribe：显示当前服务有哪些服务订阅者。
- NacosDiscoveryProperties：当前应用 Nacos 的基础配置信息。

Endpoint 暴露的 JSON 数据示例如下所示。

```
{
  "subscribe": [
    {
      "jsonFromServer": "",
      "name": "nacos-provider",
      "clusters": "",
      "cacheMillis": 10000,
      "hosts": [
        {
          "instanceId": "30.5.124.156#8081#DEFAULT#nacos-provider",
          "ip": "30.5.124.156",
          "port": 8081,
          "weight": 1.0,
          "healthy": true,
          "enabled": true,
          "cluster": {
            "serviceName": null,
            "name": null,
            "healthChecker": {
              "type": "TCP"
            },
            "defaultPort": 80,
            "defaultCheckPort": 80,
            "useIPPort4Check": true,
            "metadata": {
            }
          },
          "service": null,
          "metadata": {
          }
        }
      ],
      "lastRefTime": 1541755293119,
      "checksum": "e5a699c9201f5328241c178e804657e11541755293119",
      "allIPs": false,
      "key": "nacos-provider",
      "valid": true
    }
  ],
  "NacosDiscoveryProperties": {
    "serverAddr": "127.0.0.1:8848",
    "endpoint": "",
    "namespace": "",
    "logName": "",
    "service": "nacos-provider",
    "weight": 1.0,
    "clusterName": "DEFAULT",
    "metadata": {

    },
    "registerEnabled": true,
    "ip": "30.5.124.201",
    "networkInterface": "",
    "port": 8082,
    "secure": false,
    "accessKey": "",
    "secretKey": ""
  }
}
```

5. 开启权重路由

Nacos 权重路由需要配合 Spring Cloud Loadbalancer 一起使用，将 Spring Cloud Loadbalancer

的相关依赖添加到 pom.xml，并在配置文件中开启相关服务，如下所示。

```
<dependencies>
    <dependency>
        <groupId>org.springframework.cloud</groupId>
        <artifactId>spring-cloud-loadbalancer</artifactId>
    </dependency>
</dependencies>

spring.cloud.loadbalancer.ribbon.enabled=false
spring.cloud.loadbalancer.nacos.enabled=true
```

6. Nacos Discovery Starter 更多的配置项信息

更多关于 Nacos Discovery Starter 的配置项如图 5-10 所示。

配置项	Key	默认值	说明
服务端地址	spring.cloud.nacos.discovery.server-addr		Nacos Server 启动监听的IP地址和端口
服务名	spring.cloud.nacos.discovery.service	${spring.application.name}	注册的服务名
权重	spring.cloud.nacos.discovery.weight	1	取值范围为 1~100，数值越大，权重越大
网卡名	spring.cloud.nacos.discovery.network-interface		当IP地址未配置时，注册的IP地址为此网卡所对应的IP地址；如果此项也未配置，那么默认取第一块网卡的地址
注册的IP地址	spring.cloud.nacos.discovery.ip		优先级最高
注册的IP地址类型	spring.cloud.nacos.discovery.ip-type	IPv4	可以配置IPv4和IPv6两种类型，如果网卡同类型IP地址存在多个，希望制定特定网段地址，可使用 spring.cloud.inetutils.preferred-networks 配置筛选地址
注册的端口	spring.cloud.nacos.discovery.port	-1	默认情况下不用配置，会自动探测
命名空间	spring.cloud.nacos.discovery.namespace		常用场景之一是不同环境的注册的区分隔离，如开发测试环境和生产环境的资源（如配置、服务）隔离等
AccessKey	spring.cloud.nacos.discovery.access-key		当要上阿里云时，阿里云上面的一个云账号
SecretKey	spring.cloud.nacos.discovery.secret-key		当要上阿里云时，阿里云上面的一个云账号密码
Metadata	spring.cloud.nacos.discovery.metadata		使用Map格式配置，用户可以根据自己的需要自定义一些和服务相关的元数据信息
日志文件名	spring.cloud.nacos.discovery.log-name		
集群	spring.cloud.nacos.discovery.cluster-name	DEFAULT	Nacos集群名称
接入点	spring.cloud.nacos.discovery.endpoint		地域的某个服务的入口域名，通过此域名可以动态地获得服务端地址
是否集成 LoadBalancer	spring.cloud.loadbalancer.nacos.enabled	false	
是否开启 Nacos Watch	spring.cloud.nacos.discovery.watch.enabled	true	可以设置成false来关闭

图 5-10　Nacos Discovery Starter 的配置项

157

5.2.3　服务调用

服务调用是指分布式架构系统中多个服务模块之间的调用，如在某分布式工业系统中监控模块需要调用被监控模块接口。在 Spring Cloud 中服务调用组件使用的是 Spring Cloud OpenFeign，该项目通过自动配置和绑定到 Spring Environment 和其他 Spring 编程模型习惯用法，为 Spring Boot 应用程序提供了 OpenFeign 集成。

Feign 是一个声明式 Web 服务客户机，它使编写 Web 服务客户机更容易。要使用 Feign，需创建一个接口并对其进行注解。它支持可插式注解，包括 Feign 注解和 JAX-RS 注解。Feign 还支持可插式编码器和解码器。Spring Cloud 增加了对 Spring MVC 注解的支持，并支持使用 Spring Web 中默认的 HttpMessageConverters。Spring Cloud 集成了 Spring Cloud CircuitBreaker 及 Spring Cloud LoadBalancer，在使用 Feign 时会提供一个负载均衡的 HTTP 客户端。

1.　在项目中使用 Spring Cloud OpenFeign

要在项目中使用 Feign，请使用 groupId 为 org.springframework.cloud 和 artifactId 为 spring-cloud-starter-openfeign 的启动器，如下所示。

```
<dependency>
    <groupId>org.springframework.cloud</groupId>
    <artifactId>spring-cloud-starter-openfeign</artifactId>
</dependency>
```

2.　Feign 服务调用案例

服务调用模块启动类的代码如下。

```
@SpringBootApplication
@EnableFeignClients
public class Application {
    public static void main(String[] args) {
        SpringApplication.run(Application.class, args);
    }
}
```

服务调用模块 Feign 客户端的代码如下。

```
@FeignClient("stores")
public interface StoreClient {
    @RequestMapping(method = RequestMethod.GET, value = "/stores")
    List<Store> getStores();

    @RequestMapping(method = RequestMethod.GET, value = "/stores")
    Page<Store> getStores(Pageable pageable);

    @RequestMapping(method = RequestMethod.POST, value = "/stores/{storeId}", consumes =
"application/json")
    Store update(@PathVariable("storeId") Long storeId, Store store);

    @RequestMapping(method = RequestMethod.DELETE, value = "/stores/{storeId:\\d+}")
    void delete(@PathVariable Long storeId);
}
```

在@FeignClient 注解中，stores 是一个任意的客户端名称（被调用服务注册中心中的名称），用于创建 Spring Cloud LoadBalancer 客户端。可以使用 URL 属性（绝对值或只是一个主机名）指定。应用程序上下文中 Bean 的名称是接口的全限定名称。要指定自己的别名，可以使用@FeignClient 注解的限定符值。

上面的负载均衡器客户机将希望发现 stores 服务的物理地址。如果应用程序是 Nacos 客户机，那么它将解析 Nacos 服务注册中心中的服务。

3．Feign 配置说明

Spring Cloud OpenFeign 默认为 Feign 提供的 Bean（BeanType BeanName: ClassName）如表 5-1 所示。

表 5-1　默认提供的 Bean

类型	作用	说明
feign.Logger.Level	修改日志级别	包含 4 种不同的级别：NONE、BASIC、HEADERS、FULL
feign.codec.Decoder	响应结果的解析器	对 HTTP 远程调用的结果做解析，如解析 JSON 字符串为 Java 对象
feign.codec.Encoder	请求参数编码	将请求参数编码，便于通过 HTTP 请求发送
feign. Contract	支持的注解格式	默认是 Spring MVC 的注解
feign. Retryer	失败重试机制	请求失败的重试机制，默认没有，不过会使用 Ribbon 的重试

下面以日志 Bean 为例，通过配置文件和代码的方式来演示如何自定义配置。

（1）配置文件方式。

基于配置文件修改 Feign 的日志级别可以针对单个服务，如下所示。

```
feign:
  client:
    config:
      stores: # 针对某个微服务的配置
        loggerLevel: FULL # 日志级别
```

针对所有服务，如下所示。

```
feign:
  client:
    config:
      default: # 这里用 default 就是全局配置，如果为服务名称就是针对某个微服务的配置
        loggerLevel: FULL #  日志级别
```

日志的级别分为如下 4 种。

- NONE：不记录任何日志信息，这是默认值。
- BASIC：仅记录请求的方法、URL 以及响应状态码和执行时间。
- HEADERS：在 BASIC 的基础上，额外记录请求和响应的头信息。
- FULL：记录所有请求和响应的明细，包括头信息、请求体、元数据。

（2）代码方式。

基于 Java 代码来修改日志级别，先声明一个配置类，再在配置类中声明一个 Logger.Level 的对象，如下所示。

```
public class DefaultFeignConfiguration  {
    @Bean
    public Logger.Level feignLogLevel(){
        return Logger.Level.BASIC; // 日志级别为 BASIC
    }
}
```

如果要全局生效，将其放到启动类的@EnableFeignClients 注解中，如下所示。

```
@EnableFeignClients(defaultConfiguration = DefaultFeignConfiguration .class)
```

如果是局部生效，就把它放到对应的@FeignClient 注解中，如下所示。

```
@FeignClient(value = " stores ", configuration = DefaultFeignConfiguration .class)
```

4．Feign 的最佳实践

Feign 底层发起 HTTP 请求，依赖于其他框架。其底层客户端实现包括如下几种。

- URLConnection：默认实现，不支持连接池。

- Apache HttpClient：支持连接池。
- OKHttp：支持连接池。

因此，提高 Feign 的性能的主要手段就是使用带有连接池的客户端实现代替默认的 URLConnection。这里用 Apache HttpClient 来替换默认的客户端实现。需要在服务调用模块的 pom.xml 文件中引入 Apache 的 HttpClient 依赖，如下所示。

```
<!--HttpClient 依赖 -->
<dependency>
    <groupId>io.github.openfeign</groupId>
    <artifactId>feign-httpclient</artifactId>
</dependency>
```

引入依赖之后需要做的就是在服务调用模块的配置文件中配置客户端实现的具体配置信息，如下所示为使用 yml 格式的配置文件进行配置。

```
feign:
  client:
    config:
      default: # default 全局的配置
        loggerLevel: BASIC # 日志级别
  httpclient:
    enabled: true # 开启 Feign 对 HttpClient 的支持
    max-connections: 200 # 最大的连接数
    max-connections-per-route: 50 # 每个路径的最大连接数
```

只是替换默认的客户端实现是远远不够的，分布式架构系统在一般情况下的服务是比较多的。所以有必要将 Feign 的 Client 抽取为独立模块，并且把与接口有关的实体类、默认的 Feign 配置都放到这个模块中，最终以依赖的方式提供给所有消费者使用。这里举例说明，如图 5-11 所示。

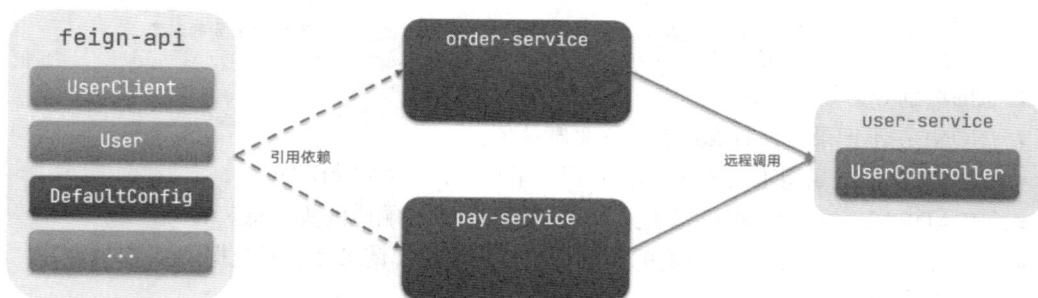

图 5-11　Feign 最佳实践

这里列举了 order-service（订单服务模块）、pay-service（支付服务模块）、user-service（用户服务模块），订单服务模块和支付服务模块都需要调用用户服务模块中的控制器，所以 feign-api 需要被引入订单服务模块和支付服务模块中。feign-api 中包含 Feign 客户端、实体类等。订单服务模块和支付服务模块通过 feign-api 中的方法去调用用户服务模块。

5.2.4　负载均衡

分布式架构的系统中会出现一个服务有多个副本的情况，当想要调用服务时该如何进行呢？开发者无须因此而为难，因为 Spring Cloud 底层会利用一个名为 Ribbon 的组件来实现负载均衡的调用服务。Ribbon 的工作流程如图 5-12 所示。

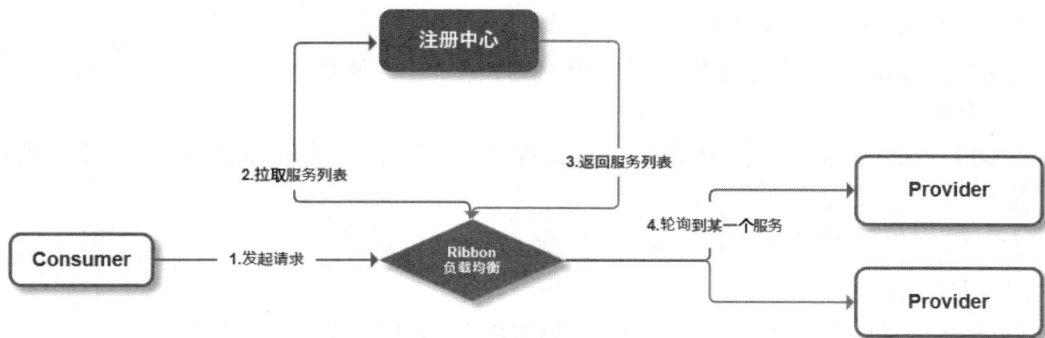

图 5-12   Ribbon 的工作流程

1. 负载均衡策略

Ribbon 访问服务也是通过相关负载均衡策略进行的, 负载均衡的规则都定义在 IRule 接口中, 而 IRule 有很多不同的实现类, 如图 5-13 所示。

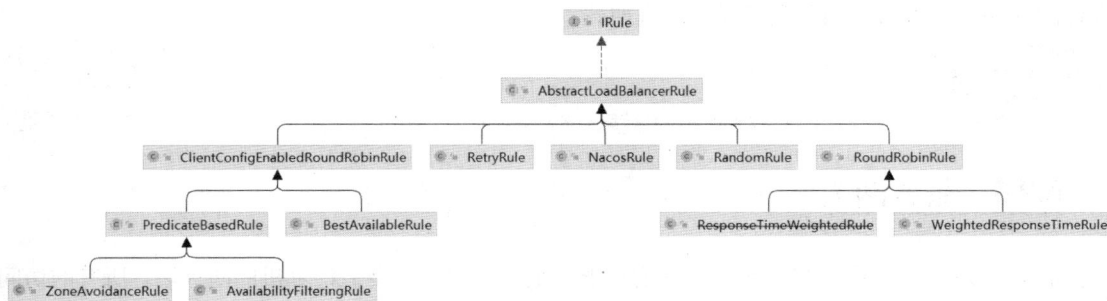

图 5-13   IRule 实现类

不同规则的含义如表 5-2 所示。

表 5-2   负载规则

内置负载均衡规则	规则描述
RoundRobinRule	简单轮询服务列表来选择服务器。它是 Ribbon 默认的负载均衡规则
AvailabilityFilteringRule	对以下两种服务器进行忽略：①在默认情况下，服务器如果 3 次连接失败，这台服务器就会被设置为短路状态。短路状态将持续 30s，如果再次连接失败，短路的持续时间就会几何级地增加。②并发连接数过多的服务器。如果一台服务器的并发连接数过多，配置了 AvailabilityFilteringRule 规则的客户端也会将其忽略。并发连接数的上限可以由客户端的<clientName>.<clientConfigNameSpace>.ActiveConnectionsLimit 属性进行配置
WeightedResponseTimeRule	为每台服务器赋予一个权重值。服务器响应时间越长，服务器的权重就越小。这个规则会随机选择服务器，权重值会影响服务器的选择
ZoneAvoidanceRule	以区域可用的服务器为基础进行服务器的选择。使用 Zone 对服务器进行分类，这个 Zone 可以理解为一个机房、一个机架等。而后再对 Zone 内的多个服务做轮询
BestAvailableRule	忽略那些短路的服务器，并选择并发连接数较少的服务器
RandomRule	随机选择一个可用的服务器
RetryRule	重试机制的选择逻辑

161

2. 自定义负载均衡策略

通过定义 IRule 实现类可以修改负载均衡规则，有如下两种方式。

（1）代码方式。

这里以 order-service 为例，在 order-service 配置类中定义一个新的 IRule 实现类，如下所示。

```
@Bean
public IRule randomRule(){
    return new RandomRule();
}
```

（2）配置文件方式。

在 order-service 的 application.yml 文件中添加新的配置修改规则，如下所示。

```
userservice: # 给某个微服务配置负载均衡规则，这里是 userservice 服务
  ribbon:
    NFLoadBalancerRuleClassName: com.netflix.loadbalancer.RandomRule # 负载均衡规则
```

3. 配置负载均衡加载模式

Ribbon 默认采用懒加载，即第一次访问时才会去创建 LoadBalancerClient，请求时间会很长。为了改变这种现状可使用饥饿加载，饥饿加载会在项目启动时创建 LoadBalancerClient 减少第一次访问的耗时，可通过如下配置开启饥饿加载。

```
ribbon:
  eager-load:
    enabled: true
    clients: userservice # 指定饥饿加载的服务名称
```

5.2.5 服务网关

服务网关是服务的"守门神"，是所有微服务的统一入口，类似计算机的防火墙。所有的访问都需要经过服务网关，如图 5-14 所示。在 Spring Cloud 中网关的实现有 Zuul、Gateway。Zuul 是基于 Servlet 的实现，属于阻塞式编程。而 Gateway 则是基于 WebFlux 的实现，属于响应式编程，具备更好的性能。这里将围绕网关组件进行讲解。

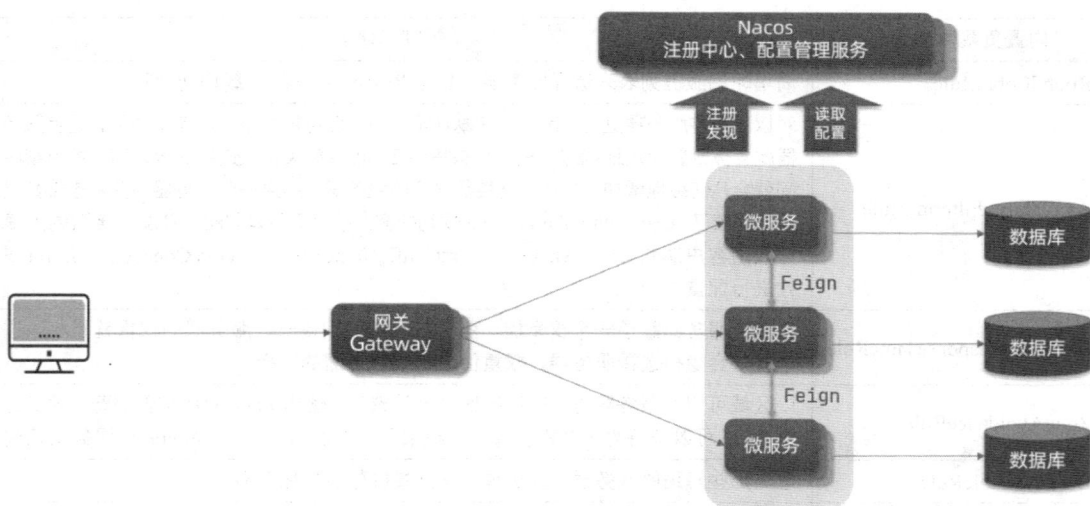

图 5-14 网关功能

Gateway 是 Spring Cloud 的一个全新项目，该项目是基于 Spring 5.0、Spring Boot 2.0 和 Project Reactor 等响应式编程和事件流技术开发的网关，它旨在为微服务架构提供一种简单有效的、统一的 API 路由管理方式。

网关的核心特性如下。

- 权限控制：网关作为微服务的入口，需要校验用户是否有请求资格，如果没有就进行拦截。
- 路由和负载均衡：一切请求都必须先经过网关，但网关不处理业务，而是根据某种规则，把请求转发给某个微服务，这个过程称为路由。当路由的目标服务有多个时，还需要做负载均衡。
- 限流：当请求流量过高时，在网关中可以按照下游的微服务能够接收的速度来放行请求，以避免服务压力过大。

1. 网关快速入门

（1）在分布式项目中使用。

根据网关的特性，在分布式项目中使用网关时，需要单独地创建一个网关服务模块并引入如下依赖。

```
<!--网关-->
<dependency>
    <groupId>org.springframework.cloud</groupId>
    <artifactId>spring-cloud-starter-gateway</artifactId>
</dependency>
<!--Nacos 服务发现依赖-->
<dependency>
    <groupId>com.alibaba.cloud</groupId>
    <artifactId>spring-cloud-starter-alibaba-nacos-discovery</artifactId>
</dependency>
```

Nacos 作为服务注册与发现组件使用，以方便网关获取分布式系统中的所有服务列表。引入相关依赖之后需要做的就是对网关服务模块的配置文件进行配置，如下以 yml 格式的配置文件展示网关的相关配置。

```
server:
  port: 10010 # 网关端口
spring:
  application:
    name: gateway # 服务名称
  cloud:
    nacos:
      server-addr: localhost:8848 # Nacos 地址
    gateway:
      routes: # 网关路由配置
        - id: user-service # 路由 ID，自定义，只要唯一即可
          # uri: http://127.0.0.1:8081 # 路由的目标地址，即固定地址
          uri: lb://userservice # 路由的目标地址，lb 表示负载均衡，后面跟服务名称
          predicates: # 路由断言，也就是判断请求是否符合路由规则的条件
            - Path=/user/** # 按照路径匹配，只要以 "/user/" 开头就符合要求
```

将符合 Path 规则的一切请求都代理到 uri 参数指定的地址。本例中将以 "/user/**" 开头的请求代理到 "lb://userservice"，lb 表示负载均衡，根据服务名拉取服务列表（Nacos 起到关键作用）实现负载均衡，示例架构如图 5-15 所示。

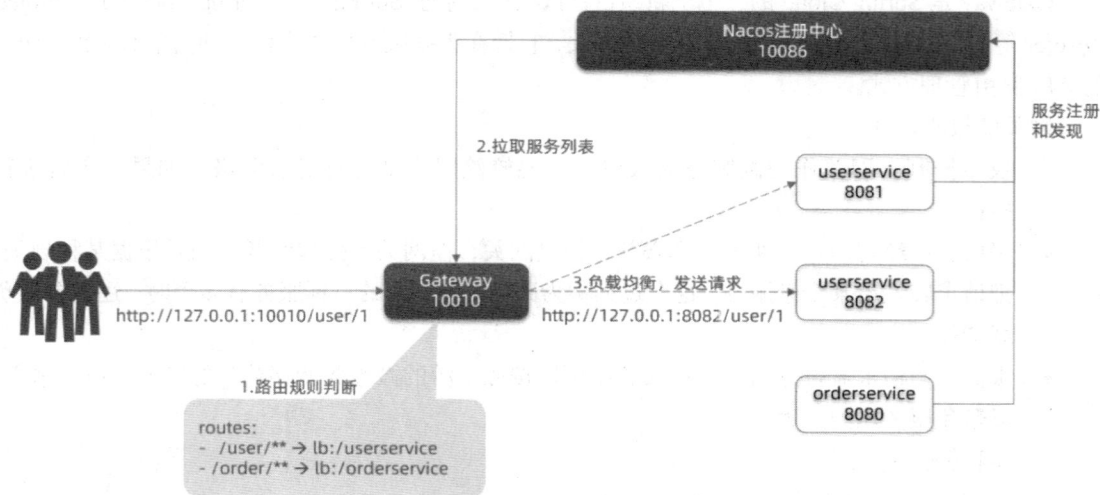

图 5-15　示例架构

（2）断言工厂。

在配置文件中编写的断言规则只是字符串，这些字符串会被 Predicate Factory 读取并处理，转变为路由判断的条件。例如"-Path=/user/**"表示按照路径匹配，这个规则是由 org.springframework. cloud.gateway.handler.predicate.PathRoutePredicateFactory 类来处理的。像这样的断言工厂在 Spring Cloud Gateway 中还有一些，如表 5-3 所示。

表 5-3　断言工厂

名称	说明	示例
After	某个时间点后的请求	- After=2037-01-20T17:42:47.789-07:00[America/Denver]
Before	某个时间点之前的请求	- Before=2031-04-13T15:14:47.433+08:00[Asia/Shanghai]
Between	某两个时间点之间的请求	-Between=2037-01-20T17:42:47.789-07:00[America/Denver], 2037-01-21T17:42:47.789-07:00[America/Denver]
Cookie	请求必须包含某些 Cookie	- Cookie=chocolate, ch.p
Header	请求必须包含某些 Header	- Header=X-Request-Id, \d+
Host	请求必须是访问某个 Host（域名）	- Host=.somehost.org,.anotherhost.org
Method	请求方式必须是指定方式	- Method=GET,POST
Path	请求路径必须符合指定规则	- Path=/red/{segment},/blue/**
Query	请求参数必须包含指定参数	- Query=name, Jack 或者- Query=name
RemoteAddr	请求者的 IP 地址必须在指定范围	- RemoteAddr=192.168.1.1/24

（3）过滤器工厂。

Gateway Filter 是网关中提供的一种过滤器，可以对进入网关的请求和微服务返回的响应做处理，如图 5-16 所示。

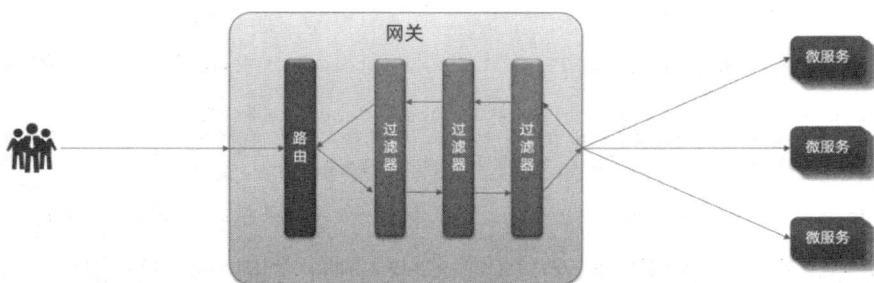

图 5-16　Gateway Filter

Spring Cloud Gateway 提供了许多不同的过滤器工厂，如表 5-4 所示。

表 5-4　过滤器工厂

名称	说明
AddRequestHeader	给当前请求添加一个请求头
RemoveRequestHeader	移除请求中的一个请求头
AddResponseHeader	给响应结果添加一个响应头
RemoveResponseHeader	从响应结果中移除一个响应头
…	……

下面以 AddRequestHeader 为例来讲解。给所有进入 user-service 模块的请求添加一个请求头 "Msg=Hello World!"，只需要修改 Gateway 服务的 application.yml 文件，添加路由过滤即可，如下所示。

```
spring:
  cloud:
    gateway:
      routes:
      - id: user-service
        uri: lb://userservice
        predicates:
        - Path=/user/**
        filters: # 过滤器
        - AddRequestHeader= Msg,Hello World! # 添加请求头
```

如果要对所有的路由都生效，那么可以将过滤器工厂写到 default 下，格式如下。

```
spring:
  cloud:
    gateway:
      routes:
      - id: user-service
        uri: lb://userservice
        predicates:
        - Path=/user/**
      default-filters: # 默认过滤项
      - AddRequestHeader= Msg,Hello World!
```

（4）全局过滤器。

虽然网关提供了很多过滤器工厂，但它们生产出来的每种过滤器的作用都是固定的，若希望拦截请求做自己的业务逻辑，则没办法实现。为了达到目的，需要使用网关提供的全局过滤器。

全局过滤器的作用也是处理一切进入网关的请求和微服务响应，与 Gateway Filter 的作用一样。区别在于 Gateway Filter 通过配置定义，处理逻辑是固定的，而全局过滤器的逻辑需要开发者自己编写代码实现。定义方式是实现 GlobalFilter 接口，如下所示。

```
@Order(-1)
@Component
```

```
public interface GlobalFilter {
    /**
     *  处理当前请求，有必要的话通过{@link GatewayFilterChain}将请求交给下一个过滤器处理
     *
     * @param exchange 请求上下文，可以获取 Request、Response 等信息
     * @param chain 用来把请求委托给下一个过滤器
     * @return {@code Mono<Void>} 返回表示当前过滤器业务结束
     */
    Mono<Void> filter(ServerWebExchange exchange, GatewayFilterChain chain);
}
```

在全局过滤器中编写自定义逻辑，可以实现登录状态判断、权限校验、请求限流等。请求进入网关会碰到 3 类过滤器：路由过滤器、默认过滤器、全局过滤器。请求路由后会将路由过滤器、默认过滤器和全局过滤器合并到一个过滤器链（集合）中，排序后依次执行每个过滤器，如图 5-17 所示。

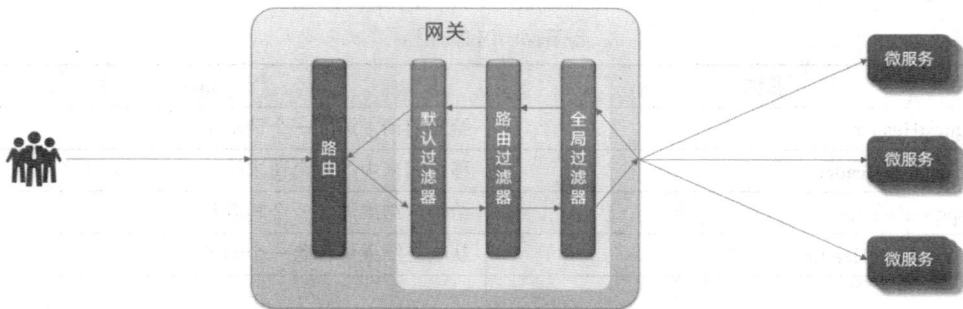

图 5-17　过滤器执行示意

排序的规则是必须为每个过滤器指定一个 int 类型的 order 值，order 值越小，优先级越高，执行顺序越靠前。全局过滤器通过实现 Ordered 接口，或者添加@Order 注解来指定 order 值，由开发者自己指定。路由过滤器和默认过滤器的 order 值由 Spring 指定，默认是按照声明顺序从 1 递增。当过滤器的 order 值一样时，会按照默认过滤器、路由过滤器、全局过滤器的顺序执行。

2. 解决跨域问题

跨域问题可以归咎于域名不一致，主要包括如下情况。

- 域名不同：如 www.taobao.com 和 www.taobao.org，www.jd.com 和 miaosha.jd.com。
- 域名相同，端口不同：如 localhost:8080 和 localhost:8081。

浏览器禁止请求的发起者与服务端发生跨域 Ajax 请求。在网关服务中处理跨域问题非常容易，可以在 application.yml 文件中添加如下配置。

```
spring:
  cloud:
    gateway:
      globalcors: # 全局的跨域处理
        add-to-simple-url-handler-mapping: true # 解决 OPTIONS 请求被拦截问题
        corsConfigurations:
          '[/**]':
            allowedOrigins: # 允许哪些网站的跨域请求
              - "http://localhost:8090"
            allowedMethods: # 允许的跨域 Ajax 请求方式
              - "GET"
              - "POST"
              - "DELETE"
              - "PUT"
              - "OPTIONS"
            allowedHeaders: "*"      # 允许在请求中携带的头信息
            allowCredentials: true # 是否允许携带 Cookie
            maxAge: 360000          # 这次跨域检测的有效期
```

5.2.6　远程配置

远程配置是一种用来动态管理分布式系统中的配置文件的微服务，原理是 Spring Boot 通过 Git 或 Nacos 获取配置信息。由于每个服务都需要配置才能运行，一个个地管理与配置非常困难，因此可以把集群中的配置放到分布式配置中心进行集中管理，从而实现高内聚，方便维护。这里使用 Spring Cloud Alibaba Nacos Config，其可基于 Spring Cloud 的编程模型快速接入 Nacos 配置管理功能，其工作流程如图 5-18 所示。

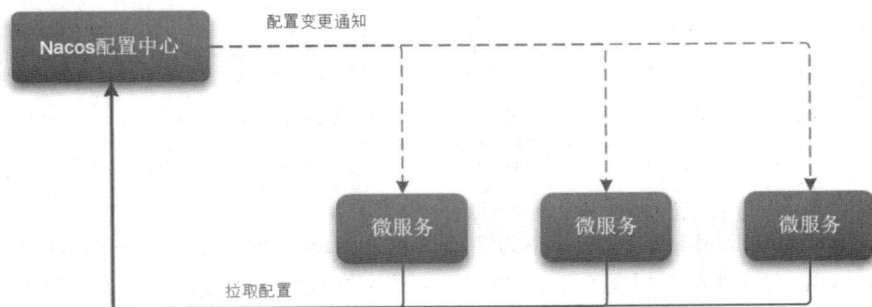

图 5-18　Nacos 配置管理工作流程

1.　项目引入

如果要在项目中使用 Nacos 来实现配置管理，可使用 groupId 为 com.alibaba.cloud 和 artifactId 为 spring-cloud-starter-alibaba-nacos-config 的启动器，如下所示。

```
<dependency>
    <groupId>com.alibaba.cloud</groupId>
    <artifactId>spring-cloud-starter-alibaba-nacos-config</artifactId>
</dependency>
```

2.　Nacos 的配置管理功能

Nacos Config 使用 Data ID 和 Group 确定配置。Data ID 使用 myDataid，Group 使用 DEFAULT_GROUP，配置格式为 Properties，如图 5-19 所示。接下来通过一个远端配置案例讲解 Nacos 的配置管理功能。

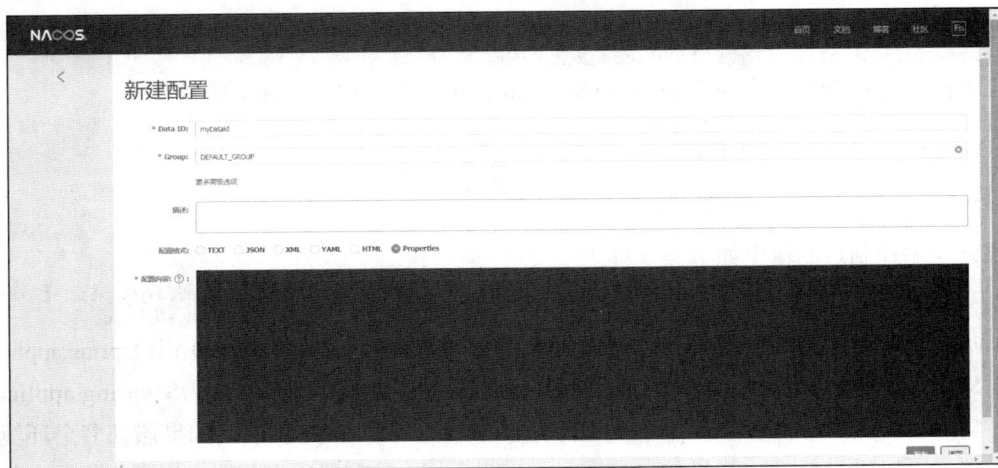

图 5-19　新增配置

（1）在配置中心添加配置。

待 Nacos Server 启动后，添加如下配置。

```
Data ID:     nacos-config.properties
Group :      DEFAULT_GROUP
配置格式：     Properties
配置内容：     user.name=nacos-config-properties
             user.age=90
```

（2）在客户端使用远程配置。

在项目中使用 Nacos 来实现应用的外部化配置，需要添加 spring-cloud-starter-alibaba-nacos-config 依赖。在 Spring Boot 应用的启动类中编写如下代码来获取远程配置中的属性值。

```
@SpringBootApplication
public class NacosConfigApplication {
    public static void main(String[] args) {
        ConfigurableApplicationContext applicationContext = SpringApplication.run
(ConfigApplication.class, args);
        String userName = applicationContext.getEnvironment().getProperty("user.name");
        String userAge = applicationContext.getEnvironment().getProperty("user.age");
        System.err.println("user name :"+userName+"; age: "+userAge);
    }
}
```

注意，当 spring-cloud-alibaba 的版本为 2021.1 时，Nacos 获取配置时 bootstrap.yml 文件将先于 application.yml 文件加载。根据 Spring 的官方文档中提及的（要使用传统的引导方式连接到配置服务器，必须通过属性或启动器启用引导）[bootstrap]，为解决此问题，建议在项目的 pom.xml 文件中加上如下依赖。

```
<dependency>
    <groupId>org.springframework.cloud</groupId>
    <artifactId>spring-cloud-starter-bootstrap</artifactId>
    <version>3.1.1</version>
</dependency>
```

在运行此 NacosConfigApplication 之前，必须使用 bootstrap.properties 配置文件来配置 Nacos Server 地址，示例如下。

```
# Data ID 默认使用 spring.application.name（配置跟文件扩展名结合），配置格式默认使用 Properties，
Group 默认使用 DEFAULT_GROUP。因此该配置文件对应的 Nacos Config 配置的 Data ID 为 nacos-config.
properties，Group 为 DEFAULT_GROUP
spring.application.name=nacos-config
spring.cloud.nacos.config.server-addr=127.0.0.1:8848
```

Nacos Config 除了支持 Properties 格式，也支持 YAML 格式。这个时候只需在应用的 bootstrap.properties 配置文件中显式地声明 Data ID 文件扩展名，如下所示。

```
spring.cloud.nacos.config.file-extension=yaml
```

在 Nacos 的控制台新增一个 Data ID 以.yaml 为扩展名的配置，如下所示。

```
Data ID:     nacos-config.yaml
Group :      DEFAULT_GROUP
配置格式：     YAML
配置内容：     user.name: nacos-config-yaml
             user.age: 68
```

最终应用控制台的输出如下。

```
INFO 32928 --- [main] c.a.demo.provider.ConfigApplication:Started ConfigApplication in
14.183 seconds (JVM running for 14.671)user name :nacos-config-yaml; age: 68
```

Nacos Config 在加载配置的时候默认支持配置的动态更新。加载 Data ID 以${spring.application.name}.${file-extension:properties}为前缀的基础配置，还加载了 Data ID 为${spring.application.name}-${profile}.${file-extension:properties}的基础配置。在日常开发中，如果遇到多个环境下的不同配置，可以通过 Spring 提供的 ${spring.profiles.active} 配置项来配置。当通过配置文件来指

定时，${spring.profiles.active}必须放在 bootstrap.properties 文件中。

Nacos 上新增一个 Data ID 为 nacos-config-develop.yaml 的基础配置，如下所示。

```
Data ID:        nacos-config-develop.yaml
Group   :       DEFAULT_GROUP
配置格式：         YAML
配置内容：         current.env: develop-env
```

3. 关于 Nacos Config Starter 的配置项

更多关于 Nacos Config Starter 的配置项如图 5-20 所示。

配置项	Key	默认值	说明
服务端地址	spring.cloud.nacos.config.server-addr		Nacos Server 启动监听的IP 地址和端口
配置对应的 Data ID	spring.cloud.nacos.config.prefix		先取 prefix，再取 name，最后取 spring.application.name
配置内容编码	spring.cloud.nacos.config.encode		读取的配置内容对应的编码
Group	spring.cloud.nacos.config.group	DEFAULT_GROUP	配置对应的组
文件扩展名	spring.cloud.nacos.config.fileExtension	properties	配置项对应的文件扩展名，目前支持 properties 和 yaml（yml）
获取配置超时时间	spring.cloud.nacos.config.timeout	3000	客户端获取配置的超时时间（单位为毫秒）
接入点	spring.cloud.nacos.config.endpoint		地域的某个服务的入口域名，通过此域名可以动态地获得服务端地址
命名空间	spring.cloud.nacos.config.namespace		常用场景之一是不同环境的配置的区分隔离，例如开发测试环境和生产环境的资源（如配置、服务）隔离等
AccessKey	spring.cloud.nacos.config.accessKey		当要上阿里云时，阿里云的一个云账号
SecretKey	spring.cloud.nacos.config.secretKey		当要上阿里云时，阿里云的一个云账号密码
Nacos Server 对应的 context Path	spring.cloud.nacos.config.contextPath		Nacos Server 对外暴露的 contextPath
集群	spring.cloud.nacos.config.clusterName		配置成Nacos集群名称
共享配置	spring.cloud.nacos.config.sharedDataids		共享配置的 Data ID，以逗号分隔
共享配置动态刷新	spring.cloud.nacos.config.refreshableDataids		共享配置中需要动态刷新的 Data ID，以逗号分隔
自定义 Data ID 配置	spring.cloud.nacos.config.extConfig		属性是个集合，内部由Config POJO组成。Config有3个属性，分别是dataId、group 及refresh

图 5-20　Nacos Config Starter 的配置项

5.2.7　服务熔断

在分布式环境中不可避免地会有服务和服务之间调用失败的情况，为了保障分布式系统的正常运行，需要使用熔断器将调用失败的请求及时熔断。这里主要讲解以 Hystrix 作为熔断服务组件。

Hystrix 是一个用于处理分布式系统的延迟和容错的开源库。在分布式系统里，许多依赖会不可避免地调用失败，如超时、异常等，Hystrix 能保证在一个依赖出现问题的情况下，不会导致整体服务失败，避免出现级联故障，以提高分布式系统的稳定性。熔断器本身是一种开关装置，当某个服务单元发生故障之后，通过熔断器的故障监控（类似熔断保险丝），向调用方返回一个符合预期的、可处理的备选响应，而不是长时间等待或抛出调用方无法处理的异常。这样就保证了服务调用方的线程不会被长时间、不必要的占用，从而避免了故障在分布式系统中的蔓延，乃至"雪崩"。

Hystrix 旨在执行以下操作。

- 针对通过第三方客户端库（通常通过网络）访问的依赖项提供延迟和控制。
- 避免复杂分布式系统中出现级联故障。
- 快速失败并快速恢复。
- 尽可能回退并正常降级。
- 实现近乎实时的监控、报警和操作控制。

1．Hystrix 的工作原理与使用

Hystrix 如何隔离服务调用？采用舱壁模式。Docker 就是舱壁模式的一种，在 Hystrix 中，主要通过线程池来实现资源隔离。通常在使用的时候会根据调用的远程服务划分出多个线程池。

比如说 A 服务调用 B、C 两个服务，如果调用 B、C 服务都用一个线程池，那么当 B 服务因某种原因阻塞、资源没被释放时，调用 B 服务的请求又来了，会导致后面的请求都阻塞，最终导致线程池资源耗尽，也导致 C 服务不可用。假设这时线程池中有 100 个线程可用，给 B 服务分配 50 个，给 C 服务分配 50 个，当 A 服务调用 B、C 两个服务时，就算 B 服务不可用，C 服务依然可以用。

Hystrix 使用命令模式 HystrixCommand 包装依赖调用逻辑，每个命令在单独线程中/信号授权的情况下执行。可配置依赖调用超时时间，超时时间一般设为比 99.5%平均时间略长即可。Hystrix 为每个依赖提供了一个小的线程池（或信号），如果线程池已满，调用将被立即拒绝，默认不采用排队加速失败判定时间。依赖调用的结果分成功、失败（抛出异常）、超时、线程拒绝、短路。请求失败时执行 fallback 逻辑。熔断器组件可以自动运行或手动调用，停止当前依赖一段时间（10s），熔断器默认错误率阈值为 50%，超过此阈值将自动运行，并且提供近实时依赖的统计和监控。

Hystrix 的熔断设计如下。

- 熔断请求判断机制算法：使用无锁循环队列计数，每个熔断器默认维护 10 个 bucket，每秒一个 bucket，每个 bucket 记录请求的成功、失败、超时、拒绝状态，默认错误超过 50% 且 10s 内超过 20 个请求进行中断拦截。
- 熔断恢复：对于被熔断的请求，每隔 5s 允许部分请求通过；若请求都是健康的（RT<250ms），则对请求健康进行恢复。
- 熔断报警：将熔断的请求记入日志，异常请求超过某些设定则报警。

Hystrix 的隔离设计如下。

- 线程池隔离模式：使用一个线程池来存储当前的请求，线程池对请求做处理，设置任务返回处理超时时间，将堆积的请求列入线程池队列。这种模式需要为每个依赖的服务申请线程池，有一定的资源消耗，其优点是可以应对突发流量（流量洪峰来临时，处理不完可将请求存储到线程池队列里，之后慢慢处理）。
- 信号量隔离模式：使用一个原子计数器（或信号量）来记录当前有多少个线程在运行，请求到来时先判断计数器的数值，若超过设置的最大线程个数，则丢弃该类型的新请求，若不超过，则执行计数操作，有请求时计数器的数值加一，请求返回时计数器的数值减一。这种模式是严格控制线程且立即返回模式，无法应对突发流量（流量洪峰来临时，处理的线程超过数量，其他的请求会直接返回，不继续去请求依赖的服务）。

2. Hystrix 与 Feign 结合使用

通过@FeignClient 定义方法定义 name 和 fallbackFactory。name 属性可用于定义方法的 Hystrix 的个性化配置，而不使用全局默认配置。fallbackFactory 设置带有异常信息的回调方法。如下所示。

```
@FeignClient(name="service",fallbackFactory = HystrixClientFallbackFactory.class )
public interface IHystrixClient {
    @RequestMapping(value = "/hystrix/test", method = RequestMethod.POST,consumes=
"application/json;charset=UTF-8")
    String simpleHystrixClientCall(@RequestParam("time") long time);
}
@Component
public class HystrixClientFallbackFactory implements FallbackFactory<IHystrixClient> {
private static final Logger log =LoggerFactory.getLogger(MyHystrixClientFallbackFactory
.class);
    @Override
    public IMyHystrixClient create(Throwable throwable) {
        return new IHystrixClient() {
            @Override
            public String simpleHystrixClientCall(long time) {
                log.error("异常处理={}", throwable);
                return "Execute raw fallback: access service fail , req= " + time +
" reason = " + throwable;
            }
        };
    }
}
```

5.2.8　流量治理

随着微服务的流行，服务和服务之间的稳定性变得越来越重要，所以流量的治理也至关重要。这里主要讲解阿里巴巴开源的一款微服务流量控制组件 Sentinel。Sentinel 是面向分布式、多语言异构化服务架构的流量治理组件，主要以流量为切入点，从流量路由、流量控制、流量整形、熔断降级、系统自适应过载保护、热点流量防护等多个维度来帮助开发者保障微服务的稳定性。Sentinel 具有以下特征。

- 丰富的应用场景：Sentinel 承接了阿里巴巴近 10 年的"双十一大促"流量的核心场景，如"秒杀"（将突发流量控制在系统容量可以承受的范围内）、消息削峰填谷、集群流量控制、实时熔断下游不可用应用等。
- 完备的实时监控：Sentinel 提供实时的监控功能。用户可以在控制台中看到接入应用的单

台机器的秒级数据，甚至 500 台以下规模的集群的汇总运行情况。

- 广泛的开源生态：Sentinel 提供开箱即用的与其他开源框架/库整合的模块，例如与 Spring Cloud、Dubbo、gRPC 整合。用户只需要引入相应的依赖并进行简单的配置即可快速地接入 Sentinel。
- 完善的 SPI（Service Provider Interface，服务提供商接口）：Sentinel 提供简单易用、完善的 SPI。用户可以通过实现扩展接口来快速地定制逻辑，如定制管理规则、适配动态数据源等。

1. 流量控制

流量控制在网络传输中是一个常用的概念，它用于调整网络包的发送数量。然而，从系统稳定性角度考虑，在处理请求的速度上，也有非常多的讲究。任意时间到来的请求往往是随机、不可控的，而系统的处理能力是有限的，需要根据系统的处理能力对流量进行控制。Sentinel 作为一个调配器，可以根据需要把随机的请求调整成合适的形状，如图 5-21 所示。

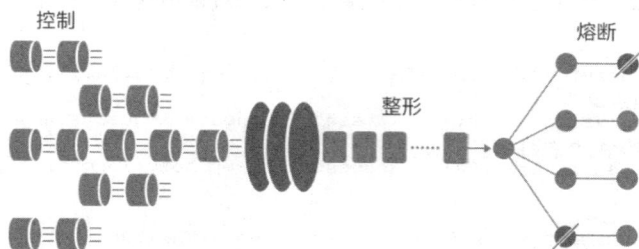

图 5-21　流量控制

流量控制有以下几个角度。

- 资源的调用关系，如资源的调用链路、资源和资源之间的关系。
- 运行指标，如每秒查询率（Queries Per Second，QPS）、线程池、系统负载等。
- 控制的效果，如直接限流、冷启动、排队等。

Sentinel 的设计理念是让开发者自由选择控制的角度，并进行灵活组合，从而达到想要的效果。

2. 熔断降级

除了流量控制，减少调用链路中的不稳定资源也是 Sentinel 的使命之一。由于调用关系复杂，如果调用链路中的某个资源不稳定，最终会导致请求发生堆积，如图 5-22 所示。这个问题和 5.2.2 节中描述的问题是一样的。

Sentinel 和 Hystrix 的原则是一致的：当调用链路中某个资源不稳定（如表现为 timeout）、异常比例升高的时候，则对这个资源的调用进行限制，并让请求快速失败，避免影响其他资源，防止"雪崩"。

3. 熔断降级设计理念

在限制的手段上，Sentinel 和 Hystrix 采取了完全不一样的方法。Hystrix 通过线程池的方式来对依赖进行隔离。这样做的好处是使资源和资源之间做了最彻底的隔离。缺点是除了增加了切换线程的成本，还需要预先给各个资源做线程池大小的分配。Sentinel 对这个问题采取了如下两种手段。

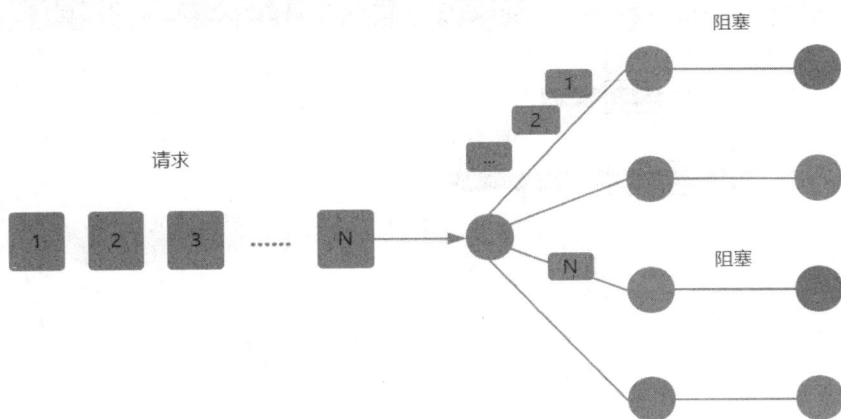

图 5-22　资源调用

第一种：对并发线程数进行控制。与资源池隔离的方法不同，Sentinel 通过控制资源并发线程的数量来减少不稳定资源对其他资源的影响。这样不但没有切换线程的损耗，也不需要预先分配线程池的大小。当某个资源不稳定时（如响应时间变长），对资源的直接影响会造成线程的逐步堆积。当线程在特定资源上堆积到一定的数量之后，对该资源的新请求就会被拒绝，堆积的线程完成任务后才开始继续接收请求。

第二种：通过响应时间对资源进行降级。除了对并发线程数进行控制，Sentinel 还可以通过响应时间来快速使不稳定的资源降级。当依赖的资源出现响应时间过长的情况时，所有对该资源的请求都会被直接拒绝，直到过了指定的时间之后才重新恢复。

4．系统负载保护

Sentinel 提供了系统维度的自适应保护能力。防止"雪崩"是系统防护中重要的一环。当系统负载较高的时候，还持续让请求进入，可能会导致系统崩溃，无法响应。在集群环境下，网络负载均衡会把本应由某台机器承载的流量转发到其他机器上去。如果这个时候其他机器也处在边缘状态，这个增加的流量就会导致这台机器崩溃，最后导致整个集群不可用。针对这种情况，Sentinel 提供了对应的保护机制，可让系统的入口流量和系统的负载达到平衡，保证系统在能力范围之内处理最多的请求。

【任务实施】

5.2.9　原生开发框架升级为微服务

App 开发平台提供原生开发框架的下载按钮。原生开发框架是传统的单体架构，这里需要做的就是将单体架构升级为分布式架构。

1．项目下载预览

在 App 开发平台的 App 原生开发页面中，可以找到开发框架和开发教程的下载按钮，如图 5-23 所示。

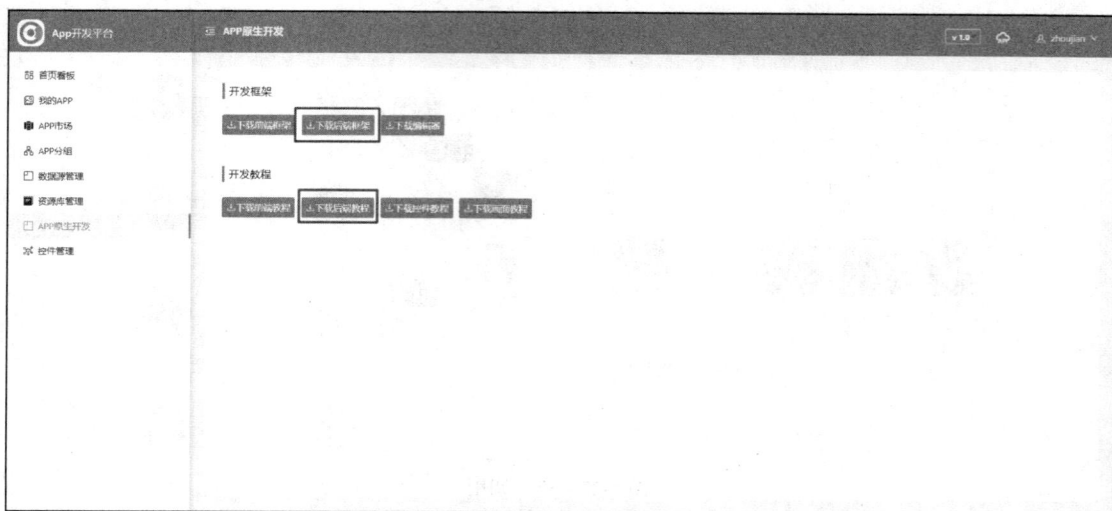

图 5-23　下载按钮

开发框架下载完成之后是一个压缩包，解压之后使用 IDEA 编辑工具打开即可看见原生开发框架的源码，如图 5-24 所示。接下来的一系列操作均在 IDEA 中完成。

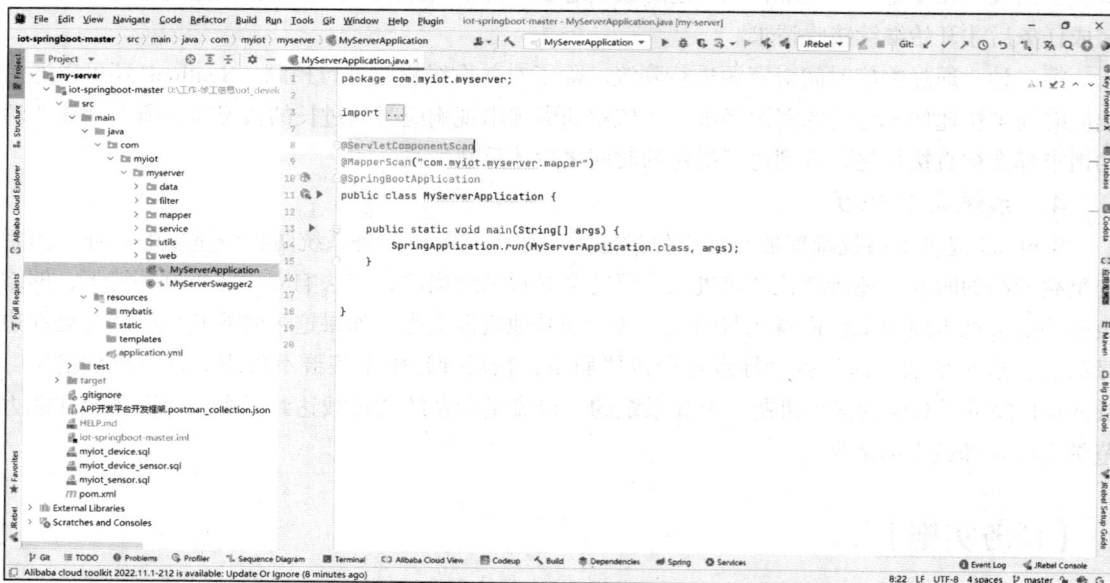

图 5-24　原生开发框架的源码

2．资源抽离

在分布式架构系统中一个服务就是一个小的应用程序，在这里可以将其想象成原生开发框架。根据具体业务，使用原生开发框架去实现不同的功能，在此过程中会使用大量的依赖，相似的类、模板等。为了统一对依赖和资源进行管理，这里有必要对资源进行抽离。

创建父子工程可实现对依赖版本进行统一管理。这里使用 Maven 依赖管理功能，通过父工程管理其子工程的依赖版本。接下来需要做的就是创建一个父工程，并管理好与原生开发框架的父子关系。

（1）创建父工程。

在 IDEA 中单击"File"→"New"→"Module"来创建父工程，如图 5-25 所示。

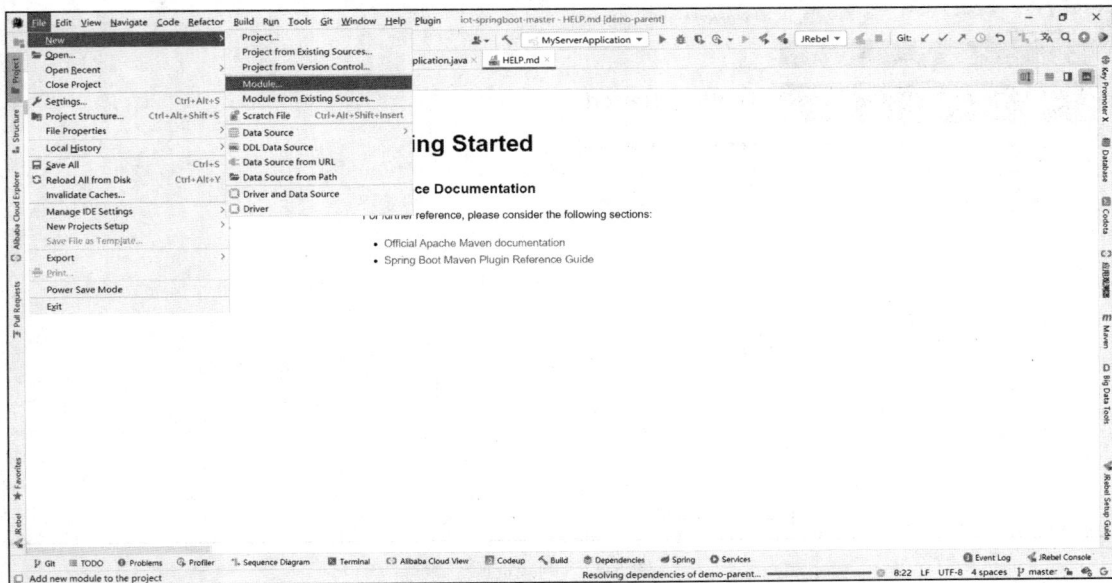

图 5-25　创建父工程

设置父工程的名称、所在位置、语言等，相关信息如图 5-26 所示。设置完成之后单击"Next"按钮直至出现"Finish"按钮，单击该按钮结束父工程的创建。

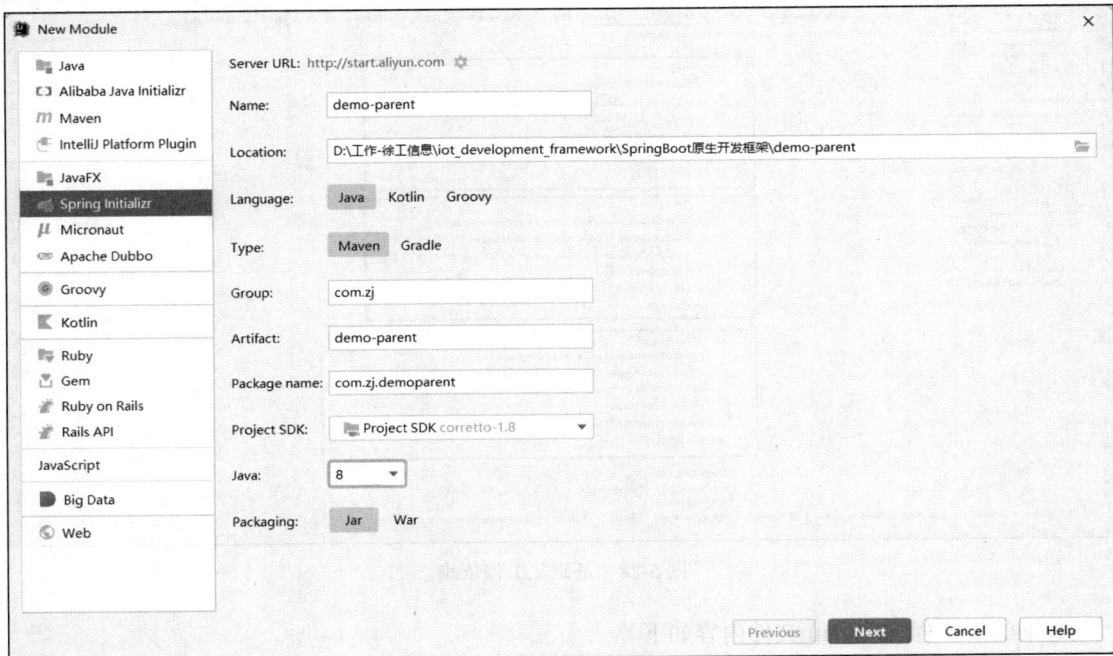

图 5-26　相关信息

创建好 demo-parent 父工程之后，需要对父工程的资源进行删减，如图 5-27 所示，只需保

留.gitignore、pom.xml、README.md 这 3 个文件。

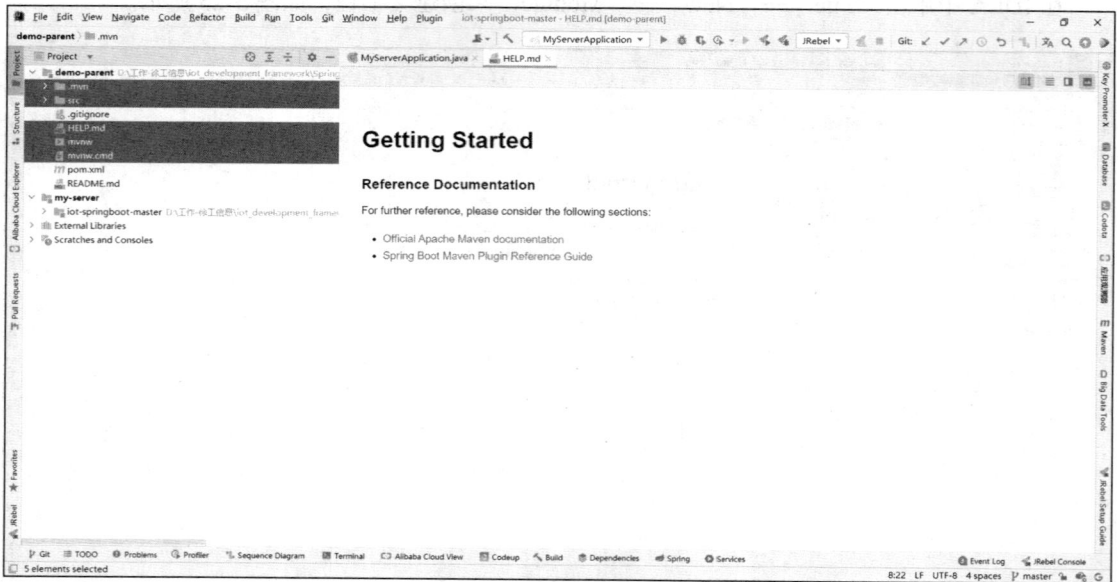

图 5-27　删减资源

修改父工程的 pom.xml 文件，通过 pom.xml 文件对子工程的依赖版本进行管理，并指定父工程。这里引入了 Spring Cloud、Spring Cloud Alibaba、Spring Boot 父工程依赖，如图 5-28 所示。

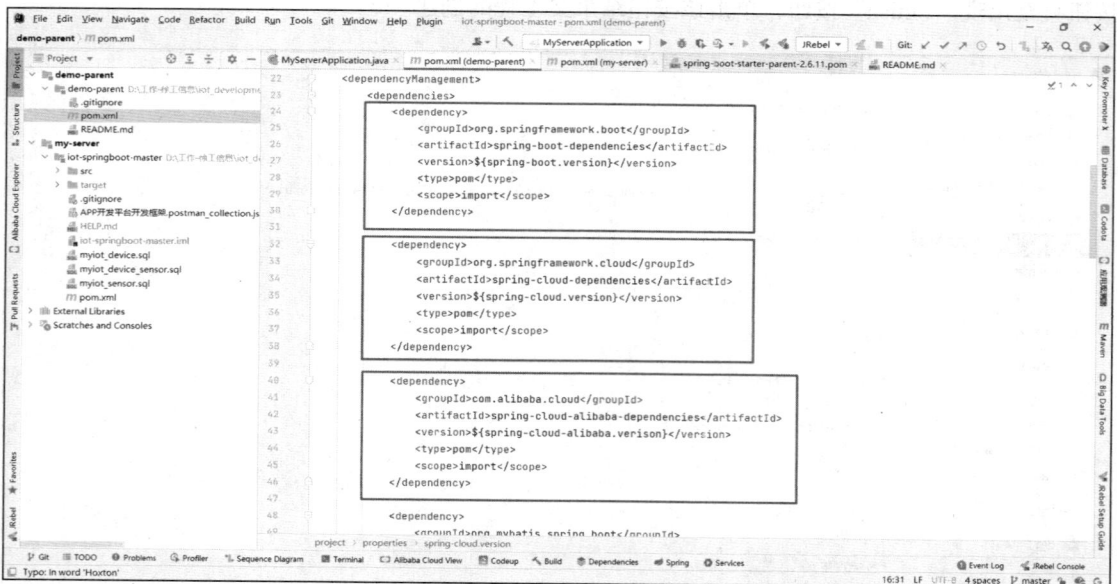

图 5-28　基础父工程依赖

详细的父工程 pom.xml 文件内容如下。

```
<properties>
    <java.version>1.8</java.version>
    <spring-boot.version>2.2.5.RELEASE</spring-boot.version>
    <spring-cloud.version>Hoxton.SR3</spring-cloud.version>
    <spring-cloud-alibaba.verison>2.2.1.RELEASE</spring-cloud-alibaba.verison>
```

```xml
        <mybatis-spring-boot-starter.version>2.2.0</mybatis-spring-boot-starter.version>
        <pagehelper-spring-boot-starter.verison>1.2.3</pagehelper-spring-boot-starter.verison>
        <druid.version>1.0.14</druid.version>
        <lombok.version>1.16.6</lombok.version>
    </properties>
    <!--指定为父工程 -->
    <packaging>pom</packaging>
    <!--所有子工程都携带此依赖-->
    <dependencies>
        <dependency>
            <groupId>org.projectlombok</groupId>
            <artifactId>lombok</artifactId>
            <version>${lombok.version}</version>
        </dependency>
        <dependency>
            <groupId>mysql</groupId>
            <artifactId>mysql-connector-java</artifactId>
            <scope>runtime</scope>
        </dependency>
        <!--数据库连接池-->
        <dependency>
            <groupId>com.alibaba</groupId>
            <artifactId>druid</artifactId>
            <version>${druid.version}</version>
        </dependency>
        <dependency>
            <groupId>org.springframework.boot</groupId>
            <artifactId>spring-boot-starter-test</artifactId>
            <scope>test</scope>
        </dependency>
        <dependency>
            <groupId>org.mybatis.spring.boot</groupId>
            <artifactId>mybatis-spring-boot-starter</artifactId>
            <version>${mybatis-spring-boot-starter.version}</version>
        </dependency>
        <!--分页插件-->
        <dependency>
            <groupId>com.github.pagehelper</groupId>
            <artifactId>pagehelper-spring-boot-starter</artifactId>
            <version>${pagehelper-spring-boot-starter.verison}</version>
            <exclusions>
                <exclusion>
                    <groupId>org.mybatis.spring.boot</groupId>
                    <artifactId>mybatis-spring-boot-starter</artifactId>
                </exclusion>
            </exclusions>
        </dependency>
    </dependencies>
    <!--子工程按需引入-->
    <dependencyManagement>
        <dependencies>
            <dependency>
                <groupId>org.springframework.boot</groupId>
                <artifactId>spring-boot-dependencies</artifactId>
                <version>${spring-boot.version}</version>
                <type>pom</type>
                <scope>import</scope>
            </dependency>
            <dependency>
                <groupId>org.springframework.cloud</groupId>
                <artifactId>spring-cloud-dependencies</artifactId>
                <version>${spring-cloud.version}</version>
                <type>pom</type>
                <scope>import</scope>
            </dependency>
            <dependency>
                <groupId>com.alibaba.cloud</groupId>
```

```
            <artifactId>spring-cloud-alibaba-dependencies</artifactId>
            <version>${spring-cloud-alibaba.verison}</version>
            <type>pom</type>
            <scope>import</scope>
        </dependency>
    </dependencies>
</dependencyManagement>
```

（2）关联父子关系。

创建完父工程之后，需要将下载好的原生开发框架复制、粘贴到父工程下，如图 5-29 所示。

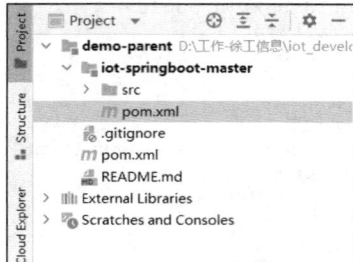

图 5-29　原生开发框架位于父工程下

修改原生开发框架的 pom.xml 文件，剔除父工程中每个子工程都默认继承的依赖，按需引入原生开发框架原有的依赖，详细的原生开发框架 pom.xml 配置如下。

```
<parent>
    <artifactId>demo-parent</artifactId>
    <groupId>com.zj</groupId>
    <version>0.0.1-SNAPSHOT</version>
</parent>
<groupId>com.myiot</groupId>
<artifactId>iot-springboot-master</artifactId>
<version>1.0</version>
<dependencies>
    <dependency>
        <groupId>org.springframework.boot</groupId>
        <artifactId>spring-boot-starter-data-jdbc</artifactId>
    </dependency>
    <dependency>
        <groupId>org.springframework.boot</groupId>
        <artifactId>spring-boot-starter-web</artifactId>
    </dependency>
    <dependency>
        <groupId>org.springframework.boot</groupId>
        <artifactId>spring-boot-starter-web-services</artifactId>
    </dependency>
    <dependency>
        <groupId>com.alibaba</groupId>
        <artifactId>fastjson</artifactId>
    </dependency>
    <dependency>
        <groupId>org.apache.commons</groupId>
        <artifactId>commons-lang3</artifactId>
    </dependency>
    <dependency>
        <groupId>commons-collections</groupId>
        <artifactId>commons-collections</artifactId>
    </dependency>
    <dependency>
        <groupId>io.springfox</groupId>
        <artifactId>springfox-swagger2</artifactId>
    </dependency>
    <dependency>
        <groupId>io.springfox</groupId>
        <artifactId>springfox-swagger-ui</artifactId>
```

```
    </dependency>
  </dependencies>
```

3. 创建网关

创建网关与创建父工程的方式一样，只是不对项目中的内容做删减。项目设置和原生开发框架与父工程的父子关系也大致相同。在网关的 pom.xml 文件中添加 Gateway 和 Nacos 等依赖，如图 5-30 所示。

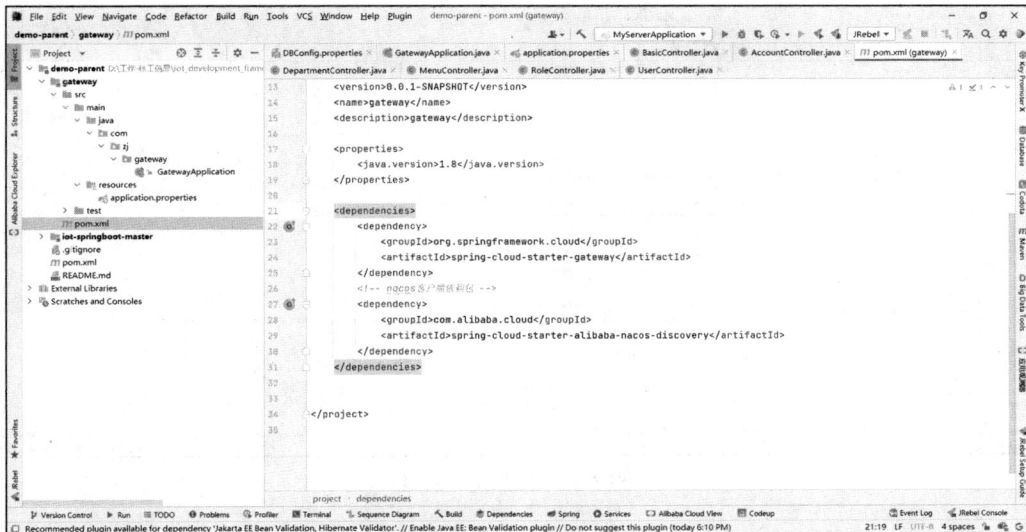

图 5-30　pom.xml 配置

网关中默认继承了父工程提供的所有子工程依赖，添加了依赖之后需要对网关项目的配置文件加以配置。这里需要注意的是，配置 CORS 和路由规则，如图 5-31 所示。这里也将 Gateway 注册到 Nacos，所以还需配置 Nacos 服务地址和在启动类上配置开启服务注册注解。

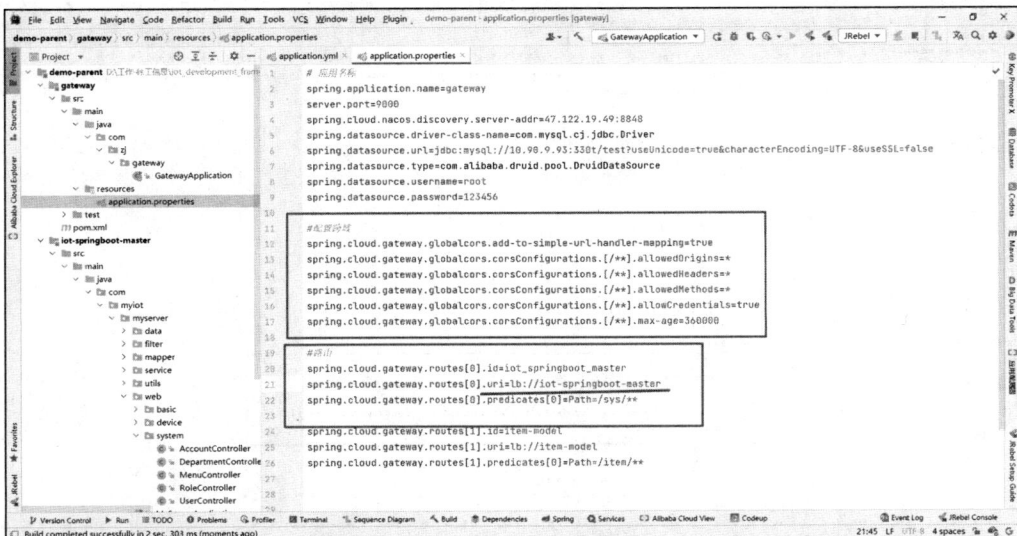

图 5-31　配置 CORS 和路由规则

这里需要注意的是，"lb:// iot-springboot-master" 中的 "iot-springboot-master" 为原生开发框

架注册到 Nacos 中的服务名称。为了实现通过网关访问原生开发框架的所有接口，需要为原生开发框架的所有接口添加统一前缀，这里使用的是"/sys"，如图 5-32 所示。

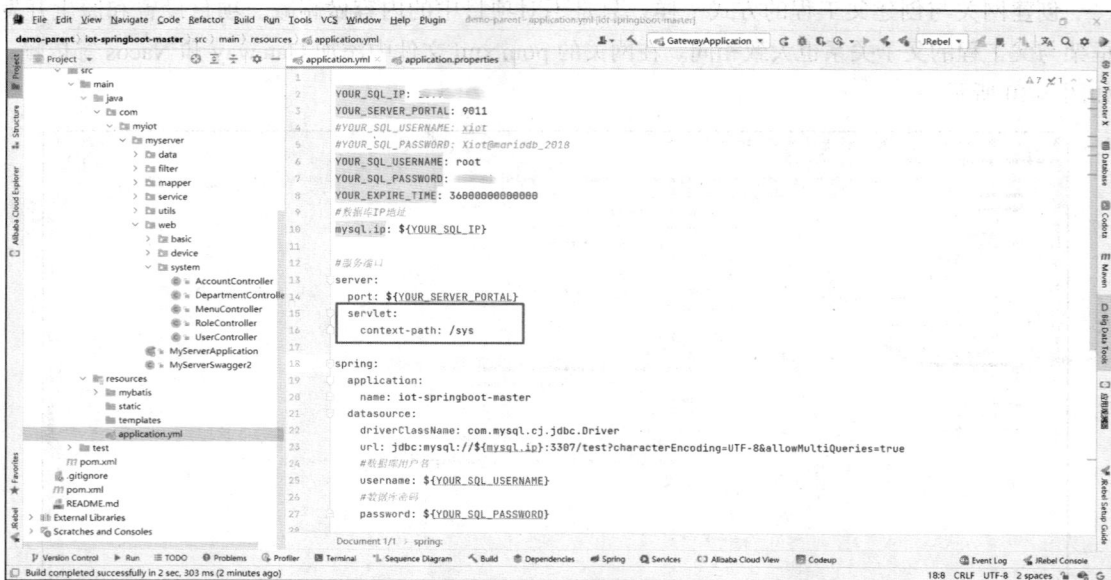

图 5-32　添加统一前缀

4.　引入注册中心

引入注册中心很简单，这里默认已经启动 Nacos 服务端，在项目中只需将 Nacos 的相关依赖写入对应服务模块的 pom.xml 中并稍加配置即可，如图 5-33、图 5-34 和图 5-35 所示。再次启动项目，在 Nacos 服务端控制台可看到服务被注册，如图 5-36 所示。

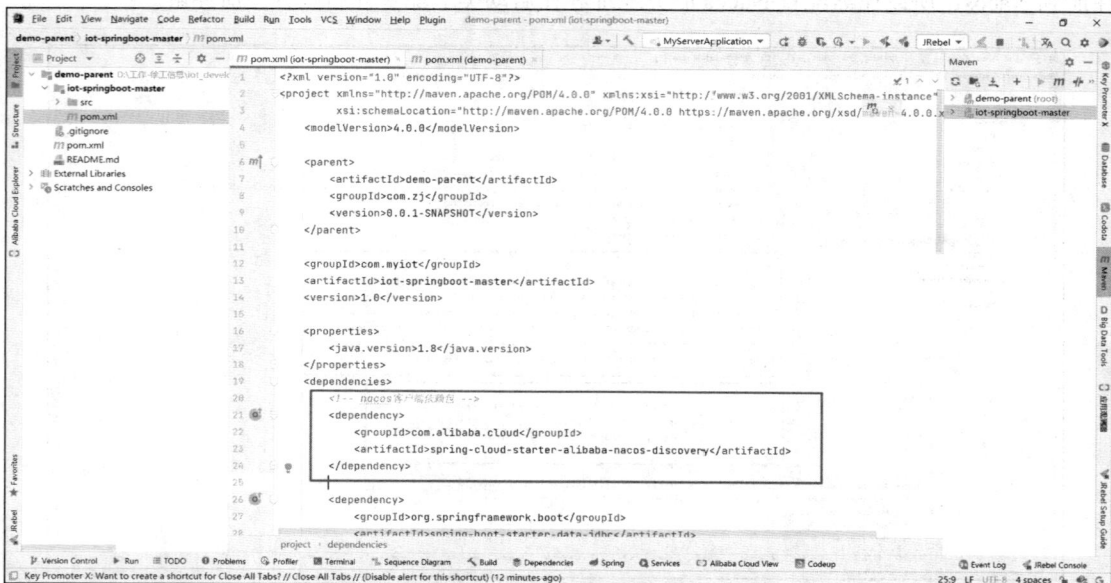

图 5-33　引入 Nacos

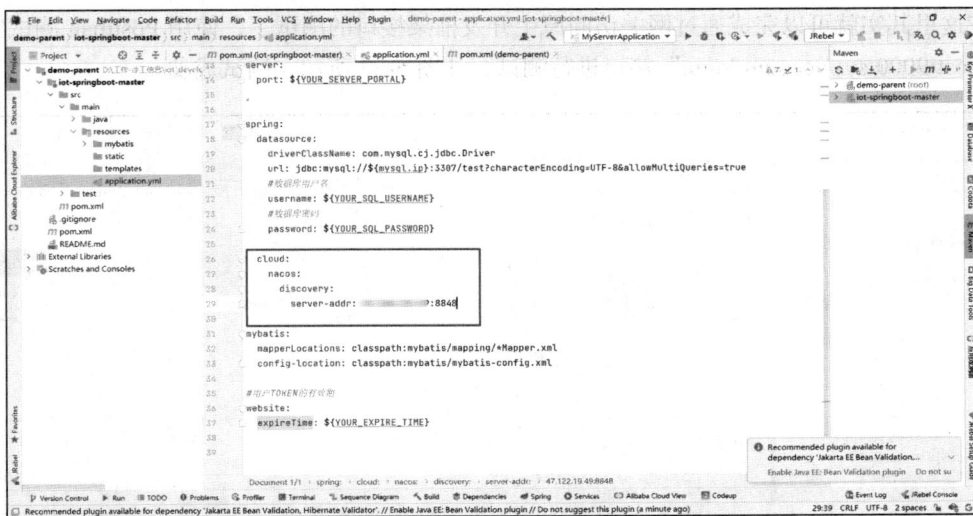

图 5-34　配置 Nacos 服务地址

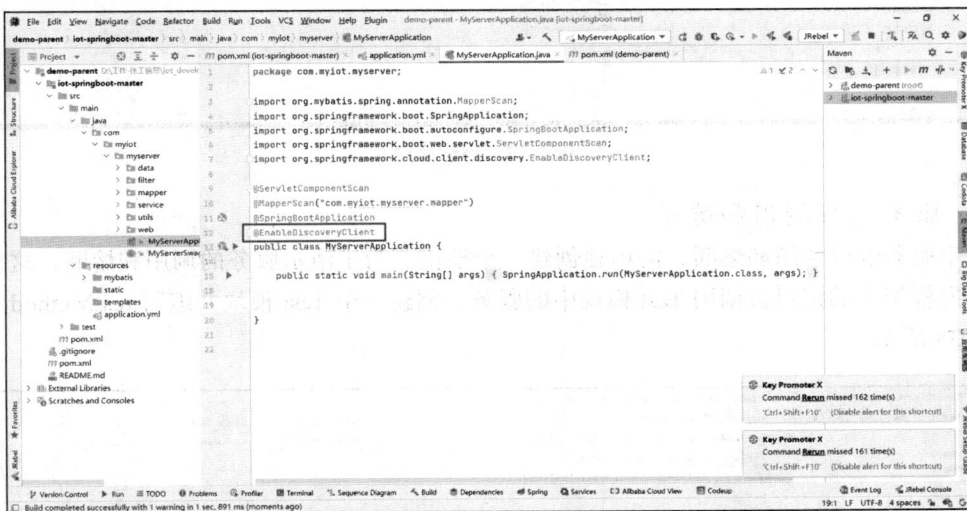

图 5-35　添加@EnableDiscoveryClient 注解

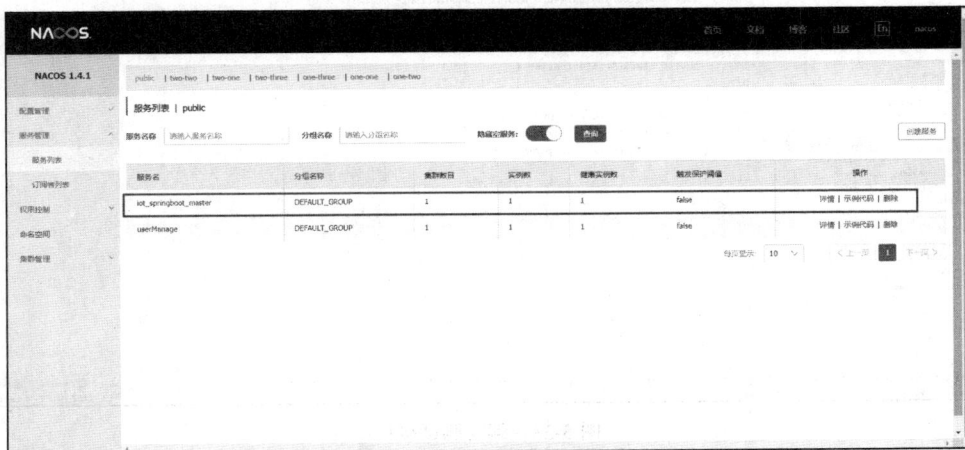

图 5-36　iot_springboot_master 服务被注册

在这里其实就可以完成通过网关访问原生开发框架接口的测试了，使用 Postman 测试工具对"localhost:9000/sys/account/login"接口进行测试，如图 5-37 所示，测试成功。

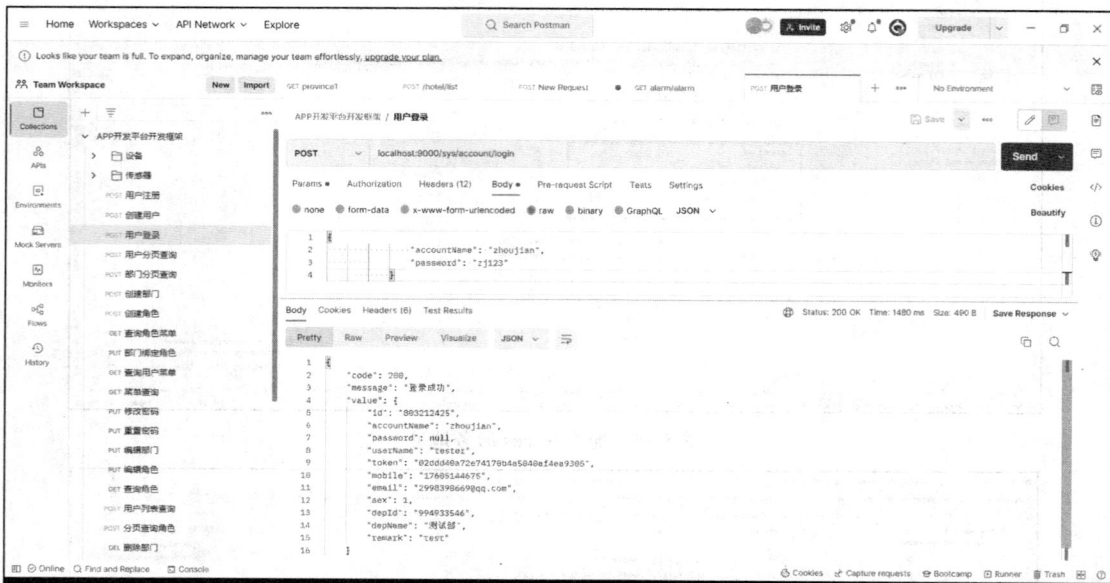

图 5-37　测试接口

5．服务远程调用和熔断

对于服务远程调用和熔断，需单独创建一个模块。为了演示服务的调用和熔断，这里通过原生开发框架中的接口去调用 Test 模块中的服务，创建一个 Test 模块并编写 testMethod 接口，如图 5-38 所示。

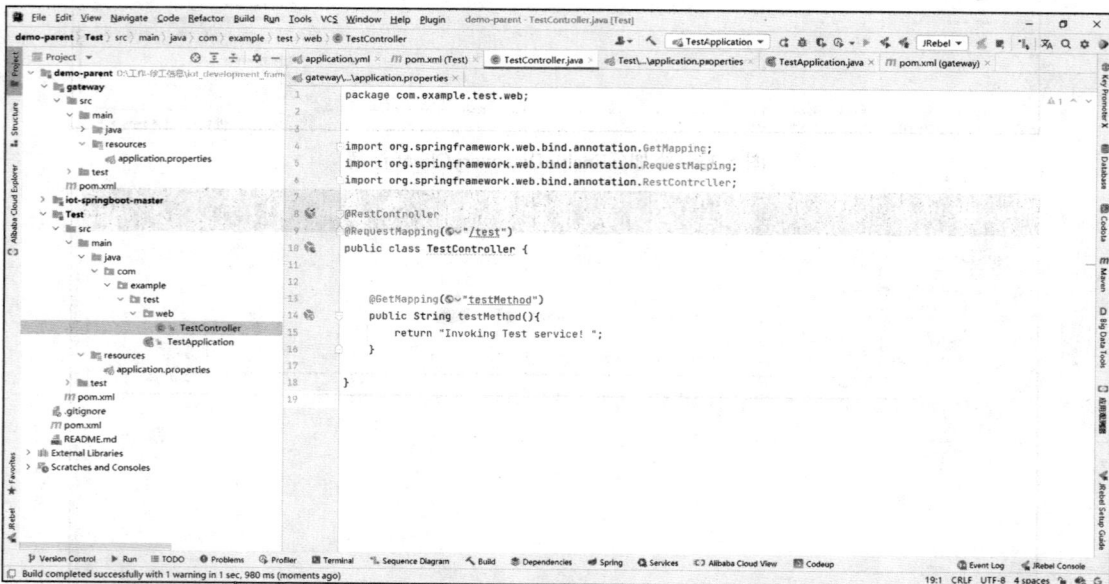

图 5-38　编写测试接口

编写完 Test 模块的 testMethod 接口之后，需要在原生开发框架中使用 Feign 客户端对 Test 模块中的 testMethod 接口进行远程调用和熔断处理。根据之前的服务调用最佳实践，需要单独抽离出一个调用服务模块，并在需要使用到的模块中将之引入。创建一个 common-api 模块并在原生开发框架中将之引入，如图 5-39 所示。

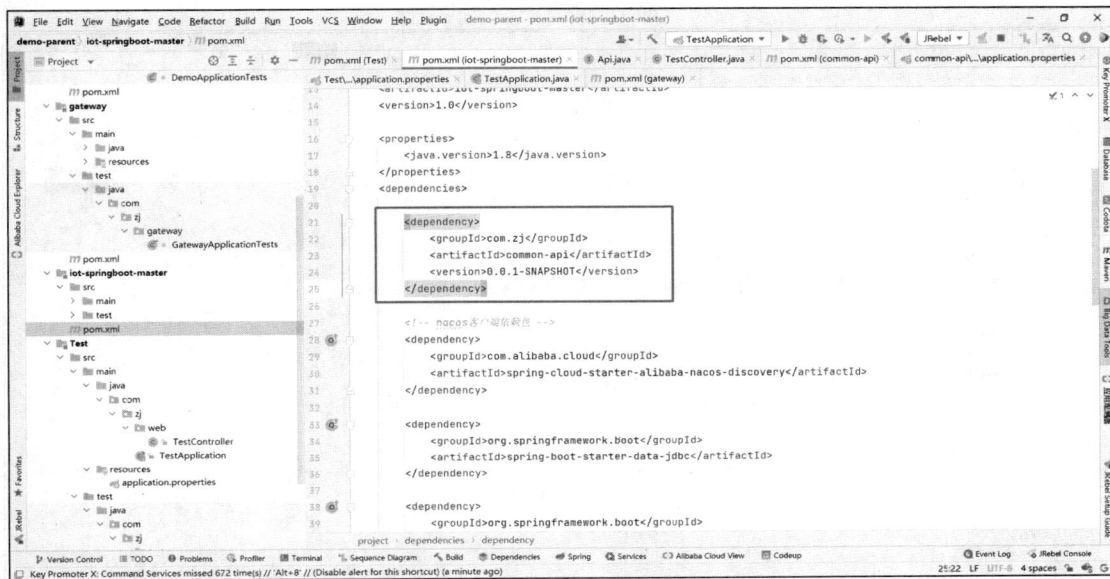

图 5-39　在原生开发框架中引入 common-api 模块

在 common-api 模块中编写 Feign 客户端代码，其中 value 对应的值为 Test 模块在 Nacos 中的服务名称，如下所示。

```
@FeignClient(value = "Test")
public interface Api {
    @GetMapping("/test/testMethod")
    String testMethod();
}
```

编写完 Feign 客户端代码后，需在原生开发框架中对之进行引用，并在原生开发框架中编写测试接口，实现调用。原生开发框架的启动类中还需添加相关注解，代码如下。

```
//开启 Feign 客户端注解
@EnableFeignClients(clients = {Api.class})
public class MyServerApplication {
    public static void main(String[] args) {
        SpringApplication.run(MyServerApplication.class, args);
    }
}
//测试接口
@RestController
@RequestMapping("/test")
public class TestFeign {
    @Autowired
    Api api;
    @GetMapping("/testFeign")
    public String testFeign(){
```

```
            return api.testMethod();
    }
}
```

相关模块代码都写好之后，接下来测试 Feign 的服务调用。使用 Postman 测试工具进行接口测试，输入 "localhost:9000/sys/test/testFeign"，测试结果如图 5-40 所示，表示调用 Test 模块服务成功。

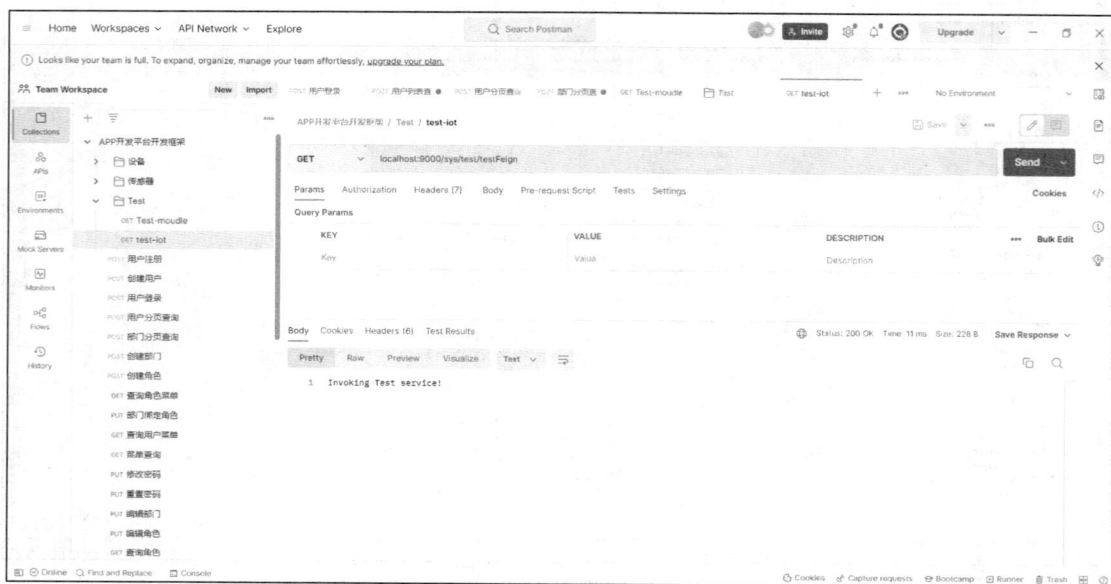

图 5-40　测试远程调用 Test 模块服务

到目前为止只实现了原生开发框架调用 Test 模块中的服务，并没有做服务的熔断。接下来通过实现客户端接口的方式去实现服务熔断和服务降级。还是在 common-api 模块中编写相关代码，并在 FeignClient 中配置 fallback 属性，如下所示。

```
@Component
public class TestCallback implements Api {
    @Override
    public String testMethod() {
        return "Test----服务调用失败！";
    }
}
@FeignClient(value = "Test",fallback = TestCallback.class)
public interface Api {
    @GetMapping("/test/testMethod")
    String testMethod();
}
```

在 common-api 模块中编写好熔断和降级服务的相关代码之后，为了演示熔断降级效果，这里手动停止运行 Test 模块，如图 5-41 所示。再次使用 Postman 测试工具测试 "localhost:9000/sys/test/testFeign"，返回结果如图 5-42 所示，返回的是 TestCallback 中方法并不是相关异常，表明测试成功。

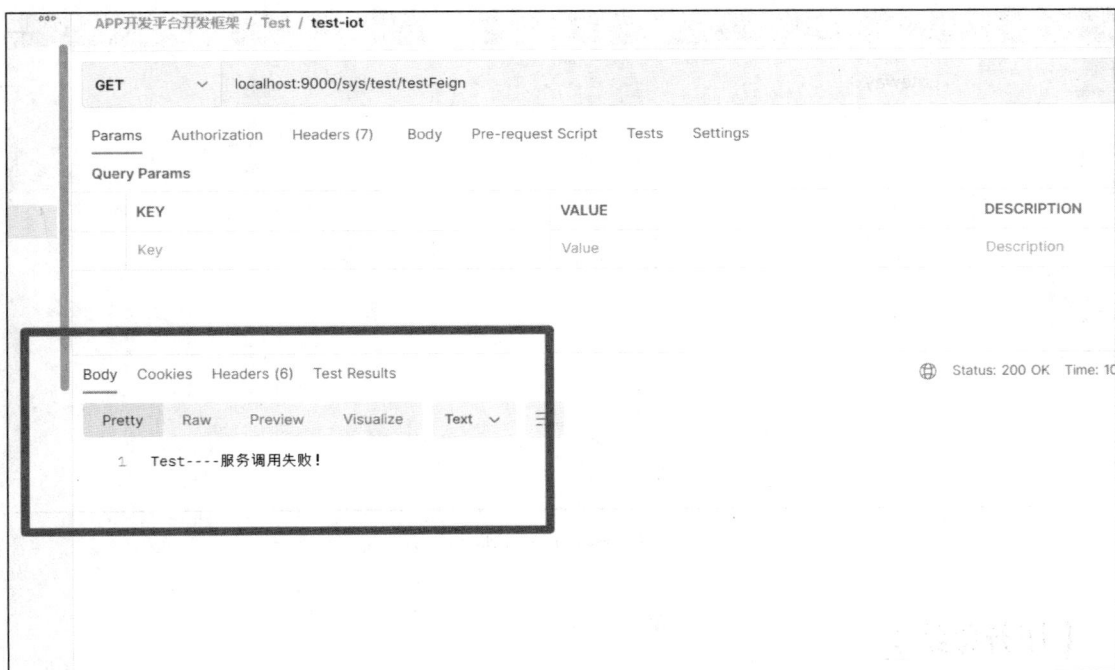

图 5-41 停止运行 Test 模块

图 5-42 返回结果

6. 流量监控

这里简单地演示 Sentinel 的流量监控功能。默认已经启动了 Sentinel 客户端，在网关中添加 spring-cloud-starter-alibaba-sentinel 依赖即可。当多次访问"localhost:9000/sys/test/testFeign"时，流量监控如图 5-43 所示。

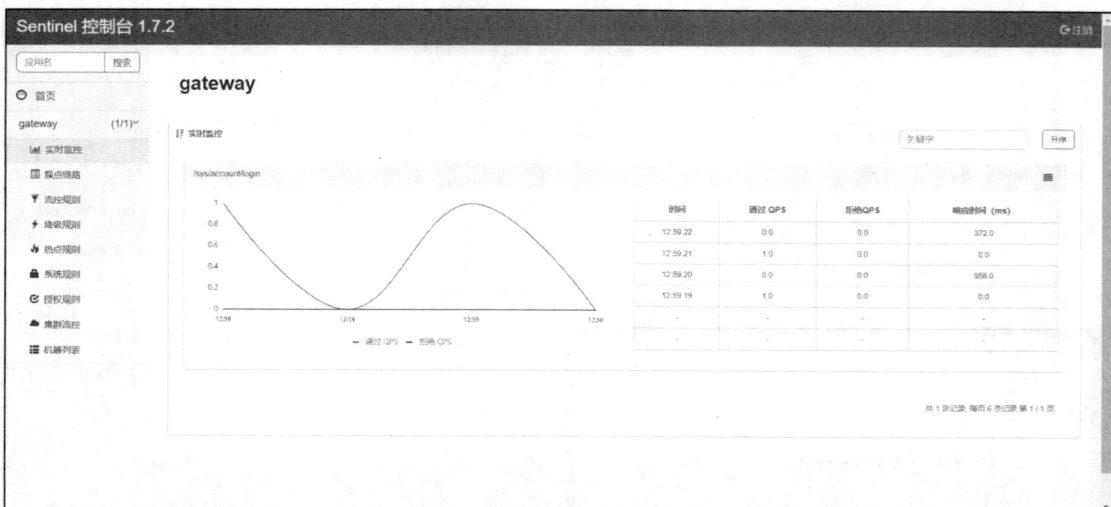

图 5-43　流量监控

【任务总结】

本任务讲解了微服务治理方案 Spring Cloud Alibaba，包括服务注册和发现组件、服务网关组件、远程配置组件、服务熔断组件、流量治理组件等，详细地讲解了分布式架构系统的底层实现。

【拓展练习】

1. 填空题

（1）Spring Cloud 具备的微服务开发的核心技术是＿＿＿＿＿。

（2）Spring Cloud Alibaba 为分布式应用程序开发提供了＿＿＿＿＿。

（3）Nacos 是一个更易于构建云原生应用的＿＿＿＿＿、＿＿＿＿＿和＿＿＿＿＿平台。

（4）Nacos Discovery 适配了＿＿＿＿＿，可以使用＿＿＿＿＿或＿＿＿＿＿进行服务的调用。

（5）Feign 是一个声明式＿＿＿＿＿服务客户机，它使编写＿＿＿＿＿服务客户机更容易。

2. 判断题

（1）Spring Cloud 底层会利用一个名为 Ribbon 的组件来实现负载均衡的调用服务。（　　　）

（2）在 Spring Cloud 中网关的实现有 Zuul、Gateway。Zuul 是基于 Servlet 的实现，属于阻塞式编程。而 Gateway 则是基于 WebFlux 的实现。（　　　）

（3）Nacos Config 在加载配置时只会加载 Data ID 以 ${spring.application.name}.${file-extension: properties} 为前缀的基础配置。（　　　）

（4）Hystrix 采用舱壁模式来实现隔离服务调用，主要通过线程池来实现资源隔离。通常在使用的时候会根据调用的远程服务划分出多个线程池。（　　　）

（5）Sentinel 是面向分式、单语言服务架构的流量治理组件。（　　　）

3. 简答题

（1）简述 Spring Boot 和 Spring Cloud 的关系。

（2）简述 Feign 的日志级别有哪些。

（3）简述几个常见的负载均衡策略。

（4）简述 Hystrix 如何隔离服务调用。

（5）简述 Sentinel 的特征。

【项目总结】

　　本项目通过对微服务基础组件知识进行介绍，帮助读者在掌握了基础组件的原理及使用方式的前提下将传统单体架构升级为分布式架构。在此过程中，读者可以充分了解各组件的作用，还可以掌握各组件的使用规范。

参考文献

[1] 张忠平, 刘廉如. 工业互联网导论[M]. 北京：科学出版社, 2021.

[2] 胡典钢. 工业物联网：平台架构、关键技术与应用实践[M]. 北京：机械工业出版社, 2022.

[3] 工业互联网产业联盟. 工业数据采集产业研究报告[R]. 北京：工业互联网产业联盟, 2018.

[4] 工业互联网产业联盟. 工业互联网标准体系（版本 2.0）[R]. 北京：工业互联网产业联盟, 2019.